Formal Models of Politics

ゲーム理論で考える政治学

フォーマル
モデル
入門

浅古泰史 著

有斐閣

Acknowledgements

　本書の内容は，早稲田大学における講義 "Positive Political Theory" および上智大学における講義「政治の経済分析」の講義ノートが下敷きとなっている。本書を作成するに当たって，粕谷祐子，栗崎周平，日野愛郎，松林哲也の各氏には有意義なコメントを頂戴した。また，講義の受講生にも多くのコメントをいただいた。編集者の岡山義信，尾崎大輔，渡辺晃の各氏には，本書を改善するための数多くのアイデアを出していただいた。本書の一部には，日本学術振興会（課題番号 17K13755）から助成を受けた研究の一環も含まれている。この場を借りて，皆様に感謝の意を表したい。

　同時に，家族や大学関係者など，多くの人に研究生活を支えていただいた。特に妻は，私が何者になるかもわからない大学院生時代から心の支えになってくれ，留学時代には遠距離のなか，ことあるごとにアメリカにいる私を訪ねてくれた。妻の存在が，私の研究や勉学によるストレスや将来に対する不安を和らげてくれたことは言うまでもない。妻の支えがなければ研究者となることも難しかっただろう。そして私が日本に帰国した後，2 人の息子と 1 人の娘を授けてくれた。今では何より家族が愛おしい。妻の下の名前は，私の苗字と同じ発音である。妻は嫌がっていたが，私の講義でのささやかなジョークにもなっている。私の大切なものすべて（およびちょっとしたジョーク）を与えてくれた妻に，本書を捧げる。

　麻子，ありがとう。

2018 年 11 月

浅 古 泰 史

Contents

Acknowledgements　　i

Introduction　ゲーム理論という視点　　　　　　　　　　　I

0.1　机上の空論の可能性 ·· I

0.2　ゲーム理論とは何か ·· 4

　　0.2.1　インセンティブから考える　4

　　0.2.2　政治のフォーマルモデル分析小史　6

0.3　フォーマルモデルの重要性 ·· 8

　　0.3.1　フォーマルモデルの広がり　8

　　0.3.2　フォーマルモデルの利点・不利点　10

　　0.3.3　人間に寄り添ったフォーマルモデルを目指して　13

0.4　本書の特徴 ·· 14

Part I 　選挙と政治

Chapter 1 　低投票率　　　　　　　　　　　　　　21
人々が投票するのはなぜか

1.1　日本における投票率 ·· 22

1.2　投票の意思決定 ·· 23

　　1.2.1　利　得　23

　　1.2.2　変　数　26

　　1.2.3　期待利得　27

　　1.2.4　投票棄権のパラドックス　32

1.3　パラドックスの解決——人はなぜ投票するのか ··················· 34

　　1.3.1　投票をすることから得る便益　34

　　1.3.2　意思決定の失敗　40

　　1.3.3　フォーマルモデルは利己的個人のみ分析できるのか　42

1.4　投票率向上のための施策 ··· 44

iii

Chapter 2　選挙競争　49
誰の意見が政治に反映されるのか

2.1 18歳選挙権 ················ 50

2.2 ナッシュ均衡 ················ 51

2.3 選挙競争における政策選択 ················ 56

    2.3.1　最強の選択肢　56

    2.3.2　高齢化と若年層の低投票率　62

2.4 配分政策 ················ 64

    2.4.1　政策に対する好みの均質度　64

    2.4.2　グループの規模　69

2.5 意見を政治に反映させるには——保育園と学童保育 ········· 70

Chapter 3　汚職　75
政治家の汚職を減らせるか

3.1 韓国大統領とスキャンダル ················ 76

3.2 サブゲーム完全均衡 ················ 77

3.3 政治家のモラルハザード問題 ················ 83

    3.3.1　モラルハザード問題とは　83

    3.3.2　政治家の規律づけ　85

    3.3.3　権力の分立　89

    3.3.4　業績評価投票をする理由——政治家の資質　94

3.4 あるべき政治制度とは何か——多選禁止制 ················ 95

Chapter 4　連立政権　99
政党間協力は野合か

4.1 自民党の連立政権 ················ 100

4.2 政党間の予算配分 ················ 101

4.3 連立政権の形成 ················ 107

    4.3.1　政策からの利得のみの場合　107

    4.3.2　政権政党になることによる便益も含めた場合　111

    4.3.3　連立政権は野合になるか　120

4.4 自民党の連立政権——再訪 ……………………………… 123

Part II 情報と政治

Chapter 5 政治家の資質 129
良い政治家を選抜できるか

5.1 東日本大震災と政治家の失言 ……………………………… 130

5.2 政治家の資質と選挙 ……………………………… 131
　　5.2.1 情報の非対称性　131
　　5.2.2 モデルの設定　132

5.3 情報の非対称性下における均衡 ……………………… 139
　　5.3.1 整合的な主観的確率　139
　　5.3.2 完全ベイジアン均衡　142
　　5.3.3 なぜ業績評価投票を行うか　145

5.4 規律効果と選択効果——政治家に対する報酬 ………… 146

Chapter 6 選挙運動 151
選挙費用は公費で賄うべきか

6.1 政治資金規正法と政党助成金 ……………………… 152

6.2 献金による選挙運動 ……………………………… 153
　　6.2.1 モデルの設定　153
　　6.2.2 完全ベイジアン均衡　159

6.3 選挙運動の役割 ……………………………… 162
　　6.3.1 シグナルとしての選挙運動　162
　　6.3.2 公費を用いた選挙運動　165

Chapter 7 メディア 169
報道の自由は確保されているか

7.1 記者クラブとメディアの役割 ……………………… 170

7.2 メディアの取り込み ……………………………… 172

Contents　v

7.2.1	モデルの設定	172
7.2.2	メディアの数	174
7.2.3	隠蔽の難易度	176
7.2.4	実際のメディアの取り込み	179

7.3 民主主義における報道の自由 ⋯⋯⋯⋯⋯⋯⋯⋯⋯⋯ 180

7.3.1	民間によるメディアの取り込み	180
7.3.2	日本における報道の自由	183

Chapter 8 　脱 官 僚　　　　　　　　　187
政治家が政策決定をするべきか

8.1 民主党政権と脱官僚 ⋯⋯⋯⋯⋯⋯⋯⋯⋯⋯⋯⋯⋯⋯ 188

8.2 官僚への権限委譲 ⋯⋯⋯⋯⋯⋯⋯⋯⋯⋯⋯⋯⋯⋯⋯ 190

8.3 官僚の統制 ⋯⋯⋯⋯⋯⋯⋯⋯⋯⋯⋯⋯⋯⋯⋯⋯⋯⋯ 195

8.3.1	昇進と天下り	195
8.3.2	官僚に関する情報収集	199

8.4 脱官僚は可能か ⋯⋯⋯⋯⋯⋯⋯⋯⋯⋯⋯⋯⋯⋯⋯⋯ 201

Part III　世界と政治

Chapter 9 　政 治 体 制　　　　　　　　　209
なぜ独裁者は邪悪に走るのか

9.1 アウンサンスーチーのミャンマー ⋯⋯⋯⋯⋯⋯⋯⋯ 210

9.2 民主主義と権威主義 ⋯⋯⋯⋯⋯⋯⋯⋯⋯⋯⋯⋯⋯⋯ 212

9.2.1	選択民と勝利提携	212
9.2.2	民主主義体制	214
9.2.3	権威主義体制	217

9.3 政治的生き残り ⋯⋯⋯⋯⋯⋯⋯⋯⋯⋯⋯⋯⋯⋯⋯⋯ 221

9.4 政治体制と政策 ⋯⋯⋯⋯⋯⋯⋯⋯⋯⋯⋯⋯⋯⋯⋯⋯ 228

9.4.1	公的支出と私的配分	228
9.4.2	自然災害対策	233

Chapter 10　民 主 化　237

なぜ民主主義に移行するのか

10.1　ソビエト連邦解体 ………………………………………… 238

10.2　民主化の条件 …………………………………………… 239

　　10.2.1　革　命　241

　　10.2.2　富の再配分　244

　　10.2.3　トップダウン型民主化　248

　　10.2.4　弾　圧　249

　　10.2.5　体制維持か，民主化か　251

10.3　貧富の格差 …………………………………………… 254

10.4　歴史上の民主化 ……………………………………… 258

　　10.4.1　トップダウン型民主化——19世紀イギリス　258

　　10.4.2　再配分と弾圧による体制維持——19世紀ドイツ　259

　　10.4.3　ボトムアップ型民主化——ソビエト連邦再訪　260

Chapter 11　戦 争　263

なぜ戦争が起こるのか

11.1　イラク戦争 …………………………………………… 264

11.2　外交交渉と戦争 ……………………………………… 265

　　11.2.1　交渉可能区間　265

　　11.2.2　非効率的手段としての戦争　269

11.3　戦争が起こる3つの理由 …………………………… 270

　　11.3.1　分割不可能な利得　270

　　11.3.2　コミットメントの失敗　273

　　11.3.3　情報の非対称性　280

11.4　戦争はなぜ起こるか ………………………………… 288

Chapter 12　平 和　293

戦争を避けることはできるのか

12.1　国際連合と北朝鮮核開発 …………………………… 294

12.2　国際機関 …………………………………………… 295

Contents　vii

　　　　12.2.1　囚人のジレンマ──罰則　295
　　　　12.2.2　調整ゲーム──仲介　300
12.3　2 国間関係　304
　　　　12.3.1　割引因子　304
　　　　12.3.2　無限繰り返しゲーム　306
　　　　12.3.3　2 国間の協力関係　309
12.4　国内政治と戦争 ……………………………………………………… 311
　　　　12.4.1　民主的平和　311
　　　　12.4.2　観衆費用　312

References　319
Index　328

Asides

　1　大激論！ フォーマルモデルの是非　45
　2　ゲーム理論の偉人 1──ジョン・フォン・ノイマン　58
　3　ゲーム理論豆知識 1──実際のゲームに均衡は存在するか　84
　4　政治制度の副作用 1──衆議院解散権　122
　5　フォーマルモデルは衰退したのか？　147
　6　政治制度の副作用 2──1996 年選挙制度改革　163
　7　ゲーム理論の偉人 2──ジョン・ナッシュ　181
　8　政治制度の副作用 3──最高裁判所判事定年制　202
　9　失敗は成功のもと──みんなでフォーマルモデルを育てていく　222
　10　ゲーム理論の偉人 3──エリノア・オストロム　253
　11　実証分析と理論分析の微妙な関係　271
　12　ゲーム理論豆知識 2──映画のなかのゲーム理論　310

本書のコピー，スキャン，デジタル化等の無断複製は著作権法上での例外を除き禁じられています。本書を代行業者等の第三者に依頼してスキャンやデジタル化することは，たとえ個人や家庭内での利用でも著作権法違反です。

| Introduction | ゲーム理論という視点 |

> 「模型が模するのは、形ではない。
> ものを作り出す精神と行為だ。
> 人が生産する意欲と労力を模するのだ」
> （森博嗣『数奇にして模型』講談社）

0.1 机上の空論の可能性

本書はゲーム理論を用いた政治分析の入門書です。ゲーム理論に関しては後で説明しますが，要は数学を用いて政治を分析するということです。具体的には数学を用いることによって，複雑な現実の本質だけを簡略化（モデル化）して取り出して示します。皆さんも現実の飛行機を簡略化して造った模型（モデル）で子どものころ遊んだかもしれませんが，同様に数学を用いて現実の社会を簡略化して分析することもできます。そこで取り出されたものは数理モデルと呼ばれます。また，政治に関する数理モデルのことは一般的にフォーマルモデルと呼ばれています。

政治分析に数学を用いると言うと，往々にして

「数学を使って政治なんて分析できるの？」

という質問を受けますし，場合によっては，

「数学なんていう非人間的手法で政治がわかるはずがない！」

というお叱りまで受けます。たしかに中学校や高校で学んだ数学は

I

国語や社会に比して非人間的ですし，政治とは程遠い学問です。その数学を用いて政治を議論することなんてできるのでしょうか？数学を用いて議論することの利点は何でしょうか？

　日本では，18歳以上の国民が選挙権を持ち，有権者として政治に関わっています。皆さんのなかには将来政治家になる人もいるかもしれませんし，政治家にまではならなくとも公務員になって行政の一翼を担う人はいるでしょう。また，政治家や公務員にはならなくとも，企業や利益団体に属して政治家や行政と交渉をする，あるいは政治運動に参加することもあるかもしれません。つまり，私たちの生活にとって，政治は切っても切り離せないものです。その一方で，政治に対する不満や不信感は消えることがありません。政治が私たちの生活から切り離せないからこそ，不満が蓄積されていきます。「なぜうちの子は保育園に入れないのか？」「なぜ金に汚い政治家がいるのか？」「なぜ私たちの主張は政治に無視されるのか？」「なぜ若者たちは政治に無関心なのか？」など，政治には必ず「なぜなんだ」という疑問がつきまといます。

　特に政治的議論は，感情的になりがちです。たとえば，消費税などの増税前に「国民も増税で辛い思いをするのだから，政治家も議員報酬を削減して自身の身を切るべきだ」という議論が起こります。また選挙において，自身の報酬の削減，あるいは無償で働くことを公約に掲げる候補者もおり，このような公約は一定の支持を得ます。しかし，報酬削減によって政治家になる利益が減じられるのであるならば，優秀な人たちが政治家になろうとしなくなるかもしれません。あるいは，政治家にとって再選されることが魅力的ではなくなることによって，再選のために有権者の好む政策を実行するのではなく，再選を諦めて自身の好む政策を好き勝手に実行してしまうかもしれません。このような報酬削減の悪影響は，「政治家も身を切れ！」という議論の陰に隠れてしまいがちです。その一方で，自分

の車を買う，あるいは家を建てるなどの大きな買い物において，「無償で車を提供します」や「格安で家を建てます」などと言われれば，冷静に考えたうえで，その裏に何らかの思惑があるのではないかと考えるでしょう。冷静に考えれば単に安ければよい，というわけではないはずです。しかし，政治における議論では，冷静沈着に物事を考えず，感情に流された議論が横行してしまいます。

　感情的に議論し行動するのではなく，私たちの政治に対する不平不満がなぜ生じるのか，その「なぜ」に対して理解しなければ，解決には結びつきません。その「なぜ」に答える1つの有効な手段としてフォーマルモデルが考えられます。フォーマルモデルは数学を用いているため，厳密で論理的な分析手段です。感情的になりがちな政治に関する議論を，冷静に考え直すことができます。論理的で冷静に議論ができるフォーマルモデルという視点を理解し，それを将来直面するかもしれない政治的問題に適用していく応用力をつけておくことによって，感情に流されずに落ち着いて政治を考えていくことができるかもしれません。

　それでは最初の問いに戻りましょう。感情に流されないという利点はあったとしても，フォーマルモデルは政治分析の手法として，本当に有力な手法なのでしょうか？　現実を簡略化したフォーマルモデルは，本当に政治の本質を描けているのでしょうか？　政治学のその他の手法と肩を並べるくらいの手法なのでしょうか？　本書では，フォーマルモデルを私たちが直面している現実の政治問題に応用していきます。そのなかで，フォーマルモデルの考え方や視点を解説していきます。数理分析は机上の空論と言われることがあります。机の上で計算されているのでたしかに机上で生まれていますし，研究者の頭のなかで数理モデルは構築されているため空論かもしれません。その，机上の空論としてのフォーマルモデルの可能性を，一緒に考えていきましょう。

Introduction　ゲーム理論という視点　　3

0.2 ゲーム理論とは何か

0.2.1 インセンティブから考える

　数学を用いた政治分析は，多くの呼び名を持っている分野です。政治学ではフォーマルモデル，数理政治学，実証政治理論などと呼ばれています。また，経済学では公共選択論，政治経済学，あるいは政治経済学はマルクス経済学の呼び名であったことから新しい政治経済学などと呼ばれています。呼び名が何であれ，この分野では政治家や有権者などの個人の意思決定から政治学を分析するという方法論的個人主義を採用しています。つまり，私たちの社会を個々人の選択行動の集積として分析するということです。方法論的個人主義を採用し，個人の意思決定から分析する場合，数理分析のなかでも特にゲーム理論を用いることが多くなります。

　ゲーム理論は，複数の意思決定者を考えたうえで，その戦略的依存関係を分析する手法です。戦略的依存関係とは，自分が最終的に得る利得が，自身の選択（戦略）だけではなく，他の意思決定者の選択にも依存するということです。たとえば，ボードゲームやカードゲームでは，自分の選択だけではなく，他のプレーヤーの選択も勝敗に影響を与えます。有権者の投票行動は政治家の利得に影響を与えますし，政治家の政策選択は有権者の利得に影響を与えます。このような相互依存関係を分析することがゲーム理論の特徴です。よってゲーム理論は個人の意思決定の分析を行っているということから方法論的個人主義に基づくものであり，そのゲーム理論を用いた政治分析も方法論的個人主義という視点を持つことになるわけです。

　ゲーム理論を用いて意思決定主体の選択を分析する際に，重要なキーワードとして**インセンティブ**があります。インセンティブは日

4

本語では誘因や動機付けと訳されることが多いのですが，「ある目標を達成しようとする意欲を与える刺激」を意味する言葉です。たとえば，企業で従業員に支払われる賞与が個人の業績に依存して決められている場合，「賞与は従業員に対し業績を高めるインセンティブを与えている」と言うことができます。つまり賞与の存在が，従業員に対し業績を改善する意欲を与える刺激になっているわけです。業績の改善と言うと（少なくとも企業にとって）良い目標のように思いますが，インセンティブは好ましくない目標達成の意欲を与えてしまう場合もあります。たとえば，自動車保険に加入した途端，事故を起こしても費用の支払いがなくなるため，運転が乱暴になる人がいます。この場合，自動車保険の存在が加入者に対し運転を荒くさせるインセンティブを与えていることになります。

　ゲーム理論を用いた分析では，まず意思決定者の目的を設定します。たとえば，政治家であれば選挙に勝つことや，自分好みの政策を実行することなどが目的として考えられます。同時に，各意思決定者が持っている選択肢や意思決定の順番などのゲームのルールを設定します。そのルールのなかで，意思決定者は最も目的達成に近づける選択をするはずです。言い換えれば，ルールを変えれば，個人が持つインセンティブが変わり，彼らの選択も違ってきます。政治的文脈では，選挙制度や政治制度がゲームのルールとなり，各ルール（制度）下での政治家や官僚のインセンティブのあり方を分析することで，彼らの選択を考えていきます。たとえば，政治家が選挙に勝つことを目的としている場合，選挙に勝つ可能性を最も高めてくれる政策を選択するインセンティブがあるでしょう。しかし，選挙制度や政治制度のあり方が変われば，選挙に勝てる政策も変わり，政治家の政策選択も違ってくるはずです。

　そのうえで，ゲーム理論を用いた政治分析では，現実において政治家や有権者が行っている選択を説明していきます。「なぜ実行し

Introduction　ゲーム理論という視点　5

て欲しい政策を政治家は実行しないのか？」「なぜ野合とも見える連立を政党は組むのか？」「なぜ独裁者は平気で人権を踏みにじるのか？」「なぜ多くの悲劇を生む戦争が起こるのか？」など，現実の政治，政府，国に対する不満や不信感は多くあります。その「なぜ？」に答えるために，現状の政治制度のあり方をゲームのルールとしてふまえたうえで，政治家，政党，独裁者，国などの目的を考え，彼らのインセンティブを分析していくわけです。意思決定主体のインセンティブを解き明かせば，私たちが不満や不信感を抱くような政治家や国の行動を理解することができます。このように，インセンティブから考える視点を持つことがゲーム理論の大きな特徴と言えるでしょう。

0.2.2　政治のフォーマルモデル分析小史

　そもそもゲーム理論を用いた政治分析はいつから行われていたのでしょうか？　ゲーム理論は数学者のジョン・フォン・ノイマンと経済学者のオスカー・モルゲンシュテルンが 1944 年に記した著作からはじまります（**Aside 2** 参照）。また，応用研究で多く用いられる非協力ゲームは，ジョン・ナッシュが 1950 年に記した博士論文で定義されてからはじまりました（**Aside 7** 参照）。1944 年に登場したゲーム理論は 1960 年代前半から本格的に政治学に応用されはじめます。民主主義下の国内政治の分析は，アメリカの政治学者であるウィリアム・ライカーの 1962 年の著書によって示されました（Riker, 1962）。ライカーは，**Chapter 4** で紹介する議会内多数派形成に関する分析などを示しています。同時期に国際関係への応用も広がり始めます。たとえば，アメリカの経済学者トーマス・シェリングは 1963 年の著書において国際間の交渉や紛争に関して，ゲーム理論を用いながら議論しました（シェリング，2008）。一方で，経済学においても長い間政治過程は捨象されてきましたが，アメリカの

6

経済学者ジェームズ・ブキャナンとゴードン・ターロックが 1962 年の著書において，政治家や官僚を意思決定者として明示的に考える政策分析を提唱し，公共選択論と呼ばれる分野を確立します（ブキャナンとターロック，1979）。

このように，1960 年代前半において政治学へのゲーム理論の応用ははじまりましたが，その後の発展は緩やかなものでした。上記の研究も比較的簡単なモデルの応用に留まっています。また，シェリングはゲーム理論の研究のなかで政治的状況を例として用いただけだったとも言えます。しかし 1980 年代に入ると，ゲーム理論の政治学への応用は急激に発展し，学術誌にもゲーム理論を用いた論文が多数掲載されることになっていきます。このような大きな転換は，ゲーム理論における 1 つの革新からはじまりました。その革新とは，**情報の非対称性**が分析できるようになったことです。

情報の非対称性とは，意思決定者によって知っている情報に違いがある状況を意味しています。たとえば，政治家が汚職をしているか否かに関し，有権者が直接観察して知ることは難しいでしょう。政治家の能力に関しても，有権者は明確に知ることができない可能性が高いです。このように政治家の行動や資質に関して，政治家自身は知っている一方で，有権者は知らないことが多いと考えられます。この場合，「政治家と有権者の間で情報の非対称性が存在している」と言えます。情報の非対称性は私たちの社会の至るところに存在しています。たとえば，企業内において経営者は従業員の能力や行動のすべてを知っているわけではないでしょう。経済市場においても，売り手のほうが買い手より製品に関する情報を多く持っていると考えるべきです。しかし，経済学で用いられてきた市場理論（一般均衡理論と呼ばれています）に情報の非対称性の分析を導入することは困難でした。一方で，1970 年代から，情報の非対称性の分析がゲーム理論に導入され始めます。市場理論よりもずっと容易に

Introduction　ゲーム理論という視点　7

情報の非対称性の分析を取り入れることができたことから，経済学のなかでゲーム理論の重要性が格段に増しました。そのため，1980年代以降のミクロ経済理論では，ゲーム理論が市場理論に代わって主要な分析手法になっていきます。

この革新の影響は経済学に留まるものではありませんでした。前述したように，政治家と有権者の間や経営者と従業員の間など，情報の非対称性は至るところに存在していることから，ゲーム理論の応用可能性が一気に広がります。その結果，1980年代以降に政治学でゲーム理論の応用が急激に発展していくことになり，同時に経営学，社会学など社会科学全般にゲーム理論が応用されていくことになったわけです。

0.3 フォーマルモデルの重要性

0.3.1 フォーマルモデルの広がり

現在，フォーマルモデル分析は政治学全般に広がっています。政治学には，国際関係や比較政治などの分野がありますが，そのなかの1つとして分析手法に関する研究を行う政治学方法論という分野があります。その政治学方法論の1つとしてフォーマルモデル分析があり，フォーマルモデル分析を専門とした政治学者も多くいます。また欧米の大学では，政治学専攻の大学院生や学部生向けにフォーマルモデルの講義が行われていることも少なくなく，日本でもたとえば早稲田大学の大学院政治学研究科では，フォーマルモデル分析に関する講義は必修科目の1つになっています（2018年現在）。

教育と同時に，研究でもフォーマルモデルは一定の市民権を得ています。学術誌には，分野を問わない一般誌と，分野を限って掲載する専門誌があります。政治学系学術誌のなかで上位3位に入る一般誌として，*American Political Science Review*（APSR），*American*

8

表 0-1：2017 年公刊論文中に占めるフォーマルモデルを用いた論文の割合

学術誌名	総論文数	フォーマルモデルを用いた論文数	フォーマルモデルを用いた論文比率
APSR	50	10（4）	20.0 %
AJPS	57	10（3）	17.5 %
JOP	87	18（6）	20.7 %

（注） 3列目括弧内はフォーマルモデルを用いた論文のなかで，統計的手法を用いた計量分析を同時に行っている論文の数。研究論文（articles）のみを数えており，書評や短い研究ノート（short articles）などは含めていない。論文内で数式を示していても，実証分析に用いる推定式や確率分布を示しているだけの論文，および統計学に関する論文はフォーマルモデルを用いた論文としては数えていない。

（出所） 各学術誌のウェブサイトより著者集計

Journal of Political Science（AJPS），および *Journal of Politics*（JOP）があります。**表 0-1** はこれらの三大誌に 2017 年に掲載された研究論文の，総論文数，およびフォーマルモデルを用いた論文数とその比率を示しています。表を見てわかるように，3誌ともにだいたい2割程度の論文でフォーマルモデルが用いられています。2割というのは多数というわけではありませんが，少なくない比率です。この3誌に掲載される論文は，政治学の研究のなかでも最も重要であると評価されている研究です。その重要な論文のうち2割がフォーマルモデルを使っているのですから，フォーマルモデルが重要な手法の1つとして認知されていることがわかります。経済学では数理モデルを使うことが議論の大前提ですので，経済学部では1年生から数学と数理モデルの勉強がはじまります。しかし，政治学では数理モデルの知識は大前提とは言えません。数理モデルだけではなく，歴史学や思想・哲学，あるいは実際に現地に行って調査するフィールドワークなど，ほかにも重要な手法が存在します。そのなかの1つとしてフォーマルモデル分析があるということです。

0.3.2 フォーマルモデルの利点・不利点

それでは，なぜ政治のフォーマルモデル分析は広く受け入れられていったのでしょうか？ 必ず指摘されるフォーマルモデルの利点は，すでに論じたように，その論理性です。フォーマルモデルは数学を使います。意思決定者の目的やゲームのルールなどの仮定も，それらの仮定から結論に至るまでの論理過程（計算過程）も明瞭です。仮定から結論まで，また複数の仮定の間でも論理的齟齬は生じえません。学術的研究において論理性は最低限満たすべき条件と言えます。論理性の破綻している研究は，説得力がありません。論理的に議論が展開されるという最低限の条件を，フォーマルモデルは問題なく満たすことができます。

フォーマルモデルは高い論理性を持つことによって，別の利点を同時に持つことができます。第1に，その一般性です。フォーマルモデルやゲーム理論を用いた分析は様々な研究者の間での共通言語となっています。よって，たとえば選挙制度に関するゲーム理論分析の論文は，フォーマルモデルを解する政治学者だけではなく，経済学者も，社会学者も，数学者も読むことができます。つまり，世界中の様々な分野の人々とともに，フォーマルモデルを拡張・発展させていくことができるわけです。個人の恣意的な想いや解釈などが入らず論理的に議論ができ，多くの人が1つのモデルを，勘違いや思い込みなく理解できるため，一般性が高いと言えます。

第2に，少し専門的な話ですが，データ分析との相性も大きな利点です。政治学では，統計学や計量経済学の手法を用いたデータ分析が（フォーマルモデルより）広く使われる分析手法になりました。データ分析を行う場合に，各データ（変数）間の数式上の関係を想定して分析します。その数式上の関係が導かれる理由を示すには，数式を用いる数理分析が最適な手法であると言えます。そもそも社会科学に限らず，科学全般では，論理的整合性がある数理モデルを

用いて仮説を示し，その是非をデータや実験を用いて検証することが一般的です。科学的検証をする仮定が論理的に破綻していては意味がありません。そこで，論理性に優れた数理モデルが使われることが多くなります。

　ただし，フォーマルモデルを使うことが好ましくない場合もあります。特に，フォーマルモデルはあくまで現実の世界を抽象化し，その本質を数式のなかに抽出したうえでモデル（模型）を提示するものです。たとえば，国や時代などの背景の違いは捨象したうえで，多くの戦争に共通する特徴だけを抽出して，戦争のモデルを提示するわけです。そのため，フォーマルモデルでは選挙や戦争全般に共通する特徴に関する議論には適しますが，個別事例の議論には適しません。個別事例に関しては，史料研究やフィールドワークなど，他の手法を使うべきでしょう。たとえば，「戦争が起こる理由は何か？」という一般的な議論にはフォーマルモデルが向いていますが，イスラエルとパレスチナ間の紛争分析などという個別事例の議論にフォーマルモデルは使うべきではないということです。

　同時に，政治的問題を解決にまで導くことに関しては，フォーマルモデルは無力であることが多いと言えます。それは，真の解決策を本当に見つけられる保証がないからです。フォーマルモデルは現実の社会を単純化したうえで，その社会のモデル（模型）を数学的に示すものです。よって，社会の一側面しか見ていません。1つのモデルで有効な解決策だと示されたとしても，そのモデルではとらえきれていなかった別の側面から問題が生じる可能性があります。たとえば，議員報酬の問題に戻ってみましょう。議員報酬削減によって，再選されたいというインセンティブを政治家が失ってしまう可能性は指摘した通りです。**Chapter 3** のモデルでは，再選されるインセンティブを失った政治家が，汚職など有権者にとって好ましくない行為に走る可能性を指摘しています。このモデルから考え

た場合，議員報酬は高いほうが有権者にとって好ましいという帰結が得られます。しかし，**Chapter 3** のモデルではすべての政治家が報酬や名誉のために再選を目指しており，再選が魅力的でなくなれば汚職に走ると仮定しています。一方で政治家のなかには，汚職には走らないクリーンな人々もいるかもしれません。あえて報酬を下げることで，汚職に走りがちな政治家を排し，クリーンな政治家のみを再選させて残していくことができる可能性もあります（**Chapter 5** ではこの両面をふまえたモデルで議員報酬に関し検討しています）。

それぞれのモデルには，捨象している側面が多くあります。実際に政策提言にまでつなげるのであるならば，各モデルが捨象している側面を正しく理解し，その限界を知ることが大切です。ただし，この問題はフォーマルモデルを用いずに議論している場合にも当てはまります。フォーマルモデルでは設定と仮定が明確に示されているため，個々のモデルが捨象している点を明確に知ることができることはむしろ利点だと言えるかもしれません。

私たちの抱いている政治に対する不満の「なぜ？」に対する解答をフォーマルモデルが提示できたとしても，解決策の提示が難しいのであるならば，フォーマルモデルを学ぶ意義はあるのでしょうか？　まず，1つのモデルを用いて解決策まで提示することはできなくとも，少なくとも解決策を見つけるためには「なぜ？」に対する解答が必要です。事実を解明した先に解決策があるわけですから，事実解明は解決策への重要な一歩であり，そこにフォーマルモデルは貢献できます。また，たとえ解決まで至らないのだとしても，現在の政治の問題の本質を理解し，冷静に私たちの住んでいる国の政治を見つめることは，選挙権などの政治的権利を持っている一有権者にとって必要なことでしょう。日々，メディアやネットでは政治に対する感情的な議論が溢れかえっています。また，その感情的議論に多くの人々が流されていくことも少なくありません。そこで立

ち止まり，最初から冷静に考え直していく力を有権者は持つべきだ，ということです。フォーマルモデルは，その助けになるはずです。そして，1人でも多くの有権者が冷静に論理的に政治を見つめることができるようになることが，私たちの国の政治を良くしていくための一歩につながるはずです。

0.3.3　人間に寄り添ったフォーマルモデルを目指して

　フォーマルモデルは人間を見つめていない，と言われることがあります。非人間的手法だ，と批判されることもあります。フォーマルモデルが常に利己的で身勝手な人たちを仮定しているという誤解も横行しています（この誤解に関しては **Chapter 1** で議論します）。しかし，フォーマルモデルはあくまで人間の社会の本質を描き出そうとする手段です。数学的な手法を使っていますが，そこで作られるモデル自体は1＋1＝2のような絶対的な解答を示すものではありません。モデル自体は設定や仮定を変えることで，いかような結果にも導くことができます。「議員報酬を削減すべきだ」という結論も，「すべきではない」という結論も，仮定や設定を変えれば導けるわけです。そのため，フォーマルモデル自体は研究者が自分の考えを示すための手段にしかすぎません。

　研究者の視線の先には，必ず人間の営みがあります。多くのフォーマルモデルを用いる研究者たちは，私たちが生きる社会の仕組みを，人間の営みの解明をしようとしています。そもそも，単なる数学的興味で作られたようなフォーマルモデルは学術誌には受け入れられませんし，数学を使っていることが，人間のことを考えていないことを意味するわけでもありません。できる限り，人間に寄り添い，私たちの社会に対する理解を深められるようなフォーマルモデルの構築を，多くの研究者が目指しており，そのような研究にこそ価値があるのです。

本書を読んで，「やはりフォーマルモデルは現実を説明できていない」と感じる箇所があるかもしれません。そのときに，フォーマルモデルを学ぶことを単に投げ出すのではなく，設定や仮定をどのように変えれば，より現実的な帰結になるか考えてみてください。皆さん自身で，より人間の営みに近いモデルは何か，想像を巡らせてみてください。フォーマルモデルは，そういう研究者の努力の積み重ねの上にできているものです。皆さんが，その努力の一端に少しでも触れたと感じていただければ，筆者としては本望です。

0.4　本書の特徴

フォーマルモデルを理解しようとする際に，単に数式の計算を追っていけば良いわけではありません。フォーマルモデルは現実の事象を説明するためのものです。よって，各モデルが現実におけるどの事例を説明できるのか，あるいは説明に限界があるのか考えていくことが重要です。そこで各章の最初に，モデルと関連の深い現実の政治的問題や時事問題を示し，随所においてその問題に立ち返りながら，モデルの解釈を行っていきます。また，導入部以外でも，できるだけ多くの事例に関して言及しています。各章において解説されるモデルの分析対象，および議論される主な事例は**表0-2**にまとめてあります。

同時に，フォーマルモデルを理解するためには，ゲーム理論で用いられる用語や均衡などの概念に関して理解する必要があります。そこで各章を読み進めていくと，ゲーム理論の教科書とほぼ同じ流れで，ゲーム理論の用語・概念が理解できるように解説しています。よって，政治学におけるフォーマルモデルだけではなく，ゲーム理論に関しても理解が深まるようになっており，ゲーム理論に関する講義の副読本としても使えるようになっています。具体的には各章

表 0-2：本書の構成

Chapter	モデルの分析対象	示される事例
1	投 票 行 動	日本の低投票率と投票率向上のための施策
2	選 挙 競 争	選挙権年齢の 18 歳への引き下げ，保育園と学童保育
3	執 政	韓国大統領の汚職事件，多選禁止制
4	議 会	自民党・公明党および自民党・社会党の連立政権
5	政治家の資質	政治家の失言，議員報酬
6	選挙運動・広告	政党助成金による選挙運動，政治献金
7	メ デ ィ ア	記者クラブ，公共放送（NHK）
8	官 僚	民主党政権時代の脱官僚政策，天下り
9	政 治 体 制	アウンサンスーチーとロヒンギャ掃討作戦，自然災害の被害
10	民 主 化	ソビエト連邦解体，イギリスとドイツにおける民主化
11	戦 争	イラク戦争，湾岸戦争
12	平 和 構 築	北朝鮮の核開発，国際連合の役割

において，以下のゲーム理論の概念・用語を紹介しています（ただし，主に研究者・教員の方向けの留意点として，本書では混合戦略に関しては議論していません。純粋戦略を用いた均衡のみを議論しています）。

Chapter 1：意思決定分析の基礎（利得最大化，期待利得）

Chapter 2：ナッシュ均衡

Chapter 3：サブゲーム完全均衡，モラルハザード

Chapter 5：情報の非対称性，完全ベイジアン均衡

Chapter 6：シグナリング

Chapter 9：（勝利）提携

Chapter 10：（信頼できる）コミットメント

Chapter 11：効率性

Chapter 12：繰り返しゲーム

フォーマルモデルを理解するためには，自ら手を動かして計算をしてみることが重要です。実際に自分でモデルを解いてみることによって，より深く理解し，新たな発見をすることは少なくありません。そこで，随所に **Exercise** として練習問題を用意してあります。実際の数値例を用いて議論を振り返る，あるいはモデルの設定の一部を変更することによる結果の変化を確認させるような問題になっています。

　同時に，フォーマルモデルに基づきながら物事を考える応用力をつけることも大切です。新たな政治問題に直面したときに，モデルに即して考えていけるようになるからこそフォーマルモデルを学ぶ意義があります。また，各モデルに対して批判的に検討していくことも重要です。そこで，各章末に **Discussion Questions** として，モデルを用いて新たな事象の説明を試みる問題や，モデルそのものの妥当性を振り返る問題を用意しました。計算を要求する問題ではなく，また明確な解答が存在している問題でもありません。人によって考え方や解答が異なってくる部分も大きくあるような問題になっています。**Discussion Questions** は 1 人で考えても良いのですが，講義やゼミ内で他の学生と討論をしてみると，新たな視点や考え方に巡り合うことができるかもしれません。**Discussion Questions** の問題では「本章のモデルに基づきつつ議論せよ」と求めている問題が多くあります。その場合，まずはモデルに即した場合の解釈や説明を考えてみてください。そのうえで，その解釈や説明は妥当と言えるのかどうか，また妥当ではない場合はモデルの改善点を示してみましょう。

　各章のモデルや議論はすべて過去の学術的研究に基づくものです。しかし文中で文献を紹介しても，多くの読者の方々は実際には読まないだろうことをふまえれば，理解の妨げになってしまう可能性もあります。そのため，参考文献と今後の読書案内は各章末の **Notes**

にまとめてあります。章によっては今後読むべき読書案内も示しています。また，ゲーム理論やフォーマルモデルに関する余談を **Aside** として，各章に1つずつ含めています。本書で議論されている用語などのなかには，定訳がないものがあります。定訳がない用語に関してのみ，括弧のなかに英語の表記を示しています。

重版に伴う修正事項や **Exercise** の解答など，各種補足資料を本書の Web サポートページ（下記）にて紹介しております。ぜひご覧ください。
http://www.yuhikaku.co.jp/books/detail/9784641149281

Part I

選挙と政治

　民主主義下において，選挙は最も重要な政治制度の1つであると言って良いでしょう。国民が持つ主な政治的権利は，選挙権と被選挙権という選挙にまつわる権利です。政治家も選挙に勝たなければただの人になります。また，間接民主主義では，選挙で議会議員を選び，かつ議会でも議員による投票で政策が決定されます。それでは，選挙において有権者や候補者，あるいは議会議員はどのような選択を行うのでしょうか？　選挙の存在は，より良い政策を選択するインセンティブを政治家に与えるのでしょうか？　**Part I**では，選挙の役割とその影響について考えていきます。

Chapter 1 低投票率

人々が投票するのはなぜか

(出所) AFP＝時事

2016年アメリカ大統領選挙においてドナルド・トランプが当選した。世界中に大きな衝撃を与えた選挙ではあったが，投票率はわずか55.7％であった。

✓ 本章で導入される概念：利得最大化，期待利得

1.1 日本における投票率

　人々が政治に対して影響力を行使できる機会は，かなり限定的と言って良いでしょう。毎日仕事や育児・介護に追われている人は，わざわざ時間と労力を使って政治活動をすることは難しいと言えます。そのような多くの人々にとって，比較的少ない労力で政治的影響力を行使できる機会が選挙です。すべての 18 歳以上の国民は平等に 1 票を有し，その投票で政治家が選ばれます。そして選ばれた政治家が国民の代表として政策を決めていきます。このような選挙の実施は民主主義の代名詞にもなっており，有権者の投票参加は民主主義の国にとっては無くてはならないものでしょう。それでは，実際の選挙においてどのくらいの有権者が投票に参加しているのでしょうか？

　図 1-1 は，衆議院議員総選挙の投票率の推移を示しています。1990 年代から投票率は低下傾向にあり，最近の選挙における投票率はだいたい 50 ～ 70 ％程度で推移しています。また図には示していませんが，参議院選挙の投票率は一段低く 50 ～ 60 ％の間です。近年の日本の投票率は国際的視点から見ると低いほうだとも指摘されています（飯田ら，2015，pp. 77-78）。100 ％の投票率からは程遠い現状をふまえ，メディアなどで「なぜ多くの人が投票に行かないのか」と嘆く声は大きくなっています。そこで，期日前投票制度の導入など投票率向上のためのいくつかの施策も実行されてきました。

　このように一般的には「人々が投票をしないのはなぜか」という問題が議論になることが多いのですが，フォーマルモデルの分野では長年「人々が投票するのはなぜか」というまったく逆の問題が議論されてきました。本章では，個人の意思決定に関する数理分析の基礎を概観しつつ，有権者が投票する（あるいは投票しない）理由に

22　**Part I**　選挙と政治

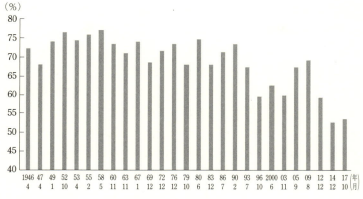

(出所) 総務省（国政選挙における投票率の推移）

図 1-1：衆議院議員総選挙の投票率

関して考えていきましょう。

1.2 投票の意思決定

1.2.1 利　得

　政党1と政党2という2つの政党が存在しているとします。あなたは，各政党の公約や過去の業績から政党1を支持しているとしましょう。政党1を支持しているため，実際に投票することになれば，政党1に投票するでしょう。

　それでは，あなたが投票することによって得られる**便益**は何でしょうか？　政党1を支持しているということは，政党2ではなく政党1が勝利することで何らかの便益が得られるということになります。選挙に行けば，あなたの1票が選挙結果に影響を与え，政党2の勝利を覆し，政党1を勝利に導けるかもしれません。その結果，あなたは政党1の勝利から便益を得ることができるはずです。特定

Chapter 1　低投票率　　23

の政策に対し利害を有し，かつ勝利政党によって政策が変更される可能性がある場合，この便益は大きくなります。たとえば，あなたが働いている産業では新規参入に対し規制がかけられているとしましょう。参入規制のおかげであなたの会社は大きな利潤を得ていますが，政党2はその規制を撤廃しようとしているとします。撤廃されてしまえば最悪の場合，会社は倒産し失業してしまうかもしれません。このような利害を持っていた場合，選挙結果はあなたの収入や将来に大きな影響を与えるため，政党1の勝利から得られる便益は大きいと言えます。一方で，どの政策に対してもあまり利害を有さない，あるいは両党とも同一の政策を支持している場合，便益は小さくなります。

　その一方で，投票に行くには**費用**もかかります。この費用には主に2つの種類があります。第1に，投票に行く時間と労力です。少なくとも投票するためには，家を出て，しばらく移動したうえで投票所に行かなくてはいけません。雨の日は面倒でしょうし，子連れで行かなくてはならない事情があれば，自分だけではなく子どもの用意もしなくてはならず大変でしょう。そのような時間と労力は投票に行く費用になります。第2に，「投票に行く時間を他のことに使うことによって得られる便益」も諦めなければなりません。たとえば，投票日に仕事があり，投票をしに行くためには仕事を休む必要があるかもしれません。また，大好きで参加したいイベントが同日にある，愛する人とデートに行きたいなど，投票に行くことで（すべてではないにせよ少しの時間）諦めなければならないことがあります。1つのことを選択したがために諦めなければならなかった便益のことは**機会費用**と呼ばれています。投票する費用を考える際には，投票自体に直接かかる時間や労力などの費用のほかに，得ることを諦めた便益である機会費用も考える必要があります。

　1つの選択肢を選ぶことで得られる便益から費用を差し引いたも

のを，ここでは**利得**と呼びます（利得のことは経済学では効用と呼ばれることが多いですが，本書では利得と効用は同じことを意味しています）。フォーマルモデルでは人々の選択行動を分析していきます。投票に関して言えば「投票する」または「棄権する」という有権者の選択を分析します。人々は数ある選択肢のメリットとデメリットを比較したうえで選択しますが，フォーマルモデルでは比較や選択といった行為も数値化したうえで分析しなくてはいけません。そこで，各選択肢からの便益と費用，つまり利得を数値化し，比較するという方法をとります。便益や費用は金銭的なものである必要はありません。面倒くさい，デートに行きたい，雨だから嫌だなどの金銭的ではない費用も，数値化したうえで利得を計算し，議論していくことになります。よって，勝利政党から得られる便益も金銭的・物質的なものではなくても良いことになります。たとえば，あなたが政党1の党首の大ファンで，その党首を内閣総理大臣にしたいと思っている場合，政党1が勝利しても金銭的便益は一切受け取れませんが，「大好きな党首が首相になった」という便益は受け取れます。このような便益も数値化するわけです。

　各選択肢から得られる利得は，その個人にとっての各選択肢の好ましさの度合いを表すように与えていきます。より好ましい選択肢に，より大きな利得を与えるということです。政党1を政党2より好んでいれば，より大きな利得を政党1の勝利から得ることができると考えれば良いわけです。よって利得は金銭的・物質的利益の大小を表すものではなく，好ましさの大小を表現しているものです。たとえば，震災が生じた後に，被災地に対し「寄附する」と「寄附しない」の2つの選択肢があった場合，「寄附しない」のほうが金銭的利益は大きいですが，寄附することを好んでいた場合には，「寄附する」のほうが大きな利得を持つことになります。よって，利得と金銭的利益は異なるものであることに注意してください。よ

Chapter 1　低投票率　25

り好ましい選択肢から大きな利得を得ると考えることで，個人の意思決定を**利得最大化**として描くことができます。利得が大きいほど，その人にとってより好ましい選択肢であることを意味しているので，個人はより大きな利得を与えてくれる選択肢を選択すると考えるほうが自然です。

1.2.2 変　数

政党 1 が勝利することによってあなたが受け取る便益を B_1 とし，政党 2 が勝利することによってあなたが受け取る便益を B_2 としましょう。未知あるいは不定の数を表す文字記号（アルファベットやギリシャ文字）を**変数**と言います。あなたは政党 1 を支持していることから，$B_1 > B_2$ が成立していることになります。便益の大きさは正でも負でも構いません。前述のように，あなたがある規制から利益を得ていた場合，その撤廃を政党 2 のみが訴えていれば，B_2 は負になると考えたほうが自然でしょう（$B_1 > 0 > B_2$）。あるいは，両党が規制撤廃を訴えているものの，政党 2 のほうが徹底した撤廃を訴えている場合，どちらの政党が勝利してもあなたは不利益（負の便益）を得ます。しかし，政党 1 のほうが不利益は小さいと考えられます（$0 > B_1 > B_2$）。もちろん両党ともに規制維持を支持しているものの，政党 1 は規則の強化までしてくれる場合には，いずれの政党が勝利しても，あなたは正の便益を受け取ることができるでしょう（$B_1 > B_2 > 0$）。

ここでは，$B_1 > B_2$ のみ仮定し，上記のすべての例を含めて議論していきます。ただし，この便益 B_1 と B_2 は特定の政策から得られる便益ではなく，政党の勝利から得られる便益のため多面的なものです。参入規制だけではなく，景気刺激策，社会保障政策，外交政策など，他のすべての要素から得られる（正や負の）便益を足したものになります。よって政党 1 が参入規制を撤廃し，あなたの勤め

先に不利益をもたらそうとしていても、その他の社会保障政策などからあなたが得る便益が大きければ、やはり政党1を支持することになります。

分析において、B_1やB_2に1や10といった特定の数字を与えていくこともできます。しかし、どのような値にもなれる変数を用いて表現したほうが、上記の例をすべて含めるように、より幅広い例を考えることができるという意味で好ましいことが多いです。よって、前項では「数値化をして議論していく」と言いましたが、フォーマルモデルでは変数を用いて議論していくことが一般的です。ここで$B_1 > B_2$と考えたように、変数間の関係や、各変数が取りうる値に関する最小限の制約を仮定として設け、その制約さえ満たせば、変数はどのような値にもなりうると考えます。そのうえで、変数を用いて表現された各選択肢の利得を比較し、特定の選択肢が選ばれる条件を導き出します。たとえば本章の例では、有権者が投票することを選択する条件を示していきます。そのうえで、どのような変数間の関係や変数の大きさにおいて、有権者が投票することになるのか理解しようとするわけです。

以降の章では、議論の核心ではない変数には数値例を与えていきます。ただし、本章では変数に慣れてもらうために、数値例を用いずに議論していきましょう。

1.2.3　期待利得

投票するか否かの選択を考えるためには、それぞれの選択による選挙結果を予測しなくてはいけません。しかし、他の有権者の政党に対する好みや、他の有権者が実際に投票するか否かを完全に予測することは難しいでしょう。よって、それぞれの選挙結果が何パーセントの確率で生じるか予測することになります。このように将来生じる結果を確実に予測することができない状態を、**不確実性**と言

います。本章の例では，有権者は選挙結果に関する不確実性を持っていることになります。

　まず，あなたが投票に行かなかったとしましょう。その場合，以下の4つのケースが生じている可能性があります。

- ケース1：1票以上の差で政党1が勝利する。
- ケース2：政党1と政党2が同数票を得る。ここでは同数票の場合，勝者はくじ引きによって決められると考える。よって，同数票の場合の勝利確率は1/2となる。
- ケース3：ちょうど1票差で政党2が勝利する。
- ケース4：2票以上の差で政党2が勝利する。

　あなたは政党1を支持しているため，政党1の勝利を望み，投票するならば政党1を選びます。ケース1の場合は，あなたが投票しなくても政党1は勝利するため，あなたの1票は選挙結果に影響を与えません。またケース4の場合も，あなたの1票を政党1に与えたとしても選挙結果は変わらず，政党2の勝利は揺るぎません。あなたの1票が選挙結果を変えることができるのはケース2とケース3のみです。ケース2では，投票しなければ政党1の勝利確率は1/2ですが，あなたの1票で政党1を確実に勝利させることができます。ケース3では，あなたの1票で同数票にできるため，政党1の勝利確率を0から1/2に高めることができます。

　ここで**表1-1**が示すように，ケース1の生じる確率をp_1，ケース2が生じる確率をp_2，ケース3が生じる確率をp_3，そしてケース4が生じる確率を$1-p_1-p_2-p_3$とします。4つのケースのうちいずれかが必ず生じるため，ケース4の生じる確率は他の3つのケースが生じない確率である$1-p_1-p_2-p_3$になります。これらの確率はサイコロの特定の目が出る確率のような誰もが知っている客観的確率ではなく，あなたの予測に基づく確率である**主観的確率**

28　**Part I**　選挙と政治

表 1-1：各ケースから得られる便益

ケース	投票棄権した ときの選挙結果	確率	投票棄権 による便益	投票参加 による便益
1	政党1の勝利 （1票差以上）	p_1	B_1	B_1
2	同数票	p_2	$B_1/2 + B_2/2$	B_1
3	政党2の勝利 （1票差）	p_3	B_2	$B_1/2 + B_2/2$
4	政党2の勝利 （2票差以上）	$1 - p_1 - p_2 - p_3$	B_2	B_2

です。よって，個人によって主観的確率は異なる可能性を許容して
います。**表 1-1** が示すように，もしもあなたが投票しなければ，
ケース1では確実に政党1の勝利から得られる便益 B_1 を得ます。
また，ケース3とケース4では政党2が勝利するため，便益 B_2 を
得ます。一方で，ケース2では両党の票数は同じです。同数票で
あった場合に，勝者はくじ引きで決めるとしました。では，そのく
じ引きをしてみましょう。くじの枚数は100枚とします。同数票の
ときの両党の勝利確率は 1/2 としてあるので，100枚あるくじのう
ち，50枚が政党1の勝利を示すものであり，別の50枚が政党2の
勝利を示すものです。この100枚のくじを全部引いたときの利得の
平均を計算すると，

$$\frac{50}{100}B_1 + \frac{50}{100}B_2 = \frac{1}{2}B_1 + \frac{1}{2}B_2$$

になります。この平均値は同時に，1本のくじを引いたときに得ら
れると期待される利得であると言えます。よって，この1回のくじ
で得られる便益の平均値のことを**期待値**と呼びます。

　期待値に関して，もう少し詳しく議論しましょう。期待値を計算
するためには，まず最終的に生じる可能性があるすべての事象を考

表 1-2：ケース 2 における便益の期待値

生じる可能性のある事象	確率	便益
政党 1 の勝利	1/2	B_1
政党 2 の勝利	1/2	B_2

えます。ケース 2 において生じる可能性がある事象は，**表 1-2** が示すように，「政党 1 の勝利」と「政党 2 の勝利」の 2 つです。そのすべての事象に対し，その事象が生じる確率と，その事象から得られる便益を掛けます。それを足した総和が，便益の期待値になります。ケース 2 における各事象からの便益は B_1 と B_2 で，各事象が生じる確率はそれぞれ 1/2 ですので，各事象の便益と確率を掛けたものをすべて足した総和である $B_1/2 + B_2/2$ が，同数票であった場合の便益の期待値になります。

それでは，あなたが投票しないことを選択した場合の，便益の期待値を計算してみましょう。1 回あたりの選挙において得られると期待される便益の大きさです。**表 1-1** が示すように，生じる可能性がある事象はケース 1 から 4 までの 4 つの事象です。ケース 1 は確率 p_1 で生じ，あなたは B_1 を得ます。ケース 2 は確率 p_2 で生じ，$B_1/2 + B_2/2$ が便益の期待値です。ケース 3（確率 p_3）とケース 4（確率 $1 - p_1 - p_2 - p_3$）では，あなたは B_2 を得ます。よって，便益の期待値は以下の通りです。

$$p_1 B_1 + p_2 \left(\frac{1}{2} B_1 + \frac{1}{2} B_2 \right) + p_3 B_2 + (1 - p_1 - p_2 - p_3) B_2$$

また，選挙に行かなかった場合，選挙に行くはずだった時間を仕事やデートに用いることができます。選挙に行かなかったことによって得られる便益，つまり選挙に行く機会費用を C_N とし，C_N は正である（$C_N > 0$）と仮定します。便益の期待値の式を計算しなおしたうえで C_N を加えれば，投票しなかった場合の利得の期待値を以下の

通りに示すことができます。

$$\left(p_1 + \frac{1}{2}p_2\right)B_1 + \left(1 - p_1 - \frac{1}{2}p_2\right)B_2 + C_N$$

1つの選択肢から得られる利得の期待値を**期待利得**と呼びます。よって，上記の式は投票をしなかったときの期待利得を示しています。

次に，選挙に行くことを選択した場合の期待利得を考えてみましょう。**表1-1**が示すように，ケース1（確率 p_1）とケース2（確率 p_2）で B_1 を得，ケース3（確率 p_3）で $B_1/2 + B_2/2$ を得ます。残りのケース4（確率 $1 - p_1 - p_2 - p_3$）では B_2 を得ます。よって，便益の期待値は以下の通りです。

$$p_1 B_1 + p_2 B_1 + p_3\left(\frac{1}{2}B_1 + \frac{1}{2}B_2\right) + (1 - p_1 - p_2 - p_3)B_2$$

かつ，投票に行くこと自体にかかる費用を C_V とし，C_V は正である（$C_V > 0$）と仮定します。よって，投票することにより得られる期待利得は，

$$\left(p_1 + p_2 + \frac{1}{2}p_3\right)B_1 + \left(1 - p_1 - p_2 - \frac{1}{2}p_3\right)B_2 - C_V$$

になります。

ゲーム理論や経済学において不確実性が存在するなかでの意思決定を分析する際に，個人は期待利得が最大になる選択肢を選ぶと考えます。これを**期待利得最大化**と言います。ここでは投票と投票棄権の2つの選択肢からの期待利得を比較し，その大きなほうを選択するわけです。利得と同様，より好ましい選択肢が，より大きな期待利得を有することを意味しています。不確実性下における個人の選択を分析する手法はほかにもありますが（ギルボア，2012），期待利得最大化が最も単純で扱いやすいため用いられることが多いのです。よって，以降でも期待利得最大化を主に考えていきます。

Chapter 1　低投票率　31

1.2.4 投票棄権のパラドックス

期待利得最大化を行う個人は，選挙に行くか否かを選択する場合，期待利得が大きいほうを選択します。よって，選挙に行く期待利得が，選挙に行かない期待利得より大きい場合のみ，あなたは選挙に行くインセンティブを持つことになります。つまり，あなたが投票に行くためには以下の式が成立する必要があります。

$$\left(p_1 + p_2 + \frac{1}{2}p_3\right)B_1 + \left(1 - p_1 - p_2 - \frac{1}{2}p_3\right)B_2 - C_V$$

$$> \left(p_1 + \frac{1}{2}p_2\right)B_1 + \left(1 - p_1 - \frac{1}{2}p_2\right)B_2 + C_N$$

計算すると，投票に行くインセンティブを持つ条件式は以下のように書き直せます。

$$(p_2 + p_3)\frac{1}{2}(B_1 - B_2) - (C_V + C_N) > 0$$

ケース2とケース3のときのみ，あなたの1票で選挙結果を変えられることは論じました。それでは，投票をして選挙結果を変えることで，期待利得はどのくらい変わるのでしょうか？　確率 p_2 でケース2となり，便益は $B_1/2 + B_2/2$ から B_1 に高まります。確率 p_3 で生じるケース3では，便益は B_2 から $B_1/2 + B_2/2$ に高まります。いずれも利得の上昇幅は，

$$B_1 - \left(\frac{B_1}{2} + \frac{B_2}{2}\right) = \left(\frac{B_1}{2} + \frac{B_2}{2}\right) - B_2 = \frac{1}{2}(B_1 - B_2)$$

になります。これは，前記の条件式の左辺第1項に示されているものです。また投票に行くと，投票に行く費用を機会費用も含めて払う必要があります（前述の条件式の左辺第2項）。期待便益の増加幅，投票する総費用，および選挙を左右することができる確率をそれぞれ，

32　**Part I**　選挙と政治

$$B = \frac{1}{2}(B_1 - B_2)$$

$$C = C_V + C_N$$

$$p = p_2 + p_3$$

とすれば，投票に行くための条件式は，

$$pB - C > 0$$

と書き直せます。

　問題は，この式が成立している有権者がどの程度存在しているかということです。多額ではないとはいえ，選挙に行く費用 C が存在します。特定の政党を支持している場合，B も正であるはずです。それでは選挙結果を左右するような投票者になる確率 p は十分に大きい値を取りうるでしょうか？ 小さな規模の選挙であれば，それなりの大きさの確率となりますが，大きな選挙になれば，自身が選挙結果を左右することは滅多にありません。市議会選挙や町議会選挙では時折，最下位の議席を争う候補者 2 人の得票が同数になりくじ引きが行われることがあります。しかし，衆議院や参議院の選挙ではこれまで同数票になったことはありません。もし，国政選挙のように p が限りなく 0 に近いのであれば，誰も選挙に行こうとはしないはずです。

　実際に過去の多くの研究が理論的予測を試みても 50 ％を超えるような投票率は説明できませんでした。理論的予測と現実が異なる現象はパズルあるいはパラドックスなどと呼ばれます。「人々が投票するのはなぜか」という問題も，理論的予測と現実の投票率が異なるため，**投票棄権のパラドックス**などと呼ばれています。

Chapter 1　低投票率　33

■ **Exercise 1-1**

　500万人の投票者がいる選挙において，両党の支持が拮抗している場合を考える。過去の研究で行った試算によると，一有権者が選挙結果を左右する確率は，だいたい $p = 0.000000008$ になる。投票の費用が1円（$C = C_V + C_N = 1$）であるときに，有権者が投票をするインセンティブを持つためには，$B = (B_1 - B_2)/2$ はどのような値を取るべきか？

1.3　パラドックスの解決——人はなぜ投票するのか

1.3.1　投票をすることから得る便益

　今までの分析では，選挙結果を有利に変えたい一方で，投票すること自体には費用がかかるために，投票に行きたくない有権者を考えていました。しかし，有権者のなかには選挙結果を変えること以上に，選挙に行くこと自体を重視している人々がいます。言い換えると，投票をすることによって（選挙結果を変えることができなかったとしても）何らかの便益を得ることがあるということです。投票をすること自体から得られる便益に関する考察を紹介しましょう。

(a)　投票する義務感

　古くからフォーマルモデルを用いて現実の投票率が説明できないことはパラドックスであると言われていた一方で，その簡単な解決策も古くから指摘されています。前節のモデルにおける投票に行く便益は，選挙結果を変えることができた場合にのみ得られる便益でした。しかし，多くの人は選挙に行くこと自体を重視しています。「民主主義は先人たちの多くの血が流されたうえで達成されたことをふまえれば，投票権は権利ではなく義務である」と考える人はい

34　**Part I**　選挙と政治

ます。そこまで強く思わなかったとしても，何となく「投票に行く
ほうが好ましいし，投票率は高いほうが良い」と考える人は多いで
しょう。このような義務感は，投票に行くことで満たされます。

　以上の理由から，選挙結果にかかわらず，投票に行き義務感が満
たされるという便益があります。この便益を D とし，$D>0$ と仮定
します。投票に行く便益 D は，有権者の意思決定の条件式に以下
のように入れることができます。

$$pB-C+D>0$$

　たとえ p が 0 であり，選挙結果を変えることができなくても，
$C<D$ であれば，この有権者は投票をするインセンティブを持ちま
す。費用 C は，ほんの少しの時間を投票所に行くために使わなく
てはならない程度の費用であり，大半の人にとって大きな値を取る
ものではありません。そのため，ほんの少しでも義務感を抱いてい
れば投票に行くことは不思議ではありません。

　しかし以上の議論では，単に「D がある」と言っているだけです。
そもそも議論をするべき問題として，なぜ人々は D を得るのか，
また D はどのような要素に影響を受け増減するのか，という問題
があります。次はこれらの問いも視野に入れた代表的仮説 2 つを，
以下の(b)と(c)で紹介しましょう。

(b)　集団に基づく投票

　何らかの集団に所属している有権者は多くいます。集団も多種多
様で，利益団体や市民団体はもちろんのこと，会社も集団の 1 つで
す。そして集団には代表や社長などのリーダー（あるいはリーダーた
ち）がいます。その集団が特定の候補者を応援していたとしましょ
う。その候補者を勝たせるために，リーダーは集団の構成員が投票
に行き，その候補者に投票するよう動員をかけます。しかし，いく

Chapter 1　低投票率　　35

ら集団の構成員であるからといって，自身の1票が選挙結果を変える確率（p）が低ければ，動員に応じないかもしれません。そこでリーダーは動員に応じ投票をしてくれた構成員に対して報酬を与える必要があります。あるいは動員に応じてくれない構成員に罰を与えます。

あなたが利益団体に属しており，その利益団体が明確に支持する候補者がいたとしましょう。あなたの投票先を他人が知ることは難しいですが，投票に行ったか否かは比較的容易に知ることができます。斉藤（2010）は，日本の農村・漁村においては，自由民主党（以下，自民党）への集票のために住民団体や利益団体による相互監視が行われており，住民の投票行動が管理されていたことを指摘しています。たとえば，建設会社ではマイクロバスで従業員をまとめて投票所に送迎することで，投票の有無を監視していました（斉藤, 2010，p. 37）。それにもかかわらず，あえて投票所に行かないことを選べば，支持すべき候補者に投票しなかったとして，会社や利益団体で冷遇される可能性があります。一方で，投票に行けば優遇されることもあるでしょう。このとき，投票に行くことで集団のリーダーから得る便益（あるいは投票に行かないことで集団のリーダーから罰せられる費用）が D となります。リーダーは各構成員に C を超える D を与えることで動員をかけます。

しかし，リーダーも構成員を動員させるために時間と労力，時には金銭も使う必要があるため費用がかかります。また，リーダーに対して支払われる賞罰はないため，リーダーは D を得ることはできません。しかし，1人の有権者が選挙結果を変える可能性は極めて小さくても，1つの集団が選挙結果を変える可能性はあるでしょう。p を集団が選挙結果を変える確率とし，B をその集団のリーダーが選挙結果を変えることで得る便益とします。p が小さくない場合，動員に費やす費用 C が存在したとしても，$pB - C > 0$ が成立

し，リーダーは動員のために努力をするインセンティブを持つことになります。その結果，リーダーは集団の構成員に動員をかけることで投票率が高まるため，ある程度の投票率を説明できることになります。

　このように集団のリーダーが動員のために与える賞罰が D の源になると考えるモデルを，**集団に基づく投票**（group-based voting）モデルと言います。ただし，このモデルはリーダーが構成員の投票先を把握し，それに対し明示的な賞罰を与えられないといけません。しかし，多くの民主主義の国で有権者の投票先を知ることは困難です。前述の通り日本の農村・漁村ではある程度把握することは可能かもしれませんが，都心で把握することは無理でしょう。リーダーが明示的に賞罰を与えられないとするならば，構成員が集団の利害に沿って行動する理由はなぜでしょうか？

(c)　集団内倫理に基づく投票

　集団のリーダーが率先して動かなくても，集団内で投票に行くことが好ましいという考えが広がる場合があります。たとえば2016年に行われたイギリスにおける欧州連合（EU）離脱の是非を問う国民投票を考えてみましょう。イギリスはもともと EU の加盟国でしたが，移民の増加を受けて EU 離脱の是非を問う国民投票の実施を求める声が大きくなり，当時のデーヴィッド・キャメロン首相は国民投票の実施を決定しました。欧州の協調と自由貿易の経済的利益の重要さを訴える残留派と，移民流入を規制しイギリスの主権復帰を求める離脱派で，イギリス国内は二分されます。住民投票の投票率は 72.21 ％になり，僅差（得票率 51.89 ％）で離脱派が勝利します。もちろん，残留派と離脱派には賞罰を使って動員をかけることができるリーダーはいません。また，イギリス全体の選挙ですから，僅差とはいえ 1 人の有権者が選挙結果を左右する確率はほぼ 0 です。

Chapter 1　低投票率　　37

しかし，7割以上の有権者が投票しました。そこでは残留派も離脱派も，多くの有権者がそれぞれの集団の考えに基づき「未来のイギリスのため」という思いで投票しています。つまり，残留派はイギリスのためになると思い残留を支持し，離脱派もイギリスのためになると思い離脱を支持しています。そして7割以上の有権者が投票に行きました。

　イギリスのEU離脱の是非に限らず，各集団のなかでそれぞれの正義や倫理観が形作られていきます。たとえば，喫煙規制に関しては，嫌煙家たちは間接喫煙による健康被害を減らすためにも喫煙を規制すべきであると考え，愛煙家たちは行きすぎた規制は人権侵害だと考えます。どちらも，自分たちの考えは正しいと信じ，社会のために（自分たちの思う）正しい政策を推進しようとします。その実現のために，「特別な理由がない限り投票に行くべきだ」というルールが集団内で生まれ，個々の構成員はルールに従うことで自分の信じる倫理観を満たすという満足感を便益として得ます。このように集団内で作られたルールに従って行動することから得る満足感が D の源であると考えたモデルを，**集団内倫理に基づく投票**（group-based ethical voting）モデルと言います。リーダーが明示的に動員を掛けなくとも，構成員自身が自主的に動員されていく理由になります。

　モデルに則して考えると，まず集団内で「投票する費用 C が $\overline{C}$ 以下（$C \leq \overline{C}$）の人は投票すべきだ」というルールができ上がります。個々の構成員はこのルールに従って行動すると，集団内の倫理観に則して行動したと感じ，その満足感から D の便益を得ます。つまり，「選挙日にインフルエンザにかかったり，あるいは急な仕事が入ったりしたら仕方がないけど，特段用事が無いならば社会のために投票しましょう」という価値観が集団内で生まれ，それに従って投票すれば「社会のためになった」という満足感を得るわけ

です。

　本モデルの重要な点は，費用の境目（$\overline{C}$）の特徴もモデルのなかで描いている点です。個人はあるルールを想定し，「このルールに全員が従った場合，どのような結果になるだろう」と考えます。そして「全員がこのルールに従えば社会にとって最も良い結果になる」と信じることができれば，社会のためという倫理観に則した行動をとるために，そのルールに従うインセンティブを持ちます。費用の境目（$\overline{C}$）を高めていくと，選挙において集団が支持する政党や候補者の勝利確率は高まりますが，社会（あるいは集団）全体での投票に伴う費用は大きくなってしまいます。このトレードオフをふまえながら，個人は最適な境目の値 $\overline{C}$ を想定します。他の個人も同様に社会のためになる境目の値 $\overline{C}$ を想定しますが，同じ方法で想定するため（理論的には）全員が同様のルールを想定します。結果として集団内で同じルール（倫理観）が共有され，他の構成員もルールに従うと予想された場合に，各有権者は投票に赴くインセンティブを持つわけです。

　ここでは，決してグループの構成員が皆で議論をして境目を決めているわけではなく，個人が個別に集団内で従うべきルールを想定しているだけである点に注意してください。よって，明示的なリーダーも協調も必要ありません。また集団が組織化されている必要もありません。そのためこのモデルは，利益団体のように組織化されていなくても，「EU 残留派」や「EU 離脱派」など同じ背景を持った人々の集団にも当てはまります。ただし，個々人で想定したルールに他の構成員も従ってくれると期待できない限り，投票行動にはつながりません。

　集団内倫理に基づく投票は，D の源を説明するモデルとして有力な仮説だとされています。たしかに，国民投票や住民投票など争点となる政策が1つだけの選挙では有用でしょう。しかし，様々な政

Chapter 1 低投票率 　39

策課題が議論される選挙では，1つの政策だけを重視する集団の影響は小さくなると考えられます。たとえば，あなたの働く産業が参入規制政策から利益を得ていたとしても，選挙の争点が多岐にわたる場合，「集団の他の構成員も私の想定するルールに従って行動するはずだ」とは信じられなくなってしまうからです。

> ■ **Exercise 1-2**
>
> 1.3.1のモデルでは，選挙に行くだけで得られる利益を D として示した。しかし，D は (i)投票することによる便益と，(ii)投票しないことによる費用の2つの要素を含んでいる。前者(i)の大きさを D_V，後者(ii)の大きさを D_N としよう。ともに正の値であると仮定する。この2つの値を，投票するときの期待利得と，しないときの期待利得の両式に含めて表現せよ。また，D を D_V と D_N を用いて表現せよ。

1.3.2 意思決定の失敗

 D の源に関する議論がされる一方で，D の導入にはよらずにパラドックスを解決しようとしている研究もいくつか存在しています。そのなかから，有権者が意思決定を誤る可能性を含めたモデルを紹介しましょう。

 すべての有権者で便益の大きさ B は共通しているものの，費用 C は低い人から高い人まで様々だと考えます。図1-2の横軸は各個人の C の大きさであり，0以上の値です。縦軸は，その各個人が投票することを選択する確率です。したがって，網掛け部分の面積が投票率を示します。図1-2(a)が示すように，この費用が pB より高い有権者（$C>pB$）は投票棄権をし，低い有権者（$C<pB$）は投票参加をすることになります。投票と投票棄権が同じ利得になる有権者（$C=pB$）は，どちらを選んでも利得は変わらないため，投票する確率は1/2であるとします。しかし図1-2(b)が示すように，この設

40　**Part I**　選挙と政治

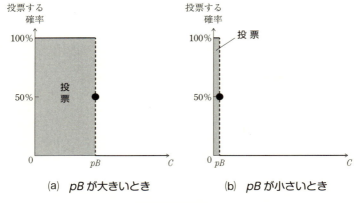

図 1-2：意思決定の失敗をしない場合

定のままでは p が小さい場合，現実の 50 % を超える高い投票率の説明はできません。

　そこで，有権者が意思決定の失敗をしてしまう可能性を考えましょう。つまり，期待利得から考えて投票すべきであるにもかかわらず（$pB>C$）投票棄権してしまう，あるいは投票棄権すべきであるにもかかわらず（$pB<C$）投票してしまうことがあるということです。投票棄権を決めるために有権者は緻密な計算をするわけではありません。多くの有権者にとって C や pB は大きな値ではありませんから，熟慮はせずに意思決定をしてしまうでしょう。その結果，期待利得とは異なる行動をとってしまう可能性があります。しかし，pB が C よりはるかに大きい人や，逆にはるかに小さい人が誤った行動をとるとは思えません。たとえば，選挙日に海外で仕事がある人が投票するためには一度帰国が必要なため，費用 C は極めて大きいでしょう。（期日前投票をしなかった場合）このような有権者が間違えて投票に来ることはありえません。よって，pB と C の差が離れるほど，失敗する確率は低まると考えられます。投票と投票棄権

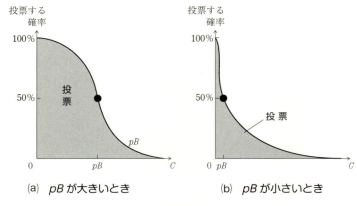

(a) pBが大きいとき　　(b) pBが小さいとき

図1-3：意思決定の失敗をする場合

が同じ利得になる有権者（$C=pB$）が投票する確率は $1/2$ であるため，**図1-3**(a)が示すように $C=pB$ の有権者の投票する確率 $1/2$ から，C が低まれば投票する確率は連続的に上がり，高まれば確率は連続的に下がっていくとします。すると，**図1-3**(b)が示すように，pB が小さい場合でも，網掛け部分の面積は**図1-2**(b)より，ずっと大きくなります。よって，ある程度の投票率の大きさは説明できます。失敗する少しの確率を考慮に入れるだけで，ある程度のパラドックスの解決ができるわけです。D を含めなくても，ほんの少し失敗する可能性を含めるだけで，一定程度の投票率は説明できてしまいます。しかし，これだけですべての投票率を説明できるわけではないでしょう。

1.3.3　フォーマルモデルは利己的個人のみ分析できるのか

「フォーマルモデルは利己的な個人を仮定している」として，非現実的であると批判されることがあります。たしかに，自身の物質的・金銭的利得を最大化することが目的である利己的有権者を考え

れば，義務感や倫理観などは気にしないため $pB - C > 0$ が投票をする条件になるはずです。よって，利己的個人のみを考えていれば，実際の投票率は説明できません。しかし，フォーマルモデルのなかに，非物質的利得や，利他的な感情を含めることは難しくありません。上記モデルの D には，民主主義の国の構成員としての義務感や，高い投票率は好ましいと信じる社会正義が含まれます。あるいは，社会のために行動をしたのだという倫理観や正義感もあります。このような義務感や倫理観を利己的個人が持つとは考えにくく，どちらかと言えば利他的感情です。しかし，その利他的感情の大きさを D という変数で表し用いることで，フォーマルモデルで分析することができるようになります。さらには，1.3.2 で議論した選択の失敗をする個人を考えたとしても，フォーマルモデルで分析できます。

　フォーマルモデルが意思決定者の目的に関し，制約するものは何もありません。何かしらの目的（自身の利得最大化，倫理観に基づく行動など）を持つ個人を考え，その目的の達成度を $pB - C + D$ などという形で変数を用いて分析する手法がフォーマルモデルです。そこで設定される意思決定者の目的は研究者によって設定される仮定になります。自身の物資的・金銭的利得のみを考える個人でも，他人のことを思いやる個人でも，義務感や倫理観を持つ個人でも構いません。あるいは，意思決定の誤りをしてしまうおっちょこちょいな個人でも良いわけです。その仮定に基づき，利得を数値や変数で表現できればフォーマルモデルを用いて分析ができます。

　ただし，モデルが広く受け入れられるためには，研究者が設定した個人の目的が他の研究者や読者に受け入れられる仮定である必要があるでしょう。たとえば，政治家は国民を不幸にすることを目的としているという仮定は受け入れがたい一方で，選挙に勝つことを目的とする政治家という仮定に対する違和感は少ないと思います。

Chapter 1　低投票率　43

フォーマルモデル分析では，仮定のあり方に関しては柔軟性に富んでいることを理解してください。少なくともフォーマルモデルが，自身の金銭的・物質的利得を最大化しようとしている利己的個人だけを分析しているという批判は，大変な誤解であることがわかると思います。

さらに **Introduction** で述べたように，フォーマルモデル分析はあくまで研究者の仮説を説明する道具にすぎません。本章では「なぜ人は投票するのか」という疑問に対して，フォーマルモデルを用いて示された4つの仮説を紹介しました。つまり，①投票すべきという義務感，②集団のリーダーより与えられる賞罰，③集団内で形成された倫理観，そして④意思決定の失敗です。フォーマルモデルは何か特定の答えを提示するものではなく，論理的に研究者の仮説を提示するものであることがわかります。

1.4 投票率向上のための施策

投票率の低下が嘆かれているなか，いくつかの施策が提言されています。たとえば，2004年7月の参議院議員通常選挙から導入された期日前投票制度があります。2003年までは投票期日に投票ができない有権者は不在者投票制度を利用する必要がありました。しかし，不在者投票では選挙期日に確実に不在であることを証明しなければならず申請が煩雑です。そこで，不在であることが見込まれるだけで投票することができる期日前投票制度が導入されたわけです。期日前投票を行う場合，期日前投票所に赴き投票するとともに，選挙期日に投票できないことが見込まれることを示す宣誓書を提出する必要があります。しかし，宣誓書に書く理由は「レジャーのため」のような簡単なもので良いため申請は比較的簡単であり，不在者投票に比して多くの有権者が利用することになりました。実際に

44　**Part I** 選挙と政治

Aside 1 大激論！ フォーマルモデルの是非

　ゲーム理論は経済学や政治学以外でも，法学，社会学，経営学などで応用されています。幅広く応用されている一方で批判も根強く，経済学帝国主義の来襲などと揶揄されることも少なくありません。政治学でも例外ではなく，1999年には大論争が巻き起こりました。きっかけは現ハーバード大学（当時はシカゴ大学）教授である政治学者スティーヴン・ウォルトが国際関係論の一流学術誌である *International Security* に掲載した43ページにも及ぶフォーマルモデル批判でした。そのウォルト批判に対し，*International Security* の編集者である政治学者7人が反論し，さらにウォルトが再反論しました。ウォルトは理論研究の重要性は，論理性，新規性，および現実性の3点で評価されるべきだと指摘します。そのうえで，フォーマルモデルは論理性には優れているものの，論理性は新規性・現実性に比して重要度は低いと位置づけます。また，フォーマルモデルを用いた研究の多くは過去の知見の焼き直しであり新規性に乏しく，かつ現実の世界に対する説明力は低いため現実性に乏しいと断じます。それに対し反論では，論理性を重視しない姿勢は誤っている点や，フォーマルモデルを用いた研究にも多くの新規性がある点が指摘されます。また現実性に関しても，フォーマルモデルの多くはデータ分析で検証されることを前提としており，その結果によっては理論の書き換えも行われることから，現実を無視してはいないと指摘されます。上記の点以外でもウォルトの批判や，それに対する反論は多岐にわたります。ウォルトは同時に政治学における分析手法の多様性を維持すべきだと指摘しています。その割に，フォーマルモデルの存在価値を否定する言説は筆者としては納得できません。また，新規性・現実性に乏しい点は個々の研究や研究者の問題であり，フォーマルモデルという手法の問題とは思えません。しかし，少なくともウォルトはフォーマルモデルの基礎を理解し，それを用いた論文をしっかり読んだうえで批判しています。知らずに批判することと，知ったうえで批判することはまったく違います。以上の論争はBrown et al.（2000）にまとめられています。

投票した有権者のうち，2割前後が期日前投票を利用しています。しかし，期日前投票を利用する有権者は増えている一方で，2003年以降の投票率（図1-1）自体には大きな影響を与えているようには見えません。

　松林（2017）は期日前投票所の数が投票率に与える影響を，データを用いて分析しています。市区町村内の期日前投票所数増加に伴う投票率向上の効果は一部の推計には見られますが，明確に断定できるほどの結果は得られていません。その一方で，選挙日における市区町村内投票所数の増加は，投票率を明確に上昇させる効果があることが示されています。期日前投票は，特に投票期日に用事があるために選挙に行く機会費用（C_N）が高いことが見込まれる有権者に対し，比較的 C_N が小さい別日に期日前投票所に赴くインセンティブを与えるものです。ただし，期日前投票所が実際の投票所より数が限られているということ，および簡単とはいえ宣誓書が必要なことから，選挙に行く直接的費用（C_V）は若干高いと考えて良いでしょう。よって，期日前投票に行く有権者はもともと D の値も大きい人たちであると言えます。一方で，選挙日の投票所数が増えるということは，選挙日に選挙に行く直接的費用（C_V）が下がるということです。C_V の減少幅は小さいでしょうが，D の値が小さい有権者に対し投票に行くインセンティブを与える効果があり，より有用なのかもしれません。しかし近年の日本では，期日前投票所の数は増えている一方で，選挙日投票所の数は減少傾向が続いています。

　一方で，オーストラリアでは義務投票制を採用しており，投票しなかった有権者で正当な事由がない場合は，20オーストラリアドル（約2,000円）の罰金を支払う必要があります。その結果，オーストラリアの投票率は常に90％を超えています。投票しないときに，不利益を与える罰を科しているため，条件式の D が高まると解釈できます。選挙権の剥奪や，より高額な罰金を科す国もありますが，

46　　**Part I**　選挙と政治

注目すべきは2,000円弱程度の罰金で90％以上の投票率に導ける点です。これまで議論してきたように，投票する費用Cは多くの有権者にとって大きな値ではないと考えられます。よって高額な罰金や重罰ではなくとも，低額な罰金だけでCを超えるDが設定でき，投票するインセンティブを有権者に与えられることができるわけです。

 Discussion Questions

Q1-1　投票率向上のための施策

投票率向上のために様々な施策が提言されている。以下の施策の有効性を，本章のモデルに基づきつつ議論せよ。以下の施策は，モデルのどの変数に影響を与えるか？　また，その影響の度合いは十分に大きいと言えるだろうか？
 (i) 携帯端末やパソコンを用いたインターネット投票の導入
 (ii) 投票をした有権者に対する減税措置
 (iii) 高校における投票の意義を理解させる講義の実施

Q1-2　投票率が異なる理由

過去の多くの研究がデータを用いて，投票者の属性が投票行動に与える影響を分析している。その過去の研究によって指摘された以下の点が生じる理由を，本章のモデルに基づきつつ議論せよ。
 (i) 高齢になるほど投票率が高い
 (ii) 教育水準が高い人ほど投票率が高い
 (iii) 子どもが選挙権年齢に達した後に，その親の投票率が上昇する

Q1-3　なぜ人は投票するのか？

本章では，投票棄権のパラドックスに対する説明として4つの仮説を紹介した。①投票すべきという義務感，②集団のリーダーより与えられる賞罰，③集団内で形成された倫理観，そして④意思決定の失敗の4つのうち，どの答えが最も現実を説明しているだろうか？　また，個々のモデルが持っている問題点は何か？　議論せよ。

Notes

　フォーマルモデルによって投票行動の意思決定を分析することは，ダウンズ（1980）およびRiker and Ordeshook（1968）によって提言されました。**1.3.1**(a)で議論した，投票をする義務感Dを用いて，有権者の投票行動が説明できることを最初に示したのもRiker and Ordeshook（1968）です。**1.3.1**(b)の集団に基づく投票はUhlaner（1989）およびMorton（1987, 1991）によって示されています。また，**1.3.1**(c)の集団内倫理に基づく投票に関する議論は，Feddersen and Sandroni（2006）に基づいています。それ以前にHarsanyi（1977）が社会の倫理的基準に沿って投票することから便益を得る有権者を最初に考え，倫理的投票（ethical vote）と呼びました。また，Coate and Conlin（2004）はテキサスの飲酒規制に関する住民投票を例に集団内倫理に基づく投票モデルを支持するデータ分析を示しており，**1.3.1**(c)の議論において参考にしました。**1.3.1**の議論はFeddersen（2004）にまとめられています。**1.3.2**の議論はLevine and Palfrey（2007）に基づいており，実験を通して投票する確率が**図1-3**のようになることを示しています。**1.3.3**での議論は経済学の合理性の仮定に対する誤解に関わります。合理性に関する仮定の詳細はギルボア（2012）や浅古（2016）の第1章で論じられています。
Discussion Question 1-2(ii)はSoundheimer and Green（2010）が，
Discussion Question 1-2(iii)はDahlgaard（2018）がデータを用いて示しています。**Exercise 1-1**はMyerson（2000）のモデルを基に，Feddersen（2004）が試算した結果を用いています。

Chapter 2 選 挙 競 争

誰の意見が政治に反映されるのか

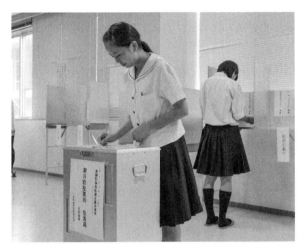

(出所) 時事
2016年以降の選挙から，日本の選挙権年齢は18歳に引き下げられた。多くの若者に政治に関心を持ってもらうために，高校では主権者教育が広がっている。

> ✓ **本章で導入される概念：ナッシュ均衡**

2.1 18歳選挙権

2015年6月17日に公職選挙法が改正され，選挙権年齢が20歳以上から18歳以上に引き下げられることが決まりました。このような引き下げが行われた最大の目的は，多くの国で選挙権年齢は18歳以上であるという世界的基準に合わせることでした。同時に，政治から軽視されることが多いとされている若者の意見をより政治に反映させることも期待されていました。新たに選挙権を付与される18歳と19歳の人口は約240万人であり，全有権者の約2％にすぎず，選挙結果を大きく左右するほどの影響は考えられません。しかし，選挙権年齢引き下げは若年層の意識を変えるきっかけになると思われていました。**図2-1**が示すように，投票率は年齢が若くなるほど低まることから，若年層自身の政治的無関心が政治に軽視される1つの原因だともされています。

選挙権年齢引き下げを契機に，高校から選挙権の重要さを積極的に教育していくことなどを通して，若年層の投票率を引き上げる効果があるかもしれません。そして，投票率が上がれば，若年層の思いに政治家が気付いてくれる可能性があります。しかし期待とは逆に，選挙権年齢が引き下げられてからはじめて行われた国政選挙である第24回参議院議員通常選挙（2016年7月）では，18歳の投票率は51.28％，19歳の投票率は42.30％であり，全世代での投票率54.7％よりも低い結果となりました（**図2-1**参照）。ただし，他の若年層に比して18歳の投票率は高いです。このように，はじめて選挙に行く18歳の投票率だけ高まる現象は，日本だけではなく，他国でも見られます（Bhatti et al., 2012）。

若年層の意見が政治に反映されない理由は，若年層の投票率が低いからなのでしょうか？　政治に無関心で投票所に行かない若年層

50　**Part I**　選挙と政治

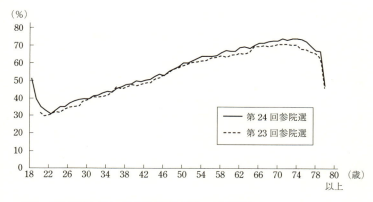

(注) 188投票区（18・19歳は187投票区）の抽出調査。
(出所) 総務省『第23・24回参議院議員通常選挙年齢別投票者数調』

図2-1：第23・24回参議院議員通常選挙における年齢別投票率

の責任なのでしょうか？　政治家はいったい誰の意見を最も政策に反映させるのでしょうか？　本章では候補者間の選挙競争を分析する基本的モデルを紹介しつつ，上記の問いについて考えていきます。

2.2　ナッシュ均衡

　ゲーム理論で考えるためには，まず意思決定者が誰であるかを決めなければなりません。ゲーム理論では，意思決定をする主体を**プレーヤー**と呼びます。ここでは候補者Aと候補者Bの2人が選挙に出馬しているとしましょう。つまり，プレーヤーは2人です。同時に有権者も考えますが，有権者の行動は「一番好ましい候補者に必ず投票する」と仮定してしまうので，明示的には分析しません。
　次に，プレーヤーが選択することができる選択肢を決めましょう。いくつかの選択肢のなかから，プレーヤーは1つの選択肢を選びます。このような選択肢をゲーム理論では**戦略**と言います。ここでは，

候補者は当選後に実行する政策を公約として掲げて出馬すると考えます。つまり、公約として発表する政策が選択肢です。政策には「良い政策」と「悪い政策」の2つのみ存在すると考えましょう。政策の「良い」「悪い」は、有権者全員が良い政策のほうが悪い政策より好ましいと思っているという意味での良し悪しを意味しています。また、2人の候補者が同時に公約を決定するとします。

　最後の設定として、候補者が得る利得を考えます。ここでは、2人の候補者は選挙に勝つことのみを考えているとします。つまり、選挙の勝利確率が候補者の利得であり、高いほど好ましいと仮定します。政策や有権者の生活などはまったく気にしていません。ただ、勝ちたいだけです。政策は気にしませんので、候補者は当選後に公約を必ず実現すると考えます。有権者は良い政策を悪い政策より好んでいます。そのため、1人の候補者が良い政策を、もう1人が悪い政策を選択した場合、良い政策を選択した政治家が勝利します。一方で、両候補者が同じ政策を選択した場合は、票が二分されてしまうため勝利確率は50％になると考えましょう。

　このゲームは**図2-2**に示した図にまとめられます。この図を**利得表**と呼びます。縦の列方向には候補者Aの戦略が、横の行方向には候補者Bの戦略が示されており、表の各ボックスのなかには各結果から得られる候補者の利得が示されています。最初に、行を選ぶプレーヤー（候補者A）の利得を、次に列を選ぶプレーヤー（候補者B）の利得を書くことが通例です。2人とも同じ政策を選択した場合には利得である勝利確率は1/2ですので、「1/2, 1/2」と書いています。異なった場合は、良い政策を選択した候補者の勝利確率は1となり、必ず勝利します。ですので、候補者Aのみが良い政策を選択した右上のボックスのなかには「1, 0」と、候補者Bのみが良い政策を選択した左下のボックスのなかには「0, 1」と示しています。

52　**Part I**　選挙と政治

図2-2：選挙競争ゲーム

　それでは，このゲームの結果を予測してみましょう。ゲーム理論では，ゲームをプレーヤーが行った結果として，どのような戦略が選択されるかを予想するために，**均衡**という考え方が用いられます。均衡とは，そのゲームにおいて，どのプレーヤーも戦略を変えることなく，安定的に生じうる状態のことを言います。均衡の概念には多くの種類があります。本章では，そのなかで最も有名な**ナッシュ均衡**を紹介します。

　まず，相手の各戦略に対し，どの政策が最適な戦略か考えてみましょう。最適な戦略とは，最も高い利得をプレーヤーに与えてくれる戦略のことです。候補者Bが良い政策を選択していた場合，候補者Aも良い政策を選択すれば勝利確率は1/2ですが，悪い政策を選択すれば勝利確率は0であり負けてしまいます。よって，良い政策のほうが高い利得を与えてくれるという意味で最適です。このような，相手の特定の戦略に対する最適な戦略を**最適応答**と呼びます。ここでは，候補者Bが良い政策をとっていたときの候補者Aの最適応答は，「良い政策」になります。

定義2-1「最適応答」：相手の戦略を所与としたときに，最も高い利得をプレーヤーに与える戦略のことを最適応答という。

　候補者Bが悪い政策を選択したときの，候補者Aの最適応答は何でしょうか？　候補者Aにとって，良い政策を選択したほうが

Chapter 2　選挙競争

（勝利確率1）悪い政策を選択したとき（勝利確率1/2）よりも勝利確率が高いです。よって，良い政策が候補者Aの最適応答です。候補者Bの候補者Aに対する最適応答も同一です。つまり，候補者Aが良い政策を選択しても，悪い政策を選択しても，候補者Bの最適応答は「良い政策」です。**図2-2**では最適応答である政策を実行したときの利得に○をつけています。最適応答を選択していない人は，戦略を変えるインセンティブを持っていることになります。たとえば，候補者1のみが良い政策を選択している右上のボックスでは，候補者2が悪い政策ではなく良い政策に変えることで勝利確率を0から1/2に高めることができます。よって，1人でも最適応答を選択していないような状態が結果として生じることは予測しがたいでしょう。

　それでは，すべてのプレーヤーが，互いに最適応答を選択している状態はどうでしょうか？ 誰も戦略を変えようとしなくなるため，そのような状態が最も生じやすい結果であるという予測は可能です。以上の考えに基づく均衡概念が，ナッシュ均衡です。

> **定義2-2「ナッシュ均衡」**：全プレーヤーが，互いに最適応答を選択している状態（全プレーヤーの戦略の組み合わせ）をナッシュ均衡という。

　選挙競争ゲームでは，2人が良い政策を選択することが，互いに最適応答を選択している状態であり，誰も戦略を変えようとはしません。相手が良い戦略を選択していれば，良い戦略を選択することが最適だからです。よって，2人が良い政策を選択することがナッシュ均衡となり，予測される結果となるわけです。他の戦略の組み合わせも考えてみましょう。両者が悪い政策を選択していれば，両候補者のうち1人が良い戦略に変えることで確実に勝利できるため，最適応答にはなっておらずナッシュ均衡にはなりません。片方のみ

54　**Part I**　選挙と政治

が良い政策を選択していた場合は，今度は敗者が良い政策を選択し，勝率を50％に上げようとしてくるでしょう。よって，これもナッシュ均衡とはなりません。そのため，選挙競争のゲームでは良い政策を選択することだけがナッシュ均衡になります。利得表では，**図2-2**のように全プレーヤーの利得に〇がつけられている戦略の組み合わせがナッシュ均衡になります。

　ここに登場する2人の候補者は利己的で身勝手な人です。政策のことや有権者の生活を考えずに，ただ選挙に勝ちたいだけです。しかし，選挙に勝つためには有権者に好まれる政策を選択しなければいけません。そのため，身勝手な候補者でも良い政策を選択します。つまり，候補者は選挙に勝つために有権者の好む政策を選択するインセンティブを持つわけです。

　少なくとも有権者の意見は政治に反映されることはわかりました。しかし，本節のモデルではすべての有権者が良い政策を好んでおり，有権者間の利害対立は考えていなかったことに対し，現実的には利害対立も当然存在するでしょう。どの有権者の意見が政治に反映されるのか考えるためには，有権者間の好みの違いを考えなければいけません。

■ Exercise 2-1

　図2-2の選挙競争では，選挙に勝つことだけを考えている身勝手な候補者を考えていた。ここでは，有権者と利害が完全に対立している候補者を考えよう。良い政策と悪い政策のうち，悪い政策が実行された場合に候補者はrの便益を得るとする。ただし，rは正の値（$r>0$）とする。たとえば政治家が，既得権益を有する，あるいは利益団体と癒着しているため，悪い政策を実行することで便益を得る状況を考えている。ただし，1人でも良い政策を公約として発表していた候補者がいた場合は，良い政策を選択した候補者が勝利するため，悪い政策は実行されない。両候補者が悪い政策を選択したと

Chapter 2　選挙競争　55

きのみ，悪い政策が実行される。よって，利得表は以下になる。

		候補者 B	
		良い政策	悪い政策
候補者 A	良い政策	1/2, 1/2	1, 0
	悪い政策	0, 1	$1/2 + r$, $1/2 + r$

(i) 悪い政策からの利得が小さく，$r < 1/2$ であるときのナッシュ均衡を示せ。

(ii) 悪い政策からの利得が大きく，$r > 1/2$ であるときのナッシュ均衡を示せ。ナッシュ均衡は1つだけだろうか？

2.3 選挙競争における政策選択

2.3.1 最強の選択肢

　本節では，有権者間の利害対立をふまえた選挙競争のモデルを見ていきましょう。選挙に出馬する候補者の数は2人のまま，政策の選択肢の数を増やします。ここでは，5つの政策 a, b, c, d, e があるとします。ここで議論されている政策課題が1つであれば，一直線状に並べることができます。たとえば，社会保障政策に対する予算額などであれば，左に行くほど低く右に行くほど高くなるようになど，一直線に並べることができます。ここでは**図 2-3** にあるように一直線上に並べてみましょう。社会保障と同時に安全保障も議論されるなど，2つ以上の政策課題が存在する場合は一直線上に並べることが難しいので，ここでは考えません。

　さらに有権者は5つのグループに分けることができるとします。それぞれのグループには全体の20％の有権者が属しており，グループ1が政策 a を，グループ2が政策 b を，グループ3が政策 c

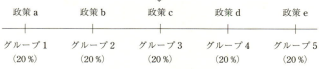

図 2-3：中位政策の位置

を，グループ 4 が政策 d を，グループ 5 が政策 e を最も好んでいるとしましょう。さらに，それぞれのグループに属する有権者たちは，自身が最も好む政策に近い政策ほど好ましいとします。ただし，最も好ましい政策から同距離の政策に関しては同等に好ましいとしましょう。具体的には**表 2-1** に示した通りです。たとえば，グループ 1 に属する有権者は，政策 a が最も好ましく，次いで b，c，d，e の順番で好ましいことになります。グループ 3 に属する有権者は，政策 c が最も好ましく，次いでそこから等距離の政策 b と政策 d がともに 2 番目に好ましく，政策 a と政策 e が最も悪い選択肢です。

有権者がこのような政策への好みを持つとき，候補者 A と候補者 B はどの政策を選択するのでしょうか？ まず，上記の設定では「最強の選択肢」が存在することが知られています。最強の選択肢とは，他の選択肢と一騎打ちの選挙をした場合，常に半数以上の支持を得ることができる選択肢のことです。そして，ここでは**中位政策**という政策が最強の選択肢になります。

定義 2-3「中位政策」：有権者が最も好んでいる政策を一直線上に並べていく。そして，端から各政策を最も好んでいる有権者の数を数えていき，ちょうど全有権者の 50 % となるところに位置している政策を中位政策と呼ぶ。

Aside 2　ゲーム理論の偉人1──ジョン・フォン・ノイマン

（出所）　Wikimedia Commons（public domain）

　ジョン・フォン・ノイマン（John von Neumann）は最年少（24歳）でベルリン大学の講師をしていた1928年に，ゲーム理論における最初の重要な定理であるミニマックス定理を証明しました。その後，1944年にはオスカー・モルゲンシュテルンとともにゲーム理論に関する最初の著作を出版します（von Neumann and Morgenstern, 1944）。この本はモルゲンシュテルンがフォン・ノイマンに対し，ゲーム理論の経済学への応用可能性を提言したことから書かれましたが，フォン・ノイマンの貢献のほうが格段に大きいとされています（パウンドストーン，2008）。彼は同時に数学や物理学でも多くの貢献を残し，初期のコンピュータ開発にも関わったほか，日本に落とされた最初の核兵器の開発を行ったマンハッタン計画の一員でした。紛れもない天才であったフォン・ノイマンですが，政治的にはタカ派であると言われており，日本に原子爆弾を投下する際には，日本人の精神に効果的に打撃を与えるために，京都に投下することを進言したと言われています（マクレイ，1998）。しかし，フォン・ノイマンは1955年に癌を発症します。一説にはビキニ諸島での原爆実験に立ち会ったことが原因であると言われていますが，定かではありません。長い闘病生活のなかで死を恐れたフォン・ノイマンは，神の存在証明はできないと考える不可知論者から，カトリックに改宗します。アメリカの軍部も延命に手を尽くしますが，その甲斐もなく，フォン・ノイマンは1957年に53年の生涯を閉じました。ジョン・フォン・ノイマンの生涯に関する伝記としてはマクレイ（1998）やパウンドストーン（1995）があります。

表 2-1：各グループに属する有権者の好みの順番

	最も好む	2番目	3番目	4番目	最も好まない
グループ1	政策 a	政策 b	政策 c	政策 d	政策 e
グループ2	政策 b	政策 a と政策 c		政策 d	政策 e
グループ3	政策 c	政策 b と政策 d		政策 a と政策 e	
グループ4	政策 d	政策 c と政策 e		政策 b	政策 a
グループ5	政策 e	政策 d	政策 c	政策 b	政策 a

　図2-3の例では，グループ1と2を足せばまだ40％ですので，グループ3まで行ってはじめて全体の50％に位置する有権者が見つかります。よって，グループ3が最も好む政策cが中位政策となるわけです。

　本当に政策cは最強の選択肢なのでしょうか？　たとえば，政策cと政策aの間で一騎打ちの選挙をしてみましょう。表2-1からもわかるように，グループ3，4および5の有権者は政策aよりも政策cを支持しています。この時点ですでに政策cは過半数である60％の有権者の票を得ています。グループ1は政策aを支持しますし，グループ2は政策cと政策aのどちらに投票するかはわかりません。しかし，少なくとも60％の支持を得ている政策cの勝利は揺るぎません。政策cと政策bの間での一騎打ちの選挙でも，グループ3，4および5の有権者が政策cを支持するため，政策cの勝利です。今度は，政策cと政策dや政策eの間での一騎打ちの選挙をしてみると，グループ1，2および3の有権者が政策cを支持するため，政策cの勝利です。よって，中位政策cは最強の選択肢であることがわかります。

　このゲームでは，両候補者が中位政策cを選択することがナッシュ均衡になります。両候補者が政策cを選択しているとき，勝利確率はそれぞれ1/2となります。1人の候補者が別の政策に変更し

Chapter 2　選挙競争　　59

候補者 B

		政策 a	政策 b	政策 c	政策 d	政策 e
	政策 a	1/2, 1/2	0, (1)	0, (1)	0, (1)	1/2, 1/2
	政策 b	(1), 0	1/2, 1/2	0, (1)	1/2, 1/2	(1), 0
候補者 A	政策 c	(1), 0	(1), 0	(1/2), (1/2)	(1), 0	(1), 0
	政策 d	(1), 0	1/2, 1/2	0, (1)	1/2, 1/2	(1), 0
	政策 e	1/2, 1/2	0, (1)	0, (1)	0, (1)	1/2, 1/2

図 2-4：選挙競争ゲーム 2

たとしましょう。当然政策 c は最強の選択肢ですから，政策 c から政策を変更した候補者が負けてしまいます。よって，誰も戦略を変えようとはせず，政策 c がナッシュ均衡になるわけです。一方で，中位政策 c 以外の政策を選択した場合，対抗馬に政策 c を選択されてしまえば負けてしまいます。以上の議論から，両候補者が政策 c を選択することが唯一のナッシュ均衡になります。

　このゲームのナッシュ均衡を，利得表を用いて確認してみましょう。**図 2-4** が示すように，このゲームではプレーヤーが有する選択肢は 5 つですから，利得表は 5×5 になります。この利得表から，政策 a と政策 e に対する最適応答は，政策 b，政策 c，政策 d の 3 つであり，その他の政策への最適応答は政策 c であることがわかります。つまり候補者は，対抗馬よりも中位政策に近い政策を選択しようとします。そして，互いに中位政策である政策 c を選択することのみがナッシュ均衡であることがわかります。ただし，選択肢の数がちょうど 5 つとなる場合は現実的に少ないでしょう。選択肢の数が 100 個や 1000 個になれば利得表を書くだけでも多くの時間（と紙）が必要であり，利得表からナッシュ均衡を見つけることは

ほぼ不可能です。しかし，利得表を書かずとも中位政策さえわかれ
ば，最強の選択肢である中位政策を両候補者が選択することがナッ
シュ均衡であるとわかります。

　このモデルは，候補者が選挙に勝利するために，有権者の過半数
に常に支持される政策を選択するインセンティブを持つということ
を示しています。**2.2** と同様に，本節でも選挙に勝ちたいだけの身
勝手な候補者を考えています。しかし選挙に勝つためには，対抗馬
よりも多くの支持を得る必要があるため，より多くの有権者にとっ
て魅力的な政策（中位政策）を提示しなければいけません。選挙に
おいて「候補者（政党）間で公約の違いがわからず，政策論争が起
きない」と批判されることがありますが，候補者や政党は選挙に勝
ちたいわけですし，多数派に常に支持されるような勝てる政策も限
られているわけですから，仕方がありません。

　中位政策が最強の選択肢となるための条件は以下の 2 つのみです。

① 　選択肢を一直線上に並べることができる。
② 　すべての有権者が最も好ましい政策を持っていて，その最も
　　好ましい政策に近い政策ほど好ましいと思っている。

　選択肢の数は 5 つでなくて構いませんし，有権者の最も好ましい
政策割合が**図 2-3** のようにすべての選択肢で同じである必要もあ
りません。一方で，選挙において候補者が中位政策を選択すること
が均衡になるための条件はほかにも必要です。たとえば，候補者が
3 人以上の場合には成立しません。このモデルの拡張は半世紀以上
にわたって様々な方向から行われてきており，大きな 1 つの体系と
して発展してきています。その内容はなかなか面白いのですが，本
書の難易度を超えるためここで議論することはやめておきましょう。

Chapter 2 選挙競争　　61

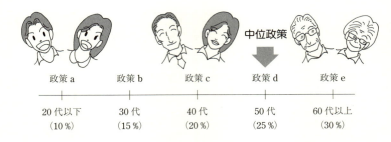

図 2-5：高齢化と若年層の低投票率

2.3.2　高齢化と若年層の低投票率

　両候補者に選ばれる中位政策の位置は，有権者の最も好ましい政策の分布によって決まります。前項では，各グループに属する有権者の割合は等しい（20 %）と仮定しましたが，実際には等しいとは限りません。たとえば，ここで各グループを年代別のグループと考え，グループ 1, 2, 3, 4, 5 を，それぞれ 20 代以下，30 代，40 代，50 代，60 代以上としてみましょう。この解釈では，右に行くほど社会保障や医療サービスの充実など高齢者寄りの政策であり，左に行くほど若年層寄りの政策になります。日本が現在迎えている少子高齢化をふまえれば，高齢層になるほど人口比は高まると考えられます。たとえば，**図 2-5** のように 20 代以下は 10 %，30 代は 15 %，40 代は 20 %，50 代は 25 %，60 代以上は 30 % としましょう。このとき政策 c の左側に位置づけられる有権者の最も好む政策は全体の 10 + 15 + 20 = 45 % のみです。よって，中位政策は政策 c ではなく，政策 d となります。よって両候補者も，政策 d を選択することになり，政策は高齢者が好む政策に近づいていくことになります。高齢層のほうが人口は大きく，高い得票を見込めるわけですから，当然高齢層がより好む政策に候補者の政策は近づいていくわけです。

表 2-2：各世代の全有権者と全投票者に占める比率（％）

	20 代	30 代	40 代	50 代	60 代以上
有権者比	12.25	15.35	17.5	14.69	40.19
投票者比	7.5	12.08	16.36	16.5	47.58

（注）　人口に関しては 2014 年 6 月時点，投票率は 2014 年 12 月の第 47 回
衆議院議員総選挙時のもの。有権者比は，各世代の人口を 20 歳以上の
人口で割ったもの。投票者比は，各世代の人口に世代別平均投票率を
掛けて各世代の投票者数を求めたうえで，各世代の投票者数を総投票
者数で割ったもの。

（出所）　総務省『人口推計』および『第 47 回衆議院議員総選挙年齢別投票
率調』

　もう 1 つ留意すべき点があります。図で示している分布は，有権
者の最も好ましい政策の分布であると解釈してきました。しかし，
すべての有権者が投票するわけではありません。多くの有権者が実
際には投票棄権を選択します。それでは投票棄権をした有権者の意
見を政治家は気にかけるでしょうか？　実際に選挙の勝敗を左右す
るのは投票をした有権者，つまり投票者の票であり，投票棄権をし
た有権者の票ではありません。2.1 で議論したように，若年層に行
くほど投票率が低いのならば，図 2-5 で示した若年層の比率はよ
り低まります。その場合，中位政策はより高齢者の好む政策に近づ
いていくことになります。

　表 2-2 に，2014 年における各年代の有権者が全有権者のなかに
占める有権者比と，2014 年 12 月衆議院議員総選挙で投票をした投
票者のなかに各世代の投票者が占める投票者比を示しています。実
際の有権者比率は図 2-5 とは異なり，50 代まで各年代 15 ％前後と
大きな差はないのですが，60 代以上で約 40 ％になっています。こ
のことから全有権者をふまえた場合の中位政策は 50 代の好む政策
に存在することがわかります。一方で，投票者に占める割合は，20
代は 7.5 ％と極めて低く，60 代以上で 50 ％弱になっていることが

Chapter 2　選挙競争　　63

わかります。投票者のなかだけで考えた中位政策は2014年時点で60代に限りなく近づいているわけです。ちなみに，Bhatti et al.（2012）の論文によると他国（フィンランド，デンマーク，アメリカ）では60代半ばから緩やかに投票率は下がっていきます。しかし，日本では**図2-1**が示すように70代半ばまで投票率は高止まりしており，そこから急激に下がっています。この点も，中位政策の位置に影響を与えていると言えます。

それでは，やはり若年層の意見が政治に反映されない理由は，若年層が投票に行かないからでしょうか？

■ Exercise 2-2

各グループの人口比が以下の値であった場合の中位政策の位置を答えよ。また，2人の候補者が中位政策を選択することがナッシュ均衡となることも示せ（中位政策が複数存在する場合があることに注意すること）。

	グループ1	グループ2	グループ3	グループ4	グループ5
(i)	20 %	40 %	20 %	15 %	5 %
(ii)	2 %	6 %	12 %	21 %	59 %
(iii)	9 %	32 %	10 %	42 %	7 %
(iv)	30 %	20 %	20 %	15 %	15 %

2.4　配　分　政　策

2.4.1　政策に対する好みの均質度

前節までのモデルでは，政策の選択肢は一直線上に並べることができると仮定してきました。しかし，予算配分の問題などは一直線上に並べることができません。たとえば，100万円の予算があり，

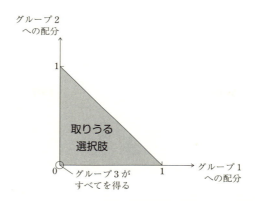

図 2-6：3 つのグループに対する配分政策における 2 つの政策課題

この 100 万円の予算を，1，2，3 の 3 つのグループに分ける政策を考えましょう。各グループに属する有権者の全体に占める比率は 1/3 ずつとします。つまり，同規模のグループということです。この場合，「グループ 1 への配分額」と「グループ 2 への配分額」を決定すれば，その残余がグループ 3 の配分額となるため，決めるべき政策課題は 2 つとなります。よって，**図 2-6** に示したように，一直線上に選択肢を並べることはできないため，2.3.1 で示した中位政策が最強の選択肢になる条件は満たされません。ここで候補者 A と候補者 B が前節とまったく同じ設定で選挙競争に出馬することになったとしましょう。各グループには以下の 2 つのタイプの有権者がいるとします。

- 配分タイプ：所属するグループに対し多くの配分額を与えてくれる候補者を選択する。両候補者が同額を提示した場合は，それぞれ 1/2 の確率で投票する。
- 党派タイプ：配分額にかかわらず，片方の候補者を支持する。

予算配分の問題を考えていますが，配分政策以外にも多種多様な

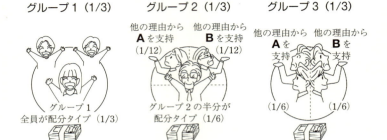

(注) 括弧内の数字は有権者全体に占める割合を表す。

図 2-7：各タイプの有権者が全体に占める割合

政策が存在します。外交問題や安全保障問題，あるいは差別対策などの社会政策に対する考えも有権者間で異なっているでしょう。候補者の見た目や性格を重視する人もいると思います。党派タイプとは，配分政策以外の要素を重視したうえで投票先を決定するタイプです。たとえば，候補者 A を支持するタイプは，候補者 B のほうが高い配分額を提示してきても，候補者 A の外交政策へのスタンスや性格などから，候補者 A を支持するということです。ここで，各グループは以下のような特徴を持っているとします。

- グループ 1：全員が配分タイプ。
- グループ 2：半分が配分タイプであり，残りの半分が党派タイプ。グループ 2 の党派タイプのなかで，半分が候補者 A を支持し，残りの半分が候補者 B を支持する。
- グループ 3：全員が党派タイプ。グループ 3 のなかで，半分が候補者 A を支持し，残りの半分が候補者 B を支持する。

それぞれのタイプの有権者が全有権者内に占める割合に関しては，**図 2-7** にまとめてあります。各グループにおける配分タイプの割

合の違いは，政策に対する好みの均質度の違いを示していると解釈できます。グループ 1 の全員は配分額のみを重視するため，特定の配分政策をグループの構成員全員が重視しているという意味で好みの均質度の高いグループです。グループ 3 の構成員たちは，配分政策をまったく重視せずに，各々が好む政策は多岐に分かれてしまっている結果，異なった基準で候補者の支持を決めてしまっています。よって，政策に対する好みの均質度が低いグループになります。グループ 1 と 3 の間に，グループ 2 の均質度が位置づけられます。では，このようなグループの均質度で違いが存在する場合，候補者はどのグループにより多くの配分額を渡そうとするでしょうか？

まずグループ 3 に配分を渡してもまったく意味がないことは明白です。グループ 3 に属する有権者に配分を渡しても，別の理由から投票先を決定してしまうため，配分政策によって票を得ることはできません。よって，候補者はグループ 3 への配分額は 0 にします。配分を渡すことによって得られる票の多さから考えれば，3 つのグループのなかではグループ 1 が最も魅力的なグループです。グループ 1 に対して対抗馬よりも多くの配分を渡す政策が提示できれば，グループ 1 が有する全体の 1/3 の票を手に入れることができます。すでに，各候補者はグループ 2 とグループ 3 の党派タイプの有権者から，全有権者に占めるなかで，それぞれ 1/12 と 1/6 の票を得ることができています。グループ 1 の支持さえ得ることができれば過半数の支持を得ることができ，当選ができるのです。よって，両候補者はできるだけ多くの配分額をグループ 1 に配分しようとするため，100 万円全額を与えようとするでしょう。

しかし，両候補者が 100 万円をグループ 1 にのみ配分していれば，結局グループ 1 からの支持を二分してしまい，勝利確率は 1/2 となってしまいます。しかし，グループ 2 にも配分を与えようとした場合，グループ 1 への配分額を減らさなければなりません。グルー

Chapter 2 選挙競争　67

プ1への配分額を減らしてしまえば，対抗馬にグループ1の票を奪われてしまいます。その結果，グループ1の1/3の有権者は対抗馬を支持してしまうため，対抗馬が確実に選挙に勝利してしまいます。よって，グループ1への配分額を減らすことはできず，「両候補者ともにグループ1に100万円与える」ことがナッシュ均衡になります。

このモデルが示している含意は，均質度が高いグループほど，より多くの利益を政治から受けることができるという意味で，政治に意見が反映されやすくなるということです。政策に対する好みが均質的なグループほど，その政策を充実させるために予算を増加させた候補者が得ることができる票数は多くなります。たとえば，高齢者層を考えてみましょう。ほとんどの人が仕事を引退し，年金で生活し，主に支払う税金は消費税で，医療費を多く支出しています。多くの高齢者層が似たような統一された背景を持っているため，好みも均質的になります。そのため，年金を減額せず，医療サービスを充実するなどの政策は，票を得やすく効果的です。また農業協同組合や医師会など，同じ職種に属する利益団体も均質的なグループと言えます。

一方で若年層は，仕事も異なり，結婚や子どもの有無など，背景は各々で大きく異なります。よって，たとえば若年層の失業問題の対策を実施しても必ずしも多くの票を得られるわけではありません。子育て世代も，共働きか否か，両親の働いている職種などで政策に対する好みの均質度は低くなります。よって，保育園の充実など子育て政策を実施しても子育て世代の票を多く得られる確証はありませんでした。このモデルから，若年層の投票率が上がったとしても，必ずしも政治が振り向いてくれるわけではないことがわかります。投票率を高めることも重要ですが，それ以前に若年層が政治から軽視される理由が存在するわけです。少なくとも，若年層が投票に行

かないことだけを責めていれば良いわけではありません。

2.4.2 グループの規模

2.1 では，新たに投票権を得た 18 〜 19 歳の全人口に占める割合は，2 ％にすぎない点を指摘しました。小さなグループは票をそれほど持っておらず，候補者や政党にとっては魅力的なグループにはならないのでしょうか？

2.4.1 では有権者は配分タイプと党派タイプに分かれていました。しかし，タイプは配分政策から受け取る金額によって異なると考えたほうが自然です。1 人あたりの配分額が 100 円程度と低額であれば，多くの人が配分政策は気にしないでしょう。一方で，1 人あたりの配分額が 100 万円になれば，多くの有権者が配分政策を重視するでしょう。ここで，配分政策を重視してもらうためには最低でも 1 人あたり 1 万円を与える必要があるとします。このとき，グループに所属する人数を N とした場合，最低でもそのグループに与える額は $N \times 1$ 万円になります。グループに所属する人が 1000 人であれば 1,000 万円でよいのですが，1 万人なら 1 億円の予算が，1000 万人なら 1 兆円を与えなくてはなりません。つまり，グループの規模が大きくなるほど，票を得るために与えなければいけない配分額が巨額になっていくわけです。

規模の大きいグループは票を多く得られる反面，予算もかかるため，グループの規模が大きければ良いというわけではありません。この利点と不利点のトレードオフから，グループの大きさは政策に影響する重要な要素だとは言いがたいです。利益団体のなかでも，農業協同組合や医師会に属する有権者は人口比では小さいほうです。それにもかかわらず政治に重視された理由は，やはり政策に対する好みの均質度が高いためでしょう。票数としては多くないとはいえ，少ない予算で確実に票を得ることができるためです。

Chapter 2 選挙競争 69

2.5　意見を政治に反映させるには——保育園と学童保育

　本章では，選挙に勝つことを目的とする政治家のインセンティブをふまえながら，候補者や政党が誰の意見を重視するのか議論してきました。当然ながら，候補者は選挙に勝つために有権者に好まれる政策を選択するインセンティブを持ちますし，できるだけ過半数の有権者から支持される政策を選択しようとします。さらに候補者や政党は，票を得やすいところから得ていこうとします。政治に尊重されるグループとは，政策に対する好みの均質度が高く，特定の政策を重視することで簡単に票を提供できるグループになります。以上の考察から，政策に対する好みの均質度が高い人々が集まってグループを形成していることが可視化されれば，政治に振り向いてもらえる可能性が高まることがわかります。

　たとえば，**2.4.1** では子育て世代は政策に対する好みの均質度が低いと指摘しました。たしかに，父親を考えれば職種が様々なため，均質度は低いです。しかし，母親，つまり「働くママ」の政策に対する好みの均質度は高いといって良いでしょう。働くママは，子どもを産んだ後に退職をしなければいけなくなるリスクを背負っています。自身の仕事に有利な政策を実行されても退職してしまえば関係ありません。よって職種に関係なく，働くママは総じて保育園政策を重視します。2010 年ごろから，働くママの苦難が注目されはじめ，待機児童の問題では直接役所に集団で直訴に訪れることも多くなってきました。それと同時に，保育園の待機児童問題は政治的に重視されはじめ，今では国や地方自治体にとって至上命題の 1 つになっています。そこには，政策に対する好みの均質度が高く，政治的要求も明確な「働くママ」というグループが政治家から可視化されたことも大きく貢献したと言えます。政治家に対し「保育園政

表2-3：東京23区における保育園と学童保育の待機児童数順位（2017年）

	保育園		学童保育	
	最少5区	最多5区	最少5区	最多5区
1位	2 区 (0)	世田谷区 (861)	7 区 (0)	練馬区 (333)
2位	新宿区 (27)	目 黒 区 (617)	世田谷区 (8)	足立区 (277)
3位	杉並区 (29)	大 田 区 (572)	目 黒 区 (15)	杉並区 (199)
4位	練馬区 (48)	江戸川区 (420)	文 京 区 (16)	中央区 (189)
5位	葛飾区 (76)	中 野 区 (375)	新 宿 区 (40)	墨田区 (179)

（注）　括弧内は待機児童数。保育園の待機児童数は2017年4月1日時点。
学童保育の待機児童数は2017年5月1日時点。保育園の待機児童0人
の区は千代田区と豊島区。学童保育待機児童0人の区は千代田区，品
川区，渋谷区，豊島区，荒川区，板橋区，および江戸川区。
（出所）　東京都福祉保健局「都内の保育サービスの状況について」および
「児童館・学童クラブの事業実施状況等」

策を充実すれば，これだけの票が動きますよ」ということを示せた
わけです。しかし保育園の新設には，保育園を新設する場所がない
問題と，保育士不足の問題があります。そのため，行政が力を入れ
はじめている一方で解決には多くの困難が伴います。**表2-3** には
2017年度における東京23区における待機児童数が多い区と少ない
区を，それぞれ5区示していますが，待機児童0を達成できている
区は2区のみであることが現状です。
　一方で学童保育では，保育園政策が直面している問題はありませ
ん。学童保育とは小学校の放課後，および長期休暇中に小学生の保
育を行う施設です。場所としてはすでに小学校の校舎がありますし，
学童保育の指導員になるためには保育士に限らず教育系や社会福祉
系の大学を卒業しているだけで良いなど，門戸は比較的広く開かれ
ています。従来の学童保育は校庭の端にあるプレハブ小屋など限ら
れたスペースで行われていました。一方で一部の自治体では従来の
学童保育を廃し，校舎を開放し，子どもの安全を見守るボランティ

アなども含めて運営することで，すべての児童を対象に受け入れる（全児童対策）などの対策を通し，待機児童の解消をしています。その結果，**表2-3**が示すように保育園に比して多くの自治体が学童保育の待機児童を解消することができています。

しかしその一方で，学童保育政策が進まず待機児童が解消されていない自治体も多く存在します。その理由として，保育園政策に比して働くママの学童保育政策に対する好みの均質度が小さい点が指摘できます。未就学児（特に2歳以下）の子どもがいる世帯にとって，子どもを預ける先は保育園しかありません。しかし小学生には比較的多くの選択肢があります。放課後に習い事や塾に行かせる世帯もあるでしょうし，世帯によっては子どもが小さいうちから家に1人で留守番させることを許容している場合もあります。そのため，学童保育に対する必要性に関する均質度は，保育園に比して低まるといって良いでしょう。その結果，政治的な注目度が下がってしまいます。

保育園政策に関してはすべての自治体で本腰を入れざるを得ない状況になっています。その一方で，学童保育に関しては自治体によって様々です。典型的な自治体として練馬区があります。政治的に注目されている保育園政策は徹底して進めることで待機児童数を少なく抑えているのに対し，政治的に注目されていない学童保育の待機児童数は，23区だけではなく東京すべての自治体のなかで最多の待機児童数になっています。一部の自治体では首長や行政の意向・努力から解決できている問題ですが，その政策を支持するグループの意見の均質度が低い場合，軽視されてしまう傾向があることを示しています。以上の理由から，長期休暇や放課後に居場所がなく，1人で家に居なければならないなど，選挙権の無い子どもたちにしわ寄せが行ってしまうことは皮肉な結果だと言えます。

Discussion Questions

Q2-1　中位政策は望ましい政策か？

本章のモデルにおいて政党が選択する中位政策は，常に過半数の投票者から好まれる政策であった。たとえ利己的な政党・候補者であっても，選挙に勝つために中位政策を選択することになる。それでは，この中位政策は常に社会的に望ましい政策だろうか？　議論せよ。

Q2-2　ドメイン投票方式

国民でありながら，政治にまったく意見が反映されない世代も存在する。投票権を有さない18歳未満の子どもたちである。しかし，政策のなかには国債の発行増大など子どもたちの世代に負担を強いる政策も存在する。そこで，子どもたちの意見を政治に反映させるために，人口統計学者のポール・ドメイン（Paul Demeny）は，ドメイン投票方式を提案した。端的に言えば，子どもの数だけの投票権を親権者に与えるという方法である。たとえば，両親と子ども2人の世帯であれば，選挙において親1人あたり2票を持つことになる。このドメイン投票方式は，子どもや若年層の意見を政治に反映させる方法として効果的だろうか？　本章のモデルに基づきつつ，議論せよ。ただし，違憲であるなどの法律的問題以外の点を議論せよ。

Q2-3　女性の社会進出

2018年2月の *The Economist* の記事によると，OECD加盟国のうち29カ国のなかで日本における女性の社会進出度は，韓国に次ぐ下から2番目であることが指摘された（"The best and worst places to be a working woman," *The Economist*, 2018年2月17日, http://www.economist.com）。そこで，あなたが女性の社会進出を進めたいグループの一員であると考えよう。現状の日本において，このグループの意見は政治に反映されるだろうか？　あなたが女性の社会進出を進めるためには，どのような手段で意見を政治に反映すべきだろうか？　本章のモデルに基づきつつ議論せよ。

Notes

　2つの条件下で中位政策が最強の選択肢となることは，Black（1948, 1958）によって示されました。また，二大政党が中位政策を選択することがナッシュ均衡となる点は，Hotelling（1929）のモデルで最初に示され，アンソニー・ダウンズが1957年に，政治的競争への応用が重要であることを周知しました（ダウンズ，1980）。よって，このモデルはホテリング＝ダウンズ・モデルと呼ばれています。ホテリング＝ダウンズ・モデルは現在，多くの政治学の教科書にまで登場する有名なモデルです。その一方で，両政党が完全に同一の政策を選択することは非現実的帰結であると批判されることもあります。しかし，本章で議論したように，Downs（1957）以降，半世紀以上にわたって様々な拡張や応用が試みられ多くの知見が示されており，議論が終わっているわけではありません。本章で解説した以上の議論を知りたい場合には，浅古（2016）を参照してください。**2.4** のモデルは Lindbeck and Weibull（1987）が最初に示し，Persson and Tabellini（2000）が拡張した確率的投票モデルに基づいています。

Chapter 3 汚職

政治家の汚職を減らせるか

（出所）時事

第18代韓国大統領の朴槿恵(パク・クネ)は2017年に大統領を罷免されたうえ，逮捕された。韓国憲政史上罷免された大統領は彼女だけであるが，逮捕された大統領は4人になる。

> ✓ 本章で導入される概念：サブゲーム完全均衡，
> モラルハザード

3.1　韓国大統領とスキャンダル

　第18代韓国大統領である朴槿恵は，2017年3月に憲法裁判所の裁判官8人全員一致の決定として罷免され，その後逮捕されました。私人にしかすぎない朴の友人である崔順実に国家機密を漏洩し，さらに崔に対して便宜を図るために収賄をしたためだとされています。韓国大統領あるいは，その親族に関する金銭的スキャンダルは朴槿恵がはじめてではありません。韓国建国以来，罷免された大統領は朴槿恵がはじめてですが，逮捕された元大統領としては3人目です。さらに第17代大統領である李明博も2018年に逮捕され，逮捕された元大統領は4人になりました。**表3-1**は歴代韓国大統領に関するスキャンダルをまとめたものです。全斗煥政権まではクーデターが繰り返され，李承晩，朴正熙，全斗煥，盧泰愚と軍人出身の大統領が続いていました。しかし，1987年における大韓民国憲法成立後の盧泰愚以降，すべての大統領は直接選挙で選出されています。また，盧泰愚は最後の軍人出身の大統領であり，金泳三以降は民主的に文民を大統領として選出しています。この1987年は韓国にとって民主化の大きな転換点であり，現在の韓国は日本と台湾と並んで，欧米諸国以外で，完璧な民主化を成し遂げつつある稀有な例であるという指摘もあります（You, 2013）。しかし，民主的政治制度が導入された後，すべての代の大統領自身あるいは，その親族が金銭的スキャンダルを起こしています。その理由を考えた場合，韓国の大統領制度自体に問題があり，大統領あるいは側近・親族に対し汚職をするインセンティブを与えてしまう制度になっている可能性が考えられます。

　当然，汚職などを法律で禁止することはたやすいですが，それでも政治家や権力者はその網の目をくぐって不正行為をしてしまうか

表 3-1：韓国大統領に関するスキャンダル

代	名前	就任日	スキャンダル
1〜3	李承晩	1948 年 7 月 20 日	不正選挙が糾弾され失脚。アメリカへ亡命
4	尹潽善	1960 年 8 月 13 日	（クーデター後，軍と対立し辞任）
5〜9	朴正煕	1963 年 12 月 17 日	（暗殺）
10	崔圭夏	1979 年 12 月 8 日	（クーデターにより辞任）
11〜12	全斗煥	1980 年 9 月 1 日	粛軍クーデターや光州事件等により逮捕
13	盧泰愚	1988 年 2 月 25 日	粛軍クーデター，光州事件および不正蓄財により逮捕
14	金泳三	1993 年 2 月 25 日	次男が斡旋収賄と脱税により逮捕
15	金大中	1998 年 2 月 25 日	3 人の息子が不正蓄財により逮捕
16	盧武鉉	2003 年 2 月 25 日	兄をはじめとした親族が贈収賄で逮捕され，自身も捜査を受け自殺
17	李明博	2008 年 2 月 25 日	兄が贈収賄容疑で逮捕され，自身も横領・収賄などの容疑で逮捕
18	朴槿恵	2013 年 2 月 25 日	友人への国家機密漏洩，および利益供与のための収賄により罷免・逮捕

（注）　括弧内はスキャンダルによるものではない辞任理由。

もしれません。禁じると同時に，不正や汚職をするインセンティブを削ぐような政治制度も考えなくてはいけません。本章では，再選を目指す政治家のインセンティブを分析したモデルを紹介しつつ，政治家の行動を律することができる選挙制度・政治制度のあり方に関して議論していきます。

3.2　サブゲーム完全均衡

　前章では，すべてのプレーヤーが同時に意思決定を行うゲームを分析しました。しかし，プレーヤーの意思決定のタイミングが異

なっており，他のプレーヤーの行動を知ったうえで選択を行うプレーヤーが存在する場合も，現実には多いでしょう。たとえば，前章では投票者は候補者の公約を基に投票先を決定していました。一方で，投票者が公約ではなく，政治家や政権政党の過去の業績を基にして投票をする場合もあります。アメリカにおける大統領の任期は2期8年と決まっています。この最初の1期である4年間が終わった後の大統領選は，現職大統領と新人対抗馬の間の戦いになります。当然，両者ともに公約は発表しますが，アメリカの有権者の多くは2期目の選挙を現職大統領に対する中間試験のように位置づけ，現職大統領の過去の業績を基に投票先を決定すると言われています。このように過去の業績を基に投票先を決定する投票方法を，**業績評価投票**と呼びます。業績評価投票においては，まず現職政治家が政策を決定し，その選択を知った投票者が現職政治家を再選するか否かを決定するため，両者が意思決定を行うタイミングは異なっています。

　ここでは単純に1人の政治家によって，政策の意思決定が行われると考えましょう。権限の大きさから，大統領や知事などの首長がこのプレーヤーのイメージに近いかもしれません。また選挙も多くの投票者の意思決定が関わりますが，単純に1人の投票者によって意思決定が行われると考えます。すべての投票者の利害が一致しており，かつ（少なくとも）協調して投票をすることを意味しますが，この投票者を前章における中位政策を最も好んでいる人と解釈することもできます。よって，このゲームには政治家と投票者という2人のプレーヤーがいることになります。

　最初に政治家が「良い政策」か「悪い政策」のどちらか一方を選択します。**2.2**同様に，良い政策とは，投票者が悪い政策より好んでいるという相対的な意味で，「良い」政策を意味しています。悪い政策を，汚職のように政治家自身の利益のための政策と解釈して

78　　**Part I**　選挙と政治

も良いですし，自身が深い関係を有する利益団体に対して利益誘導を行うような政策であると考えることもできます。選択された政策を投票者が知った後に選挙があり，投票者は政治家を「再選」させるか「否」かを決定します。政治家は再選された場合は1の利得を得ますが，再選されない場合の利得は0としましょう。

　良い政策が実施された場合，投票者は1の利得を得る一方で，悪い政策からの利得は0になるとしましょう。また，選挙に当選した政治家によって，選挙後に投票者が得る利得も異なってくるはずです。まず，投票者が政治家を再選させなかった場合，新たな人が政治家になります。このとき，投票者は（選挙後に）1の利得を得るとしましょう。一方で，悪い政策を政治家が選択したにもかかわらず再選させた場合，投票者にとっては不愉快で腹立たしいことであるため，1よりも低い0の利得を得るとします。しかし，良い政策を選択した政治家のことは評価してあげたほうが好ましいと思っているため，良い政策を選択した政治家を再選させた場合の利得は1より高い2としましょう。

　図3-1 は，以上のゲームを図として描いたものです。木の形にも見えることから，**ゲームの木**と呼ばれています。ゲームの木では，枝分かれしている点に，その時点で意思決定を行うプレーヤーが示されています。プレーヤーが意思決定を行う点を，**意思決定点**と呼びましょう。木の頂点（図の左端）には最初の意思決定者である政治家の意思決定点があり，その後に投票者の意思決定点があります。よって，意思決定の順番は政治家，投票者の順であることがわかります。点と点を結ぶ枝（矢印）にはプレーヤーの選択肢が示されています。政治家は良い政策か悪い政策かどちらか一方の枝を選択し，投票者は再選か否かを決定することがわかります。プレーヤーの利得のペアは最後に示されており，意思決定の順番で並んでいます。つまり，最初が政治家，2番目が投票者の利得になります。

Chapter 3 汚職　　79

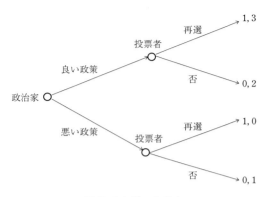

図 3-1：ゲームの木

　このゲームのなかには 3 つのサブゲームがあります。**サブゲーム**とは，最初だけではなく，2 番目や 3 番目などに意思決定を行うプレーヤーからはじまる部分的ゲームのことで，それだけを取り出しても単体のゲームとして成立するものです。**図 3-1** のゲームでは投票者の 2 つの意思決定点から始まるゲームがサブゲームです。このサブゲームは，プレーヤーが 1 人だけのゲームとして分析可能です。そして，最初に意思決定を行う政治家の点からはじまる全体のゲームもサブゲームです。よって，このゲームには**図 3-2** が示すように 3 つのサブゲームが存在します（全体のゲームをサブゲームとは考えずに定義する場合もあります）。

　意思決定のタイミングが異なるゲームの結果を予測する均衡概念として，**サブゲーム完全均衡**が用いられます。サブゲーム完全均衡とは，全体だけではなく，すべてのサブゲームにおいてプレーヤーが最適応答を選択している状態のことです。つまり，どの箇所からゲームをはじめたとしても，全員が最も好ましい選択肢である最適応答を選択しているため，誰も戦略を変えるインセンティブはありません。何が起こったとしても，誰も戦略を変えない状況が結果と

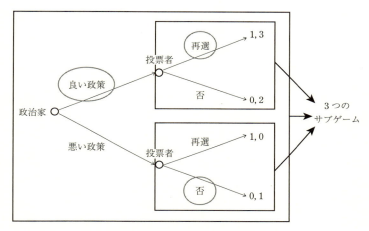

図 3-2：サブゲームとサブゲーム完全均衡

して生じると予測することに違和感は無いでしょう。

　サブゲーム完全均衡の導出方法として，**逆向き推論法**という方法が有用です。この方法は，最後に意思決定を行うプレーヤーから最初に意思決定を行うプレーヤーまで遡って意思決定を分析していく方法のことです。具体的には，まず最後に意思決定を行うプレーヤーの最適応答を，そのプレーヤーの選択が行われる前に起こりうるすべてのケースに対し求めます。次に，最後のプレーヤーは必ず最適応答を選択すると考えたうえで，最後から2番目に意思決定を行うプレーヤーの最適応答を同様に求めます。この作業を，最初に意思決定を行うプレーヤーまで遡って行います。言い換えれば，プレーヤーは意思決定をする際に，自分より後に決定をするプレーヤーの選択をしっかりと予測するということです。逆向き推論法を用いれば，すべてのサブゲームにおける最適応答を知ることができます。

Chapter 3　汚職　81

定義3-1「サブゲーム完全均衡」：全プレーヤーが，全サブゲームにおいて，互いに最適な戦略（最適応答）を選択しているときの，全プレーヤーの戦略の組み合わせをサブゲーム完全均衡という。逆向き推論法を用いて導出することができる。

　図3-1では最後の意思決定者は投票者です。政治家が良い政策を選択した場合，投票者は1の利得を政策から得ます。そのうえで，政治家を再選させれば利得2を得るため，総利得は3になります。政治家を落選させた場合，新たな人が政治家になることで利得1を得るので，総利得は1＋1＝2です。よって，良い政策を政治家が選んだ場合は，再選することが好ましいです。一方で，政治家が悪い政策を選択した場合は，再選したときの利得は0になるため，投票者は落選させ1の利得を得たほうが好ましいです。よって，投票者は良い政策を選択した政治家のみを再選させるという業績評価投票を行います。政治家は，良い政策を選択しなければ再選されないことを予測します。当然，政治家にとっては，良い政策を選択し再選されることで利得1を得るほうが，悪い政策を選択し落選することで利得0を得ることより好ましいです。**図3-2**には均衡で選択される戦略に〇をつけています。以上からサブゲーム完全均衡では，政治家は良い政策を選択し，投票者は良い政策を選択した政治家のみを再選することになります。

　前章のモデルでは，どんなに利己的な候補者であったとしても，選挙に勝利するために投票者にとって良い政策（公約）を選択するインセンティブを持つことを示しました。本節では，業績評価投票を考えたとしても，再選のために利己的な政治家は投票者にとって良い政策を選択するインセンティブを持つことが示されました。しかし本節のモデルでは，政策は良いか悪いかの二者択一でした。次節では，政策の選択肢を増やしたモデルで，政治家のモラルハザードの問題を考えてみましょう。

82　**Part I**　選挙と政治

■ **Exercise 3-1**

　図3-1の設定では，政治家は次の選挙に勝利することのみを目的としていた。ここでは，政治家と投票者の利害が反目している場合を考えてみよう。具体的には，**3.2**のモデルにおいて政治家は悪い政策を実行した場合，再選の有無にかかわらず$r > 0$の利得を得ると考えよう。たとえば，悪い政策とは利益団体を優遇するような政策であり，rの私的利益を収賄などの形で得ることができると解釈できる。一方で，良い政策の実行から政治家は何も得ることができないとする。それ以外の設定は**3.1**の設定と同様とする。

(i) 新たな設定下のゲームの木を描け。

(ii) 悪い政策からの利得が小さく，$r < 1$であるときのサブゲーム完全均衡下で何が起きるか示せ。

(iii) 悪い政策からの利得が大きく，$r > 1$であるときのサブゲーム完全均衡下で何が起きるか示せ。

3.3　政治家のモラルハザード問題

3.3.1　モラルハザード問題とは

　選挙に当選した後，有権者の利益を考えず，自身や関係する利益団体の利益のみを優先してしまう行為は許されるものではありません。このような行為は**モラルハザード**と呼ばれています。モラルハザードの分析はゲーム理論では，**プリンシパル＝エージェント・モデル**というモデルのなかで示されました。このモデルでは，専門知識を持たないプリンシパル（依頼人）が専門知識を持つエージェント（代理人）に仕事を依頼する状況を描いています。たとえば，経営の専門知識を持たない投資家（プリンシパル）が経営者（エージェント）に会社の運営を依頼したり，個別の事業に関して情報を集めきれない経営者（プリンシパル）がプロジェクトの運営を従業員（エージェント）に依頼したりする状況のことです。政治的文脈のな

Chapter 3　汚職　　83

Aside 3　ゲーム理論豆知識1——実際のゲームに均衡は存在するか

　三目並べというゲームがあります。3×3のマス目上で，先攻後攻が順番に○と×を書いていきます。先に，縦・横・ななめのいずれかで3個自分のマークを並べられた人が勝者です。全部で9マスありますので，最初のプレーヤーは9個の戦略を持っています。次のプレーヤーは8個であり，その後1つずつ減っていきます。よって，（大きな紙は必要ですが）ゲームの木を描くことができ，かつサブゲーム完全均衡を導出することができます。子どものころの経験から知っているかもしれませんが，均衡では必ず引き分けに終わることが知られています。このように実際のゲームでも均衡を求めることは不可能ではありません。たとえば，チェスや将棋などは戦略の数は有限であり，有限個の戦略があるゲームでは少なくとも最低1つのサブゲーム完全均衡は存在しているので，理論的には①先攻が勝つ，②後攻が勝つ，あるいは③引き分けのいずれかの均衡が導出できるはずです。しかし，戦略の数が尋常ではなく多いため，筆者の知る限りチェスや将棋はまだ解かれてはいません。一方で，チェッカーというゲームには約5×10^{20}個の戦略がありますが。均衡においては必ず引き分けになることが示されました（Schaeffer et al., 2007）。このような複雑なゲームの均衡を求めることは私たちには難しいですが，三目並べのような単純なゲームでは不可能ではありません。たとえば，日本版コロンボとして人気の高かったテレビドラマ『古畑任三郎』で，古畑警部補が，犯人である数学者二本松晋と対決したときに出てきた「石取りゲーム」があります（1995年4月放送のスペシャル回）。5個の石があり，2人のプレーヤーが交互に，そこから最低1個，最高3個の石をとっていきます。そして最後の1個を取った人が負けです。ゲームの木を書くことは難しくないので均衡の導出に挑戦してみてください。均衡では必ず後攻が勝つはずです。ちなみに，石の数が6個では先攻が勝ち，21個では後攻が勝ちます。ドラマのなかで古畑は，Nを整数としたとき，石の数が$4N+1$であれば後攻が，それ以外の場合は先攻が勝つことを看破しました。理由を，<u>ゲーム理論を用いて</u>示してみてください。

かでは，政治や政策の知識を持たない有権者（プリンシパル）が政治家（エージェント）に政策の決定を依頼していることになります。しかし，プリンシパルとエージェントの利害が一致しているとは限りません。経営者の利益に反し，従業員は怠けようとするかもしれません。投票者の利益に反し，政治家は利益誘導政策に予算をつぎ込もうとするかもしれません。

この問題を解決するために，プリンシパルはエージェントに対し，プリンシパルの利益を最大化するような賞罰を明記した契約を提示することになります。たとえば業績に依存するボーナスは従業員に会社の利益を優先してもらうための契約になります。一方で，政治家と有権者の間で契約を交わすことはできません。しかし，業績評価投票を通して有権者の利益に反するような政策を実行した政治家を落選させ，罰することができます。そして，その罰を予期した政治家は，有権者にとってより良い政策を実行するインセンティブを持つようになるかもしれません。**3.2** でも分析してきましたが，ここでは予算の配分問題として，モラルハザードの問題を議論してみましょう。

3.3.2 政治家の規律づけ

政治家と投票者の 2 人のプレーヤーを考えましょう。政治家（政府）は一定の予算を持っているとします。その予算を，投票者が好む「良い政策」と，好まない「悪い政策」に振り分けるとします。また，総予算の大きさを 1 とし，「悪い政策」に振り分けられる予算の割合を r とします（$0 \leq r \leq 1$）。よって，ここでは予算の額には注目せず，各政策に振り分けられる割合だけで議論することになります。つまり，実際の予算総額は 1 億円でも，53 億 2,361 万円でも構いません。その総額を良い政策と悪い政策の間で，どう分け合うのかという問題です。

Chapter 3 汚職　85

政治家と投票者の間には利害対立が存在しているとします。つまり，投票者はできるだけ多くの予算を「良い政策」に振り分けてほしいため r は小さいほど良い一方で，政治家は「悪い政策」に振り分けた額が増えるほど利益を得るため，大きい r を好むとしましょう。政治家は「悪い政策」から便益を得ると同時に，再選された場合には $b > 0$ の便益を得るとします。この b には，議員報酬などの金銭的利益のほかに，政治的権力を得る，あるいは国内外からの評価・評判が高まるなどの非金銭的利益も含まれています。以上から，r を選択し再選された政治家の利得は $r + b$ であり，落選した場合には r のみとなります。一方で，政治家の再選の有無にかかわらず，投票者の利得は $1 - r$ です。

　ここで注意すべき点として，各プレーヤーが受け取る予算の割合のみを議論しているなかで，b の大きさをどう解釈すべきかという問題があります。予算の絶対額は考えていないわけですから，b も政治家になる便益の絶対額であるべきではないはずです。たとえば，予算の絶対額を Y，再選された場合の便益の絶対額を B としましょう。ここでは単純に Y を予算総額としていますが，Y を「全予算を悪い政策に用いることで，政治家が得ることができる便益の絶対額」と考えることもできます。このとき，予算のうち r の割合を受け取ったうえで再選された政治家の利得の絶対額は $rY + B$ になります。しかし，予算の割合 r のみを用いて議論するためには，利得の第 1 項の rY を r に変えなくてはいけません。そこで，この式自体を Y で割ることで，

$$\frac{rY + B}{Y} = r\frac{Y}{Y} + \frac{B}{Y} = r + \frac{B}{Y}$$

にできます。この第 2 項の B/Y が b になります（$b = B/Y$）。つまり，b は再選されることで得る便益の総額（B）の予算の総額（Y）に対する比率です。よって，$b = 1$ であるならば，再選の便益は予算の

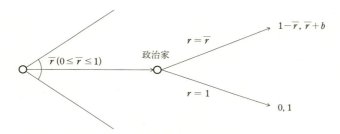

図3-3：政治家の規律づけゲームの木

全額と同価値ということになります（$Y=B$）。このように，1つの変数（ここでは予算）の最大値を1として標準化した場合，その他の変数はすべて当該変数（予算）の比率として示されていると解釈すべきです。

　このゲームでは，政治家が予算の配分を決定する前に，投票者が政治家に対し契約を提示すると考えます。具体的には，「悪い政策への配分比率が $\overline{r}$ 以下（$r \leq \overline{r}$）であれば再選させるが，$\overline{r}$ を超えれば（$r > \overline{r}$）落選させる」という契約です。このような契約は現実には提示されませんが，政治家が業績評価投票をされることを知っており，かつどの程度まで悪い政策に配分されることが許容されているのか正しく予測している状況を描いていると解釈できます。ただし，この仮定は極めて強いものですので，**3.3.4** で改めて議論しましょう。

　このゲームをゲームの木に描くと，**図3-3**のようになります。最初の意思決定は投票者によって行われますが，$\overline{r}$ は0と1の間のどのような数でも構いません。連続区間のなかから選択する場合は，**図3-3**のように扇形に描きます。次に政治家が r の値を決めます。r も0と1の間のどんな数でも良いのですが，投票者から契約を提示された政治家は，実質的に以下の2つの選択肢に直面します。

Chapter 3　汚職　87

（i）　再選されるために悪い政策への配分割合は$\overline{r}$に留めておき，$\overline{r}+b$を得る。

　（ii）　再選を諦めたうえで悪い政策にすべての予算を配分し1を得る。

　再選されたいと思った場合でも，投票者は$\overline{r}$まで悪い政策に配分することを許容してくれています。したがって，そのギリギリである$\overline{r}$までは奪ってやろうというインセンティブを政治家は持つことになります。再選を諦めた場合は，bは得られないため，最大限である$r=1$まで予算を悪い政策に配分するインセンティブを持っています。よって，上記の2つの選択肢以外が選択されることはありませんので，**図3-3**では2つの選択肢しかないものとして描いています。

　逆向き推論法で検討していくわけですから，まず最後の政治家の意思決定から考えていきましょう。政治家が再選されるために悪い政策への配分を$\overline{r}$に留めてくれる条件は，$r=\overline{r}$を選択したときの利得が，$r=1$を選択したときの利得より大きいときですから，

$$\overline{r}+b\geq 1$$

となります。一方で$\overline{r}+b<1$ならば，再選を諦めて$r=1$を選択してしまいます。厳密には，$\overline{r}+b=1$の場合，2つの選択肢は政治家にとって同等の価値を有するため，どちらの選択肢でも良いと政治家は考えます。ここでは，どちらでも良い場合には，政治家は再選を目指すと考えます。

　投票者はできるだけ多くの予算を良い政策に割り振ってほしいわけですから，政治家が再選を諦め第2の選択肢$r=1$を選んでしまうことは最悪の事態です。よって，$\overline{r}+b\geq 1$を満たすような$\overline{r}$を提示しなければいけません。同時に，できるだけ小さな$\overline{r}$にしたほ

うが利得が高まるわけですから，この条件が成立するなかで一番小さな $\overline{r}$ を選びます。よって $\overline{r}+b=1$，つまり，

$$\overline{r} = 1-b$$

を選びます。ただし，再選される便益が非常に大きく $b \geq 1$ であるならば，$\overline{r}=0$ になります。以上の分析からサブゲーム完全均衡において，投票者は「悪い政策への配分比率が $1-b$（$b \geq 1$ であれば 0）以下であるときのみ政治家を再選させる」という戦略を選択し，政治家は再選されるために $1-b$（$b \geq 1$ であれば 0）の割合だけ悪い政策に予算を振り分けることがわかります。

　このモデルは，投票者は業績評価投票を通して，政治家のモラルハザードを律することができることを示しています。ただし，完全にモラルハザードをなくすことはできない可能性があります。すなわち，再選による利得 b が小さい場合（$b<1$），再選されたいというインセンティブを与えるために，政治家にある程度の個人的利益を許容しなければなりません。厳しく個人的利益を追求することを禁じた場合には，政治家は再選を諦め，好き勝手なことをしてしまうという最悪の事態が起きてしまうからです。

3.3.3　権力の分立

　3.3.2 のモデルでは，b が小さい場合にはモラルハザードが生じる状況を許容しなくてはいけませんでした。それでは，モラルハザード問題をさらに小さくするためには，どのような制度を導入すべきでしょうか？ 1つの方法が権力の分立です。**3.3.2** のモデルでは，1人の政治家が政策を決定していました。しかし実際には，複数の政策決定者が存在する場合がほとんどです。たとえばアメリカでは，法案を通すために議会と大統領の両者の承認が必要となります。このように複数の主体で権力を分け合うことで，互いに監視・

Chapter 3　汚職　　89

抑制し合い，片方が不正や汚職を働こうとしても，もう一方が止めることができるとされています。本項では，この権力分立の効果を考えてみましょう。

ここでは2人の政策決定者A，Bを考えましょう。まずAが政策を提案し，Bがそれを受け入れるか否かを決定するとします。ここで政策は「良い政策」「Aの利益誘導政策」「Bの利益誘導政策」の3つがあると考えます。投票者は「良い政策」からのみ便益を得ます。一方で，AはAの利益誘導政策への配分割合r_Aから，BはBの利益誘導政策への配分量r_Bから便益を得ます。予算は3つの政策の間に配分されるとしましょう。Aはそれぞれの政策への配分割合r_A，r_Bを決定します。良い政策への配分割合は$1-r_A-r_B$であり，すべてが予算1のなかで配分されるため$r_A+r_B \leq 1$が成立しなければなりません。ただし，$0 \leq r_A \leq 1$，および$0 \leq r_B \leq 1$です。このとき，もしBがAの提案を受け入れなければ，既存政策が実行され，既存政策からはR_Aの割合がAの利益誘導政策に配分され，R_Bの割合がBの利益誘導政策に配分されているとしましょう。ただし，$R_A+R_B \leq 1$，$0 \leq R_A \leq 1$，および$0 \leq R_B \leq 1$です（既存政策からの利得は大文字のRで表しています）。つまり，両者ともに既存政策からの既得権益を持っているということです。投票者が両者の再選を決定した場合には，再選による利得はAとB両者ともに，

$$b = \frac{2}{3}$$

としましょう。

再選による利得は$b=2/3$ですから，政策決定者が1人のみであれば **3.3.2** の分析より，投票者は$\overline{r}=1-b=1/3$を提示します。よって，予算の1/3は（悪い）利益誘導政策に配分されてしまいます。しかし，政策決定者の権限が2人に分けられていることにより，投票者が一切の不正を許さない極めて厳しい条件を提示できる可能

性があります。つまり，投票者が「予算すべてを良い政策に配分する $r_A = r_B = 0$ という政策が採用されなければAもBも再選させない」という強気の条件を出し，両政策決定者がそれに従うということです。

　このゲームは以下の順番で意思決定が行われます。ここでは，$r_A = r_B = 0$ という極端な条件が均衡となるか否かを検討するため，ゲームの木は描かないことにします。

(i)　投票者が，AとBを再選させる r_A, r_B に関する条件を提示する。

(ii)　Aが r_A, r_B をBに提案する。

(iii)　BがAの提案を採用するか棄却するかを決定する。採用すればAの提案が，棄却すれば既存政策が実行される。

　逆向き推論法では，最後の意思決定者であるBの意思決定から考えます。投票者が上記の契約を提示し，Aがそれに従って $r_A = r_B = 0$ を提示してきたとしましょう。Bは採用すれば再選からの便益2/3を得ますが，棄却した場合には既存政策が実行され R_B を得るものの，再選はされません。よって，

$$\frac{2}{3} \geq R_B$$

であればAの提案を受け入れるインセンティブを持ちます。

　次に，Aは $r_A = r_B = 0$ を提示するインセンティブを持つか考えます。ここで，$2/3 \geq R_B$ が成立しているとしましょう。つまり，Aが $r_A = r_B = 0$ を提示すれば，Bは採用するため $r_A = r_B = 0$ が実行されるということです。よって，Aが $r_A = r_B = 0$ を提示した場合，Aは再選され便益2/3を得ますが，利益誘導政策からの便益はありません。一方で，再選を諦めて利益誘導政策からの便益を最大限得ようとしたとしましょう。**3.3** では予算のすべてを自身の利益誘導政

Chapter 3 汚職　91

策に費やせましたが，ここではBがいます。Bは既得権益としてR_Bがあるため，Aがすべての予算をAの利益誘導政策に使おうとすれば，Bはその提案を棄却し，既存政策を維持しようとします。そのため，Bに提案を採用させるためには最低でもR_Bの配分をBの利益誘導政策に配分しなければいけません。Aは自身の取り分を最大化したいわけですから，Bが受け入れる配分ギリギリの$r_B = R_B$をBに提案します。そして，Aは$r_A = 1 - R_B$を得ることになります。再選はされないので，この$1 - R_B$が再選を諦めた場合のAの利得です。以上の議論から，

$$\frac{2}{3} \geq 1 - R_B$$

ならばAは再選されようとし，$r_A = r_B = 0$を提案するインセンティブを持つことがわかります。

2つの条件をまとめると，Aが$r_A = r_B = 0$を提示し，Bが採用するための条件は，

$$\frac{1}{3} \leq R_B \leq \frac{2}{3}$$

になります。まず，Bに再選されたいと思わせるためには，Bの既得権益（R_B）が大きすぎてはいけません。しかしBの既得権益が小さすぎれば，再選を諦めたときにAが得る取り分は大きくなります。よって，今度はAが再選を諦めてしまいます。よってBの既得権益は，小さすぎず，かつ大きすぎない必要があることを示しています。ただし，

$$R_A > \frac{2}{3}$$

であれば，Aは新たな政策を提言せずに既存政策の維持を選択します。よって，$r_A = r_B = 0$が均衡になるためには，Aの既得権益も十分に小さい（$R_A \leq 2/3$）必要があります。

言うまでもなく，$r_A = r_B = 0$ は投票者にとって最も好ましい政策であるため，$1/3 \leq R_B \leq 2/3$，および $R_A \leq 2/3$ が成立している限り，投票者も「$r_A = r_B = 0$ でなければ再選しない」と強気に出るインセンティブを持ちます。よって，すべての予算が良い政策に使われる結果が均衡となるわけです。

　複数の政策決定者が存在する場合，単一の政策決定者ですべての予算を奪うことはできず，分け前を他の人に渡す必要が出てきます。この分け前が存在するため，自身の取り分は減ってしまいます。この取り分の減少が十分に大きければ，政策決定者にとって利益誘導は魅力的ではなくなり，再選を目指そうとするわけです。

　このモデルは権力の分立が，投票者にとって好ましい結果を生み出す可能性があることを示しています。しかし，その理由は「互いに監視し合う」ことによるものではありません。お互いに監視することが機能するためには，崇高な目的を持ち，投票者のために働くような人が少なくも1人はいなくてはなりません。よって，権力が分立しても，すべての権力者が利己的であれば監視機能は働きません。しかし，たとえすべての権力者が利己的な人々であっても，権力分立により1人ひとりの分け前が減らされることで，投票者のためになるような望ましい政策が実行される可能性が指摘されているわけです。

■ **Exercise 3-2**
　本節のモデルでは，再選から得る便益はAとB両者ともに $b = 2/3$ とした。しかし，実際には人によって再選から得る便益は異なるだろう。ここではより一般的に，Aの再選による利得を b_A，Bの再選による利得を b_B としよう。「$r_A = r_B = 0$ でなければ再選しない」が投票者の均衡戦略となる条件を，b_A と b_B を用いて示せ。

Chapter 3 汚職　　93

3.3.4 業績評価投票をする理由——政治家の資質

3.3.2 のモデルでは，政治家が政策を選択する前に投票者が契約として条件を提示していました。そのためには，少なくとも過半数の投票者が同一の好みを持ち，協調して同一の契約を提示し，さらに提示した契約を決して破らない必要があります。しかし，このすべての仮定が非現実的ですし，そもそも政策選択前に契約を提示するという設定自体が非現実的です。

このような極端な設定が置かれている理由は，分析上1つの困難があったからです。業績評価投票は，公約よりも過去の業績を重視する投票です。しかし，過去の業績は過ぎ去ったものです。投票者が自身の利得を考えれば，変えることができない過去の政策より，将来の政策に関する公約を重視したほうが良いはずです。そのため，投票者が業績評価投票を行うインセンティブを数理的に示すことができませんでした。しかし，政策決定より前に契約を提示するという非現実的設定を導入すれば，投票者の契約が政策を変えることができるため，業績に基づく契約を投票者は提示するインセンティブを説明できるわけです。

しかし，その後の研究で業績評価投票を行う（より妥当な）理由が示されました。当然のことですが，優秀な政治家ほど，過去の業績は良いはずです。また，汚職をしない清廉潔白な政治家ほど，かつ既得権益が無く投票者と利害が一致している政治家ほど，投票者にとって良い政策を選択するはずです。このように，過去の業績から政治家の能力や性格などの資質がわかります。政治家の資質は将来の政策にとって大切な要素です。政治家の能力が高いほど，清廉潔白であるほど，あるいは投票者と利害が一致しているほど，将来の政策も良くなるはずです。よって，投票者は政治家の資質を過去の業績から知ることで，将来の政策を改善しようとします。このように考えた場合，投票者の選択は政治家の政策選択の後で構いませ

ん。投票者が気にしていることは将来の政策ですが，過去の業績から政治家の資質を推察する手段になるため，業績評価投票を行うことになります。政治家の資質を分析するモデルの詳細は **Chapter 5** で改めて議論しましょう。

3.4 あるべき政治制度とは何か——多選禁止制

本章では，選挙を通して政治家のモラルハザード問題が減じられる可能性を議論してきました。国民にとってより好ましい政策を政治家に選択させるためには，次の選挙にも勝ちたいというインセンティブを与える必要があります。よって，政治制度改革を考える際には，現状の政治家のモラルハザード問題への影響を考える必要があります。しかし，実際に政治制度のあり方を考えるとき，現職政治家のインセンティブに関しては軽視されがちです。たとえば，多選禁止制が良い例です。多選禁止制とは，首長や議員が選挙に勝利できる回数を制限する制度です。アメリカなどでは，一国の大統領が独裁者のように力を持ちすぎないように，大統領に対し多選禁止制が課されています。同時にアメリカでは一部の州で，州知事や州議会議員に対する多選禁止制も導入されました。理由としては，長く務めた政治家ほど利益団体との癒着が大きくなる，あるいは自分の名前を歴史に残すために多大な予算を必要とする大きなプロジェクトを実行しようとするため，予算の無駄遣いが増えるからだとされてきました。よって，長く務めた政治家を多選禁止制で排除すれば，政府支出は減り，減税もできると期待されたわけです（Payne, 1992）。しかしアメリカのデータに基づく分析では，総じて多選禁止制の導入は逆に予算の拡大と増税を導き，政治家のモラルハザードを誘発していることが示されています。

多選禁止制が，なぜモラルハザード問題を引き起こすのでしょう

Chapter 3 汚職　95

か？ 多選禁止制が導入された場合，多くの政治家が次回の選挙には出馬できなくなるため，再選から得る便益bを得ることができません（$b=0$）。均衡において投票者は政治家に$\bar{r}=1-b$を提示しますが，$b=0$であるためすべての予算が悪い政策に用いられてしまいます。つまり，再選のために投票者の好む政策を実行しようとするインセンティブは失われ，モラルハザード問題が深刻化してしまうわけです。この例が示すように，安易な政治制度改革は国民に不利益を与える可能性があります。

ちなみに，アメリカでは，大統領の任期は2期8年に制限されていますから，大統領になってから4年後の大統領選には出馬することが通例です。一方で，1987年の大韓民国憲法制定後，韓国の大統領制は1期のみ5年に制限されています。よって，アメリカのような大統領の中間試験はなく，一度大統領になれば，その後の選挙のことは一切気にせずに良いことになります。韓国大統領の多選禁止制はもともとアメリカ同様に2期8年でした。しかし，朴正煕が1969年の憲法改正により多選禁止制を廃し，暗殺されるまで3期16年間も大統領であり続け，独裁に近い体制になってしまいました。この反省として，現在の厳しい多選禁止制が導入されることになりました。その一方で，本章のモデルから，厳しすぎる多選禁止制はモラルハザード問題を誘発してしまう可能性が指摘できます。

 Discussion Questions

Q3-1　議院内閣制と大統領制

韓国において大統領は強力な権限を手にしている。北朝鮮とは休戦中ということから，強力なリーダーシップが求められており，国家非常事態に関する権限も大きい（森山，1998）。その一方で，強大な権力を背景とした大統領の汚職が続いているため，政治的リーダーの権限を減らすため議院内閣制を導入すべきであるという議論もある。首相

は議会より任命されるので，大統領とは異なり首相の独断で意思決定を行うことが難しくなるためである．本章のモデルに基づき，どちらの制度のほうがモラルハザード問題をより軽減することができるか議論せよ．

Q3-2 副大統領の役割

韓国では1960年まで副大統領職が存在したが，今では廃止されている．一方で，アメリカでは副大統領が存在し，大統領の職務代行や上院議会議長などの役割を有している．同時に，現職大統領引退後の大統領選に出馬する場合もある（ジョージ・W・H・ブッシュ，アル・ゴアなど）．ただし，現職大統領の人気が低い場合には出馬しない．このような副大統領の存在が現職大統領のモラルハザード問題に及ぼす影響を本章のモデルに基づき議論せよ．

Q3-3 最終任期問題

過去の研究ではアメリカ議会における記名投票を用いて，引退直前の任期にいる政治家が，議会において投票しなくなる，あるいは一貫性のある投票をしなくなるという点が示されている．この最終任期問題（last term problem）と呼ばれる事象が生じる理由を，本章のモデルに基づきつつ議論せよ．

Notes

3.3.2の基礎モデルは，業績評価投票をはじめてモデル化したBarro（1973）とFerejohn（1986）に基づいています．**3.3.3**の権力の分立に関する議論は，Persson et al.（1997）に基づいています．また **Discussion Question 3-1** で議論されている，権力の分立の効果をふまえたうえでの大統領制と議院内閣制の比較に関する研究は，Persson and Tabellini（2005）でまとめられています．一方で，**Discussion Question 3-2** は Alesina and Spear（1988）に基づいています．**Discussion Question 3-3** で議論した最終任期問題は，Zupan（1990），Carey（1994），Figlio（1995, 2000）によって示されています．**3.4**で議論した，多選禁止制が税金や政府支出を増やすことを示したデータ分析として，州知事の多選禁止制に

関して，Besley and Case（1995），Alt et al.（2011）などが，州議会議員の多選禁止制に関して Erler（2007），Asako et al.（2016）があります。ただし，これらの論文は政府支出の増大や増税が「悪い政策」であると解釈しています。たしかに，増税を好む有権者は少ないという意味で悪い政策と言えるかもしれませんが，政府支出の増大を好む有権者は少なくないでしょう。Besley and Case（1995）も，この議論が「すべての政府支出は無駄である」と有権者が感じているという悲観的仮定を置いていると認めています（p. 786）。よって，これらのデータ分析の結果がモラルハザードを明確に示しているか否かは議論を要する点だと言えます。

Chapter 4 連立政権

政党間協力は野合か

(出所) 時事

1955年以降対立を続けていた自由民主党と日本社会党は，1994年に連立政権を結成し，日本社会党から村山富市（写真中央）が総理大臣として任命された。その後，日本社会党は凋落の一途を辿る。

✓ 本章で用いられる概念：サブゲーム完全均衡

4.1 自民党の連立政権

1955 年に結成されて以来，1993 年の衆議院議員総選挙において敗北するまで，自民党は政権政党であり続けました。その自民党と対峙し続けてきた主な野党が日本社会党，公明党，日本共産党の 3 党でした。1993 年の選挙後に反自民を掲げて結成された 7 党による連立政権のなかにも，日本社会党と公明党は含まれていました。しかし，そのわずか 6 年後の 1999 年に自民党と自由党・公明党は連立政権を組むことになります。それ以降，2009 年から 2012 年の民主党政権時代を除いて，自民党は公明党と連立政権を組み続けてきています。ただし，連立政権を組む前の時点から，日本共産党や日本社会党に比べると，公明党は比較的自民党に近い政策を好んでいたと言えます。その一方で，日本社会党は 1955 年以来，自民党と対立し続けていた最大野党であり，日米安全保障条約に反対し，自衛隊は違憲であると主張するなど，政策の主張も大きく異なっていました。しかし，自民党は公明党と連立を組む前の 1994 年から 1998 年まで，対立し続けていた日本社会党とも連立政権を組んでいました。つまり，自民党は長年対立し続けた野党のうち，2 つの政党と連立政権を組んだことになります。

Chapter 3 までのモデルでは，主に政治家 1 人の意思決定を考えてきました。しかし，実際に法律を作り，政策を決定している主体は立法府である議会です。議会には多くの議員が所属し，その議員間の交渉を通して政策が決定されています。同時に，議員は政党に所属することが一般的であり，個々の議員の代わりに政党間の交渉も行われています。議会の過半数を 1 党のみで占めることができれば，交渉を通さずに政権政党である 1 党のみで多くの法案を通すことができるでしょう。しかし，議会の過半数の議席を得ている政党

100　**Part I**　選挙と政治

が存在しない場合，複数の政党が連立政権を組んだうえで法案を通していくことになります。連立政権の形成や政党間の協力は，政策上の不一致があるにもかかわらず政治的理由だけで集まっている野合であると非難されることがあります。その一方で，自民党と日本社会党との連立政権など，政策上で対立していた政党が連立政権を組むことは少なくありません。それでは，連立政権はどのような理由から組まれているのでしょうか？　政党間の協力は，政策に基づくものなのでしょうか？　あるいは，まとまりのない野合になってしまうのでしょうか？　本章では複数政党間の交渉過程を描いたモデルを紹介しつつ，上記の問いについて考えていきます。

4.2　政党間の予算配分

　議会内に政党A，B，Cの3政党が存在しているとしましょう。**Chapter 1** では政党名は"1"や"2"としていましたが，以降では"A"や"B"と呼んでいきます。どの政党も議会の過半数の議員は所属しておらず，単独政権を築くことはできないとします。よって法案を通すためには，最低でも2党が合意しなければなりません。ここで，政策として予算を3政党間でどのように配分するかを決めるという予算配分問題を考えましょう。ただし，単に金銭を政党間で配分している状況のみを想定しているわけではありません。それぞれの政党が好む政策が異なっている，あるいは各政党が地盤としている地域が異なる，などの理由から，政党間で利害対立が生じている状況を考えていることになります。この場合，政党Aへの予算配分とは，政党Aの好む政策への予算配分，あるいは政党Aが地盤としている地域への補助金という解釈ができます。

　ここで単純に予算の大きさを1としましょう。予算総額は何円でも構いません。**3.3** と同様に予算の配分額ではなく，全体を1とし

Chapter 4　連立政権　101

て配分割合を議論します。予算の配分方法の決定は，以下の手順で行われます。まず，3政党のなかから**議案決定者**（agenda setter）が決められます。政策を議論するためには，まずは議論の対象となる議案が無くてはなりません。その議案を提示する役割を議案決定者が担います。具体的には，議案決定者は議案として配分案を提示します。しかしゲームの最初の時点では，どの政党が議案決定者になるかはわからないと考えます。各政党は，それぞれ議案決定者になる確率を持っており，必ず3党のうち1党が議案決定者になります。この確率は様々な理由で異なってくるでしょう。たとえば，議席数の多い政党ほどイニシアチブを取りやすいため，議案決定者になる確率は高くなると言えます。また，有力な政治家が所属している政党ほど，この確率は高くなるかもしれません。

議案決定者が議案を提出した後に，3党がその議案に賛成するか否かを決定します。3党のうち過半数である2党以上が賛成した場合，その議案は可決され実行されます。しかし，2党以上が反対した場合，議案は廃案となり，既存政策が引き続き実行されると考えます。各政党は，既存政策からも利得を得ているとします。ただし，既存政策から得る利得の合計は1を下回ると仮定します。つまり，既存政策を維持しているより新しい政策に変更したほうが，3党全体の総利得は上昇するということになります。また，各政党にとって，自身への配分は多ければ多いほど好ましいと仮定します。ゲームのなかにおける意思決定は異なったタイミングで行われるため，ここで用いる均衡概念はサブゲーム完全均衡です。このゲームの木を描くと複雑になってしまうため，ここでは描かずに議論していきます。

まずは**表4-1**の数値例を考えてみましょう。各政党が議案決定者になる確率は等しく1/3ですが，既存政策からの利得は異なっています。政党Aが最も既存政策からの利得が大きいため，既得

表 4-1：予算配分ゲームの例

議案決定者になる確率			既存政策からの利得		
政党 A	政党 B	政党 C	政党 A	政党 B	政党 C
1/3	1/3	1/3	1/4	1/5	1/6

権益の大きな政党と言えます。一方で，政党 C が既得権益の最も小さな政党です。既存政策からの利得の合計は，

$$\frac{1}{4} + \frac{1}{5} + \frac{1}{6} = \frac{37}{60}$$

と 1 より小さいため，総利得が 1 となる新たな政策のほうが，3 党全体にとっては好ましいことになります。

　この例では，どのような均衡が生じるでしょうか？　たとえば，政党 A が議案決定者になったとし，実際に 3 党が交渉の席に着いたとしましょう。新しい議案を通すためには，政党 B か政党 C から支持を得なくてはいけません。ここで「政党 B に 2/3 を与える」という議案を政党 A が提示したとします。しかし，多くの配分を得たい政党 C は「私ならば 1/2 でも連立を引き受けます」と言うかもしれません。政党 B に 2/3 を与えてしまえば政党 A の手元に残る配分は 1/3 だけですが，政党 C に 1/2 を与えれば政党 A の手元には 1/2 が残せるため，政党 A は「政党 C に 1/2 を与える」という議案のほうが好ましいと思います。しかし，この議案に対して，今度は政党 B が「私ならば 1/4 でも連立を引き受けます」と言い，政党 A はそのほうが良いと気づきます。このような駆け引きが実際に行われれば，政党 C は「私なら 1/5 を下回っても連立を引き受ける」と主張するでしょう。この時点で，既存政策から 1/5 を得ることができる政党 B は「既存政策より配分が減少するのは嫌だ」と交渉から外れます。ここから政党 A は政党 C の足下を見はじめます。既存政策が選択されれば，政党 C は 1/6 しか得られま

Chapter 4　連立政権　103

せん。政党Aは「既存政策からの利得より高い利得が欲しいだろう？」と政党Cに徹底して妥協を求めます。その結果，政党Cへの配分は 1/6 近くまで下げられ，実際には 1/6 に 1 円ほどを足した配分額まで値切られると考えられます。ここでは「そんなに値切るなんて理不尽な！」という怒りや不公平感は考えません。少しでも配分が多いほうが良いと仮定するならば，ぎりぎりまで政党Cは値切られることになります。結果として，政党Aは政党Cに 1/6（と 1 円）を与え，政党Bには何も与えないという議案を提示し，政党Aと政党Cが賛成することで可決・実行されます。

　実際のゲームではこのような交渉過程は想定していませんが，議案決定者はこのような交渉過程が存在しうることを見越すことができます。政党Aは，政党Cのほうが政党Bより配分を値切れることを見越し，さらに政党Cは配分を 1/6 まで下げても提案を受け入れるインセンティブを持っていることを見越したうえで，政党Cをパートナーとして選ぶことになります。

　具体的に，ゲームの均衡を求めてみましょう。最初に逆向き推論法から議案決定者となれなかった政党の行動を考えます。議案決定者の法案が否決されれば，政党は既存政策からの利得を得ます。よって，議案決定者の提案した配分が既存政策からの利得を下回っていれば反対することが最適な選択です。一方で，上回っていれば賛成することが最適な選択になります。議案決定者の提示した配分案が既存政策と同一であった場合には，賛成すると仮定します。賛成しても反対しても同じ利得を得るため，賛成することも最適な選択の 1 つであり，分析上の問題はありません。また（均衡上では生じませんが），まったく同じ配分案が提示されるわけではなく，1 円などの少額だけ上乗せされて提案されていると解釈しても問題はありません。

　次に議案決定者の行動を考えましょう。第 1 に，他党に配分を与

表 4-2：議案決定者が選択する配分案

議案決定者	政党 A への配分	政党 B への配分	政党 C への配分
政党 A	5/6	0	1/6
政党 B	0	5/6	1/6
政党 C	0	1/5	4/5

えた後の残りは議案決定者への配分にできるため，「他党に与える配分は最小限にしよう」と議案決定者は考えます。第 2 に，法案を通すためには過半数である 2 党が支持すれば良いため，議案決定者は全政党に配分を与えるインセンティブを持ちません。議案決定者は自身の議案に賛成するため，残り 1 党に配分を与えることで賛成してもらうようにすれば，議案を可決・実行することができます。よって，自身の配分をできるだけ増やしたい議案決定者は，2 党のうち 1 党にしか配分を与えません。それでは，自身以外の 2 党のうち，どちらを議案決定者は選択するでしょうか。政党 A が議案決定者になった場合，政党 B の支持を得るためには 1/5 以上を，政党 C の支持を得るためには 1/6 以上を与えなければならないため，政党 C の支持は少ない配分で得られます。よって，政党 C に対し最小限必要な 1/6 だけを与え，残りの 5/6 を政党 A への配分にしてしまいます。つまり議案決定者は，より安価で賛成してくれる政党の支持を，最安値で買おうとするわけです。同様に，政党 B が議案決定者になっても，政党 C に 1/6 を与え，残りの 5/6 を自身で得ることが最適な選択です。政党 C が議案決定者になった場合は，政党 B に 1/5 を与え，残りの 4/5 を自身が得ることが最適な戦略になります。**表 4-2** には，各政党が議案決定者となった場合に提示する配分案を示しています。

　それでは，議案決定者が決まる前の各政党の期待利得に違いは生じるでしょうか？　まず政党 A は，**表 4-2** が示すように，1/3 の確

Chapter 4　連立政権　105

率で自身が議案提案者になった場合には，政党Cに1/6を与える
のみで連立政権を組むことができるため，5/6を得ます。しかし，
他の2党が議案決定者となった場合には，既得権益からの利得が大
きすぎるため連立政権には含まれることはなく，利得は0になり
ます。よって，議案決定者が決まる前の政党Aの期待利得は，

$$\left(\frac{1}{3} \times \frac{5}{6}\right) + \left(\frac{2}{3} \times 0\right) = \frac{25}{90}$$

です。政党Bは政党Aが議案決定者になったときの利得は0です
が，政党Cが議案決定者になった場合には1/5を配分されます。
さらに自身が議案決定者になれば5/6を得られるので，議案決定
者が決まる前の政党Bの期待利得は，

$$\left(\frac{1}{3} \times 0\right) + \left(\frac{1}{3} \times \frac{5}{6}\right) + \left(\frac{1}{3} \times \frac{1}{5}\right) = \frac{31}{90}$$

です。最後に，政党Cは自身が議案決定者となれなかったとして
も1/6は必ず配分されます。自身が議案決定者になった場合には，
政党Bに1/5を与えた残りである4/5を得ます。よって期待利得
は以下の通りです。

$$\left(\frac{1}{3} \times \frac{4}{5}\right) + \left(\frac{2}{3} \times \frac{1}{6}\right) = \frac{34}{90}$$

　政党Aは既存政策から最も大きな既得権益を得ています。よっ
て，政党Aからの支持を得るためには多額の配分を与えなくては
いけないため，議案決定者から避けられてしまいます。その結果，
他党より期待利得が低くなっています。一方で政党Cは既得権益
が小さいため，どの政党が議案決定者になったとしても配分を得る
ことができ，最も高い期待利得を得ることができます。

　以上の分析から以下の2点が含意として指摘できます。

① 議案決定者は極めて有利な立場にあり，自身の利得を他の政

党よりも大きくできる。

② 連立政権は一番安価な方法で作られる。よって，既得権益が少ない政党が優先的に連立政権に含まれ，連立政権の規模は最小のものになる。

■ **Exercise 4-1**

　本節の例とは異なる以下の数値例を用い，各政党が議案決定者となった場合に提示される法案，および議案決定者が決められる前の各政党の期待利得を示せ。

(i)

議案決定者になる確率			既存政策からの利得		
政党A	政党B	政党C	政党A	政党B	政党C
1/3	1/3	1/3	1/10	1/2	1/3

(ii)

議案決定者になる確率			既存政策からの利得		
政党A	政党B	政党C	政党A	政党B	政党C
1/2	1/4	1/4	1/4	1/5	1/6

4.3　連立政権の形成

4.3.1　政策からの利得のみの場合

　4.2 のモデルでは各政党の利害は完全に対立しており，予算を互いに奪い合っている状況を描いていました。しかし，実際には政党間で政策の好みが似通っている場合があるでしょう。似たような政策を好む政党が集まって連立政権を形成した場合には野合と批判されることはありませんが，大きく政策の好みが異なる政党が連立政権を組むと野合であると批判されます。このような各政党の政策の

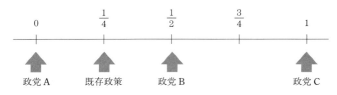

図 4-1：連立政権形成ゲームの例

好みに関する相似を考慮したモデルを考えてみましょう。

政策が似ているか否かを考えるうえで有用なモデルは，**Chapter 2** で紹介した政治的競争モデルです。**Chapter 2** のモデルと同様に，5 つの政策が存在しているとしましょう。ただし，政策にはそれぞれ数値を与え，**図 4-1** が示すように，各政策を "0"，"1/4"，"1/2"，"3/4"，"1" とし，0 と 1 の間に 5 つの政策が等間隔に並んでいると考えます。

前節と同様に，3 政党 A，B，C が存在しており，どの政党も議会の過半数の議員を有していないため，単独政権は築けない状況を考えます。よって政権を形成するためには，最低でも 2 つの政党で連立政権を形成する必要があります。各政党には最も好む政策が存在し，政党 A は政策 "0" を，政党 B は政策 "1/2" を，政党 C は政策 "1" を好んでいるとしましょう。実際に選択された政策が自身の最も好む政策と異なった場合には，不利益を受けると考えます。その不利益の大きさは，自身の最も好む政策と実行された政策の間の距離に等しいと考えましょう。たとえば，政策 "1/2" を最も好む政党 B の場合，実行された政策が "1/4" であれば，政策 "1/4" と政策 "1/2" の間の距離である 1/4 だけの不利益を被ります。つまり，政策からの便益は $-1/4$ になります。政策が "3/4" のときも，最も好ましい政策 "1/2" との距離は 1/4 ですので，政策からの便益は $-1/4$ です。一方で，実行された政策が "0" や "1" であれば，最も好ましい政策 "1/2" との距離は 1/2 ですので，政策

表 4-3：政党が各政策から得る便益

	政策 "0"	政策 "1/4"	政策 "1/2"	政策 "3/4"	政策 "1"
政党 A	0	$-1/4$	$-1/2$	$-3/4$	-1
政党 B	$-1/2$	$-1/4$	0	$-1/4$	$-1/2$
政党 C	-1	$-3/4$	$-1/2$	$-1/4$	0

から得る便益は $-1/2$ になります。政党 B 以外も含めた各政党の政策から得る便益は**表 4-3** にまとめています。

　ゲームは以下の順序で行われます。まず，3 党のうち 1 党が**組閣担当者**（formateur）になります。組閣担当者は議案決定者のように，自身以外の政党に連立の形成を持ちかける権限を持っています。持ちかけられた政党は連立形成を受け入れるか否かを決定します。連立政権の持ちかけが受け入れられれば，新たに連立政権が形成され，政権内で政策が新たに決定されます。受け入れられない場合は，暫定政府が成立し，既存政策が実行されると考えます。ここでは，**図 4-1** に示したように既存政策は "1/4" である場合を考えましょう。また，**4.2** のモデルと同様に，提案を受け入れても拒否しても利得が同じ場合は，政党は提案を受け入れると考えます。

　連立政権が形成された場合，連立政権に所属している政党間での交渉によって政策が決定されます。ここでは単純に交渉の結果，連立政権所属政党が最も好む政策の中間に位置する政策が選択されるとします。もちろん両党の議席数や力関係などによって交渉結果は変わってくるかもしれませんが，本節では両党の議席数も力関係も同等であると仮定します。たとえば，政党 A と B が連立政権を形成した場合，政策 "0" と政策 "1/2" の中間である政策 "1/4" が選択されます。全政党で大連立を組んだ場合には，全体の中間である政策 "1/2" が選択されます。その他の例に関しては**表 4-4** にまとめています。

Chapter 4　連立政権　109

表 4-4：連立政権が選択する政策

連立所属政党	A と B	A と C	B と C	全政党の大連立
政策	1/4	1/2	3/4	1/2

　上記の設定下では，政策の好みの近い政党で連立政権が組まれます。具体的には，以下の通りです。第1に，政党Aが組閣担当者になったと考えましょう。既存政策からの利得は −1/4 です。政党Bと組んで既存政策を継続的に実行した場合，政党Aの利得は −1/4 のままです。政党Cと組む，あるいは大連立を組んだ場合には，政策 "1/2" が選択されるため，政党Aの利得は −1/2 になってしまいます。よって，政党Aは政党Bと連立を組むことを提案し，政党Bは（受け入れても拒否しても同じ利得 −1/4 を得るため）提案を受け入れます。

　第2に，政党Cが組閣担当者になったと考えましょう。既存政策からの利得は −3/4 です。政党Bと組んで政策 "3/4" を実行した場合の利得は −1/4 です。政党Aと組む，あるいは大連立を組んだ場合には，政策は "1/2" となるため，政党Cの利得は −1/2 になります。よって，政党Cは政党Bと連立を組むことを提案し，政党Bは（受け入れても拒否しても同じ利得 −1/4 を得るため）提案を受け入れます。

　最後に，政党Bが組閣担当者になったと考えましょう。大連立を組めば，政策は "1/2" となるため，政党Bが最も好む政策を実行できます。しかし，政党Aにとって既存政策 "1/4" のほうが，政策 "1/2" より好ましいため，大連立の形成を拒否してしまいます。一方で，政党Aと組んで政策 "1/4" を実行しても，政党Cと組んで政策 "3/4" を実行しても，政党Bの利得は同じ −1/4 であるため，どちらかと連立政権を組むことを提案します。政党Aにせよ，政党Cにせよ，提案を持ちかけられた政党の利得は連立

表 4-5：政策からの利得のみの場合の連立政権

組閣担当者	形成される連立政権	実行される政策
政党 A	政党 A と政党 B	1/4
政党 B	政党 A と政党 B	1/4
	政党 B と政党 C	3/4
政党 C	政党 B と政党 C	3/4

形成後に下がることはないため，提案を受け入れます。

　以上の結果は，**表4-5**にまとめてあります。成立する連立政権は政党Aと政党Bの政権，あるいは政党Bと政党Cの政権のみとなり，野合のような連立ではなく，単に政策の好みが近い政党で連立政権を築いています。しかし，政党は政策からの利得のみしか考えないのでしょうか？　政権政党になることによって得られる「うまみ」は，考えなくて良いのでしょうか？

4.3.2　政権政党になることによる便益も含めた場合

　前項で議論した政策からの利得以外にも，政権政党になることによって得ることができるうまみとしての便益が存在すると考えたほうが自然でしょう。特に大臣，副大臣，大臣政務官などの要職に就くことによって様々な利益を享受することができます。政策の運用方法など細部にわたって決めることができるだけではなく，各省庁が出す法案の議案決定者になる可能性が高まるわけですから，**4.2**で議論したように議案決定者になれば大きな利益を得ることができるかもしれません。また，利益団体との関係が深まるような地位に就けば，政治献金や，まとまった票を得る機会にも恵まれます。以降では，このような政権政党になる便益を含めたうえで分析していきましょう。

　政権政党になる便益全体の大きさを1とします。その利得を政

Chapter 4　連立政権　　III

権政党に参加している政党間で配分すると考えましょう。大臣職など内閣の要職を各党に割り当てることによって，この総便益1を政権政党間で配分していると解釈できます。政党A，B，Cが得る便益の大きさを，それぞれb_A，b_B，b_Cとします。総額は1ですので$b_A + b_B + b_C = 1$が成立します。

　この便益は，基本的には各政党の規模に比例して配分されると考えましょう。実際に，古くから「連立政権下における各政党の議席比率と，その政党が得られる内閣の要職の比率は同一になる」というガムソンの法則が指摘されていました（Gamson, 1961）。2つの政党で連立政権を形成しているとしましょう。ガムソンの法則に則れば，両政党の規模が同じならば要職も五分五分で配分されることになります。連立政権内で片方の政党が2/3の議席を占めていれば，その政党が得る内閣の職の比率も2/3になります。本項では単純に各政党の規模は同等であると考えます。つまり，2政党で連立政権を築いた場合には，各政党に配分される政権政党になる便益は1/2であり，3政党の大連立を築いた場合には1/3になるということです。

　ただし，各政党の議席の比率と内閣要職の比率は比例しているものの，多くの場合において同一とはならないことが知られています。その理由として，要職の配分を単純に議席の比率で決めるのではなく，政党間の取引材料として用いられている点が指摘できます。連立政権内において，他党により多くの要職を与える一方で，政策上の妥協を要求することができるかもしれません。

　さらに，内閣の要職は数だけが重要ではありません。たとえば大臣職のなかでも，魅力的な大臣職と，そうではない大臣職があるでしょう。その魅力度を計測することは難しいですが，Adachi and Watanabe（2007）の論文はデータを用いた計測手法を提示したうえで，2001年に行われた省庁再編前の日本における大臣職の魅力度

に関する軽重を計測しています。推定結果によると，総理大臣職に次いで，運輸大臣，建設大臣，経済企画庁長官，農林水産大臣が，魅力的な大臣職であることを示しています。総じて，利益誘導政策と関わりの深い大臣職です。その一方で，国家公安委員会委員長，北海道開発庁長官，法務大臣，外務大臣などが魅力的ではない大臣職となっています。法務大臣や外務大臣などは露出が多く知名度が高まりそうな地位ですが，利益誘導政策との関わりが小さいと魅力的ではないと思われていることがわかります。このような内閣職の軽重も考慮された取引が行われていると考えられます。つまり，より魅力的な内閣職を他党に与えることで，政策上の妥協を引き出すことができるということです。**4.3.1** における議論は，この政権政党になる便益の取引ができない場合を考えていると解釈することもできます。

　本項では，政党間で政権政党になる便益の取引ができるとしましょう。組閣担当者は，連立政権結成を他党に持ちかける際に，同時に政権政党になる便益の配分方法（b_A, b_B, b_C）も提案するとします。ここで，交渉が決裂した場合の，政権政党になる便益の行方に関して議論しておく必要があるでしょう。組閣担当者に連立形成を提案された政党には，以下の 2 つの選択肢があるとします。

①　**新政府**：組閣担当者の提案を受け入れる。この場合は，連立政党の間で合意される政策（**表 4-4**）が実行され，組閣担当者の提示した政権政党になる便益の配分（b_A, b_B, b_C）も実行される。

②　**暫定政府**：組閣担当者の提案を拒否し，組閣担当者と連立形成に誘われた政党で暫定政府を作る。この場合は，既存政策"1/4"が実行され，政権政党になる便益は政党規模に比して配分される。

政権政党になるうまみとしての便益がある以上，連立政権がまっ

Chapter 4 連立政権　113

たく組まれないとは考えられません。そのため，提案を断ったとしても一時期的に暫定政府を作ると考えます。ただし，暫定政府は今までと同じことを粛々と行うだけであり，政権政党になる便益の配分方法も政党規模によってのみ決まります。ここでは政党規模は同等と考えているため，政権政党になる便益は2党による暫定政権なら1/2ずつ，大連立であるならば1/3ずつ得ることになります。以上の設定下における均衡を考えてみましょう。

(a) 政党Aが組閣担当者のとき

最初に政党Aが組閣担当者である場合を考えてみましょう。政党Aには，①政党Cと連立を組む，②政党Bと連立を組む，そして③大連立を組む3つの選択肢があります。

① 政党Cと連立を組む

まず，政党Cに対する提案が断られてしまった場合，政党Aと政党Cによる暫定政府によって既存政策 "1/4" が実行され，政権政党になる便益を政党Aと政党Cは1/2ずつ得ます。政党Aが既存政策 "1/4" から得る利得は −1/4 ですので，提案が断られた場合の政党Aの利得は，

$$-\frac{1}{4} + \frac{1}{2} = \frac{1}{4}$$

になります。一方で，政党Cが既存政策 "1/4" から得る利得は −3/4 ですので，提案を断った場合の政党Cの利得は，

$$-\frac{3}{4} + \frac{1}{2} = -\frac{1}{4}$$

になります。

政党Cが提案を受け入れ，新政府が形成された場合に選択される政策は，**表4-4** より政策 "1/2" であるため，新たな政策から得る利得は両党ともに −1/2 です。政党Aは政党Cが受け入れてく

れるような提案をしたいと考えた場合，政党 C が提案を断った場合の利得である −1/4 以上の利得を政党 C に与えるような b_C を提案しなくてなりません。つまり，

$$-\frac{1}{2} + b_C \geq -\frac{1}{4}$$

が成立している必要があります。右辺が提案を断ったときの，そして左辺が提案を受け入れたときの政党 C の利得です。この条件を書き直すと，$b_C \geq 1/4$ になります。しかし，政党 A は政権政党になる便益をできるだけ多く手に入れたいと考えているため，b_C を最小限にしようとするでしょう。結果として，$b_C = 1/4$ が選ばれます。残りの便益は政党 A のものにできるため，$b_A = 3/4$ になります。政党 C は自身にとって，より好ましい政策を実現できるため，政権政党になる便益が少なくなっても連立政権を形成するインセンティブを持っています。それを知っている政党 A は政党 C の足下を見て，政党 C に提案を受け入れてもらうために最低限必要な $b_C = 1/4$ を提案したうえで，連立政権を形成しようとするわけです。

以上から，政党 C と連立を形成した場合の政党 A の利得は，

$$-\frac{1}{2} + \frac{3}{4} = \frac{1}{4}$$

になります。

② 政党 B と連立を組む

まず，政党 B に対する提案が断られてしまった場合，政党 A と政党 B による暫定政府によって既存政策 "1/4" が実行され，政権政党になる便益を政党 A と政党 B は 1/2 ずつ得ます。両党が既存政策 "1/4" から得る利得は −1/4 ですので，提案が断られた場合の両党の利得は，

$$-\frac{1}{4} + \frac{1}{2} = \frac{1}{4}$$

Chapter 4 連 立 政 権 115

になります。

　政党Bが提案を受け入れたとしても，選択される政策は**表4-4**より政策"1/4"であるため，両党ともに政策からの利得は変わらず－1/4です。政党Aは，提案を断った場合の政党Bの利得1/4と，提案を受け入れた場合の政党Bの利得 $-1/4+b_B$ が等しくなるように b_B を提案します。つまり，

$$-\frac{1}{4}+b_B=\frac{1}{4}$$

となるように $b_B=1/2$ を提案します。しかしこの提案は，暫定政府のときと同じことを実行する提案です。政党Aと政党Bで連立政権を形成しても，実行する政策は既存政策と同一であるため，政権政党になる便益の取引は行われません。以上から，政党Bと連立を組んだ場合の政党Aの利得は，暫定政府を形成したときの利得と変わらず1/4になります。

　③　全政党で大連立を組む

　1党以上の政党に大連立の提案が断られてしまった場合，3党による暫定政府が成立したうえで，既存政策"1/4"が実行され，政権政党になる便益を各政党が1/3ずつ得ます。政党Aと政党Bが既存政策"1/4"から得る利得は $-1/4$ ですので，提案が断られた場合の政党Aと政党Bの利得は，

$$-\frac{1}{4}+\frac{1}{3}=\frac{1}{12}$$

です。一方で，政党Cが既存政策"1/4"から得る利得は $-3/4$ ですので，提案を断った場合の政党Cの利得は，

$$-\frac{3}{4}+\frac{1}{3}=-\frac{5}{12}$$

になります。

　全政党が提案を受け入れ，大連立の新政府が形成された場合に選

116　**Part I**　選挙と政治

択される政策は，**表4-4**より政策"1/2"です。政党Aは，提案を断った場合の政党Bの利得 1/12 と，提案を受け入れた場合の政党Bの利得 $0 + b_B$ が等しくなる $b_B = 1/12$ を提案します。また政党Cに対しては，提案を断った場合の利得 $-5/12$ と，提案を受け入れた場合の利得 $-1/2 + b_C$ が等しくなる $b_C = 1/12$ を提案します。よって，政党Aは残りの $b_A = 10/12$ を受け取ります。結果として，政党Aの利得は，

$$-\frac{1}{2} + \frac{10}{12} = \frac{1}{3}$$

となります。この利得は，①や②の場合よりも大きくなっています。よって，政党Aは大連立を組むことを提案し，他の2党に受け入れられることが均衡になります。

　大連立を組むことによって成立する政策"1/2"は政党Bにとっても，政党Cにとっても，既存政策"1/4"より好ましい政策です。よって，政権政党になる便益をある程度諦めたとしても，大連立を組んで政策を変えたいというインセンティブを持っています。その足下を見た政党Aが，政権政党になる便益の多くを得ることができるわけです。政党Aにとって，政策は自身の最も好む政策"0"より遠くなってしまい，政策からの不利益は大きくなりますが，それを埋め合わせても余りあるほどの政権政党になる便益（$b_A = 10/12$）を政党Aは得ることができます。その結果，政党Aは大連立を提案し，政策上は妥協をするものの，政権政党になるうまみは堪能できることを選択します。次に政党Bが組閣担当者であると考えましょう。

⒝　政党Bが組閣担当者のとき
①　政党Aと連立を組む
政党Aと政党Bの連立政権によって選択される政策は，既存政

策と同一の政策 "1/4" です。よって，政党 A が組閣担当者だった
場合の②のケース（政党 B と連立）と同様に，政権政党になる便益
の取引は行われません。その結果，政党 A と連立を形成した場合
の政党 B の利得は，政策からの利得 $-1/4$ と政権政党になる便益
$1/2$ を合わせた $1/4$ になります。

② 政党 C と連立を組む

政党 C が既存政策 "1/4" から得る利得は $-3/4$ ですので，提
案を断った場合の政党 C の利得は，

$$-\frac{3}{4} + \frac{1}{2} = -\frac{1}{4}$$

です。一方で，政党 C が提案に合意したときに選択される政策は
"3/4" ですので，政策からの利得は $-1/4$ になります。政党 B は，
提案を断った場合の政党 C の利得 $-1/4$ と，提案を受け入れた場
合の政党 C の利得 $-1/4 + b_C$ が等しくなる b_C を提案します。つま
り，

$$-\frac{1}{4} + b_C = -\frac{1}{4}$$

となるように，$b_C = 0$ を提案します。つまり，政策は "1/4" から
"3/4" へと大幅に政党 C が最も好む政策 1 に近づける代わりに，
政権政党になる便益のすべてを組閣担当者である政党 B のものに
できてしまうわけです。結果として，政党 B の利得は，

$$-\frac{1}{4} + 1 = \frac{3}{4}$$

になります。

③ 大連立を組む

1 党でも大連立の提案を断った場合における各党の利得は，政党
A が組閣担当者である場合の③（大連立を組む）で示したものと同
一です。一方で，全政党が提案を受け入れ，大連立の新政府が形成

された場合に選択される政策は"1/2"です。政党Bは，提案を断った場合の政党Aの利得 1/12 と，提案を受け入れた場合の政党Aの利得 $-1/2 + b_A$ が等しくなる $b_A = 7/12$ を提案しなくては合意を得られません。政党Aは大連立の政策"1/2"よりも既存政策"1/4"を好んでいます。よって，政策上の妥協をしてもらう代わりに，多くの便益 b_A を与えなくてはなりません。

　一方で，政党Cに対しては，提案を断った場合の利得 $-5/12$ と，提案を受け入れた場合の利得 $-1/2 + b_C$ が等しくなる $b_C = 1/12$ を提案します。よって，政党Bは残りの $b_B = 4/12$ を受け取ります。結果として，政党Bの利得は，

$$0 + \frac{4}{12} = \frac{1}{3}$$

になります。

　政党Bにとってすべての選択肢のなかでは，②政党Cと連立を組むことを選択したときの利得が最大となっています。よって，政党Bは政党Cと連立を組みます。大連立を組めば，政党Bは自身が最も好む政策"1/2"を実行できます。しかし，政党Aに多くの政権政党の便益を与えなくてはなりません。一方で，政党Cのみと組めば，既存政策が実行された場合と比して，政策からの不利益が変わらないまま，政権政党になる便益を増やすことができます。結果として，政党Bは政党Cとの連立を選択します。

(c)　政党Cが組閣担当者のとき

　政党Cが組閣担当者になった場合には，政党Bと連立を組むことを選択します（理由は **Exercise 4-2** を解いて示してみてください）。この連立政権下で政策を"3/4"に変更しても，政党Bの利得は，既存政策"1/4"が実行されたときと同じ $-1/4$ です。よって政策上の妥協はさせていないため，政権政党になる便益が取引に使われ

Chapter 4　連立政権　119

表 4-6：均衡上の連立政権

組閣担当者	連立政権	政策	b_A	b_B	b_C
政党 A	大連立	"1/2"	5/6	1/12	1/12
政党 B	B と C	"3/4"	0	1	0
政党 C	B と C	"3/4"	0	1/2	1/2

ることもなく，$b_B = b_C = 1/2$ が成立します。しかし，政策は政党 C が最も好む政策に近づくため，政党 C の利得は，

$$-\frac{1}{4} + \frac{1}{2} = \frac{1}{4}$$

になります。政党 C が組閣担当者になったときのみ，組閣担当者の最も好む政策に近い政策への変更が生じています。以上の均衡上の結果は，**表 4-6** にまとめてあります。

4.3.3　連立政権は野合になるか

　ここまで論じてきたモデルの主な含意は以下の 2 点です。第 1 に，政権政党になる便益を取引できる場合（**4.3.2**），既存政策とは反する方向に政策が変更される可能性が高まります。政権政党になる便益が取引できない場合（**4.3.1**），政党は自身と政策の好みが似ている政党と連立政権を組もうとしていました。**表 4-5** にあるように，政党 A が組閣担当者であった場合には必ず既存政策が実行され，政党 B が組閣担当者になった場合でも既存政策が実行される可能性があります。しかし政権政党になる便益の取引が可能であった場合，政党 A は政党 B とだけではなく政党 C とも組み大連立を形成しようとするため，政策は "1/2" に変更されます。政党 B も必ず政党 C と組むため政策は "3/4" に必ず変更されます。**表 4-6** が示すように，政策は "1/2" か "3/4" となり，既存政策 "1/4" が選択されることはありません。政党 A も政党 B も，政権政党になる

120　**Part I**　選挙と政治

便益を多く提供してくれる政党Cを連立先に含めようとするから
です。このような反既存政策の連立政権結成は，**4.2**のモデルで示
した反既得権益の政党間協力と同様の理由で生じています。既存政
策から多くの利得を得ているような政党（政党A）を連立の仲間に
入れるには高値を払わなければなりません。よって，政党Aは他
党が組閣担当者になった場合には連立に入ることができません。一
方で，既存政策からの不利益が大きいような政党を仲間に入れるに
は安値どころか，便益まで提供してくれます。よって，既存政策と
は逆の方向に政策が変更される可能性が高くなるわけです。

　第2に，好ましい政策が大きく違う政党同士で連立が組まれる場
合も考えうる点です。**4.2**のモデルでは連立政権は過半数を議会で
達成する最低限の規模で形成されていましたが，本節では大連立も
形成される可能性があります。たとえば，政党Aにとって，政策
"1/4"のほうが政策"1/2"より好ましいにもかかわらず，政党B
と政党Cを連立に入れ大連立を形成し，政策"1/2"を選択してい
ます。その代わりに，両党に便益の支払いを求めています。ただし，
大連立が政策を無視した野合であるとは言いきれません。たしかに
政党Aは政策より政策外の便益を重視しています。しかし，政党
Bと政党Cは政策を重視しているからこそ，自身の最も好む政策
に近い政策を実現するために，政党Aに便益を払ったうえで，大
連立に応じています。政党BとCは政策を重視していると考える
ことができるでしょう。

■ Exercise 4-2

　政党Cが組閣担当者になったと考えよう。政党Cが持つ3つの選
択肢から得られる政党Cの利得を示し，政党Bと連立を形成するこ
とを選択する理由を説明せよ。

Chapter 4　連立政権　121

Aside 4　政治制度の副作用 1——衆議院解散権

　日本は議院内閣制を採用しており，衆議院は内閣不信任決議を可決することで，総理大臣を辞任させることができます。一方で，総理大臣にも衆議院を解散する権利が与えられています（正確には解散は総理大臣の専権事項です）。衆議院解散権の本来の目的は，衆議院と内閣で意見対立が生じた際の打開策であるとされています。しかし，両者の間で目立った対立がない場合でも解散されることも少なくありません。それでは，どのようなときに総理大臣は衆議院を解散するインセンティブを持つのでしょうか？過去の研究では，衆議院の解散は景気の良い時期に実行されることが示されています。景気の良い時期に解散することで，好景気を政策のおかげであるとアピールし，選挙を有利にすることができるからです。内閣府は，景気の回復期（拡張期間）と後退期（後退期間）に分けた景気循環という指標を出しています。過去の衆議院選挙を景気循環に当てはめると，戦後23回行われた衆議院選挙のうち，景気後退期に行われた選挙はたった4回のみです。さらに，その4回のうち1980年6月と1993年7月の選挙は，内閣不信任案が可決された後に行われました。また，1958年5月の選挙も内閣不信任案が可決される可能性が高いことを見越した総理大臣が先んじて解散した選挙です。よってこの3回の選挙は，内閣が解散の時期を決めたのではなく，議会によって解散に追い込まれてしまった結果であると言えます。内閣が自主的に決定した景気後退期における選挙の例は，当時人気が高かった中曽根康弘内閣の1986年7月選挙だけになります。内閣が公表する景気循環は後退期間に比して拡張期間が長いです。その影響のように思えますが，総理大臣が解散権を持たない参議院の選挙時期は回復期と後退期の間でほぼ五分五分になっています。本来は議会と政府の間の対立を和らげるために総理大臣に与えられた衆議院の解散権ですが，総理大臣が自分にとって好都合な時期に選挙期日を変更できる手段になってしまいました。議会が政府より優位に立つ議院内閣制において，内閣不信任決議は不可欠なものです。しかし，政府に都合よく用いられる可能性の高い議会解散権に関しては廃止する国も多く，不可欠なものとは言えません。衆議院解散による総選挙に大義がないと嘆く前に，本当に総理大臣に衆議院解散権を与えて良いのか考えてみてください。

4.4 自民党の連立政権——再訪

　本章のモデルを用いて，自民党が参加した2つの連立政権に関して考察してみましょう。1993年の衆議院議員総選挙の前に自民党では，一部の派閥が自民党を離党し，新生党と新党さきがけという2つの新しい政党を結成していました。この2党を含んだ反自民党政権は，1年にも満たず崩壊します。その後，自民党は日本社会党と新党さきがけの2党とともに連立政権を結成します。つまり，自民党は連立政権の最大のパートナーに，以前に自民党に属していた新生党や，野党のなかでは政策の好みが近かった公明党ではなく，大きく対立を続けてきた日本社会党を選択したことになります。この連立政権下において，日本社会党党首であった村山富一が内閣総理大臣になります。1947年の片山哲内閣以来の日本社会党の総理大臣でした。さらに村山富一は所信表明演説において，自衛隊は合憲であり，日米安全保障条約は堅持すると宣言し，日本社会党はその主張を大きく変えることになりました。つまり，日本社会党は政策上妥協する一方で，内閣総理大臣という最も魅力的で力のある地位を手に入れたことになります。政策上の妥協により，政権政党になる便益として内閣総理大臣の職が取引に使われたと言うことができます。

　その一方で，現在の自民党と公明党の連立政権において，公明党が得ている大臣職は基本的に1つのみです。しかし，公明党の規模は自民党の1割程度であることから，議席数の比率だけを考えれば，妥当な数であるということができます。ただし，公明党が長年（2004～2008年および2012年以降）得ている大臣職は国土交通大臣です。国土交通省は，2001年に運輸省，建設省，北海道開発庁，および国土庁の4省庁を統合して誕生しました。**4.3.2**で論じたよう

に，運輸大臣と建設大臣は内閣総理大臣に次いで，魅力的な大臣職であることが指摘できます。状況が省庁再編前と変わらないのであるならば，公明党は総理大臣に次いで魅力的な国土交通大臣の職を得ていることになります。ここでも，政権政党になる便益が取引されている可能性が見えてくるのではないでしょうか。

Discussion Questions

Q4-1　戦時下における大連立政権

第二次世界大戦中，ウィンストン・チャーチルは保守党，労働党，自由党が参加する大連立政権を築いていた。このように，戦争や恐慌などを理由として危機を迎えている国において，大連立政権が築かれることが多い。その理由を，本章のモデルに基づきつつ議論せよ。

Q4-2　2013年ドイツ連邦議会選挙

ドイツ連邦議会には，キリスト教民主・社会同盟 (CDU/CSU) という右派政党の同盟とドイツ社会民主党 (SPD) という左派政党の二大勢力が存在している。また，同盟90/緑の党と左翼党という少数派の左派政党もある。大まかに言って，SPDが最も穏健な左派政党であり，次いで同盟90/緑の党，左翼党の順で極端になっていくと言われている。一方で，2013年の選挙後，CDU/CSUよりも極端な右派政党は存在しなくなった。以下の表は，2013年に行われたドイツ連邦議会選挙の結果，各政党が得た議席数である。もともと政権を担っていたアンゲラ・メルケル首相率いるCDU/CSUは単独では過半数の議席 (315) を得ることができなかった。

CDU/CSU	SPD	同盟90/緑の党	左翼党
311	192	64	63

(i) 4.2で議論したような最小規模の連立政権を築こうとした場合，どのような連立政権が築かれるか？
(ii) 実際には，選挙後CDU/CSUとSPDの二大勢力による大連立政

権が形成された。その理由を説明するモデルとして，本章で紹介したモデル（**4.2** の予算配分を考えたモデル，**4.3.1** の政策からの利得のみを考えたモデル，および **4.3.2** の政権政党になることによる便益も含めたモデル）のなかで最も説明力が高いモデルはどれだろうか？ 理由も説明せよ。

Q4-3　均衡としての暫定政権

4.3 のモデルでは，連立政権形成の交渉が失敗した場合には暫定政権が築かれ，既存政策が実行されると仮定した。しかし，モデルの均衡において交渉は必ず成功し，暫定政権が築かれることはない。その一方で，現実には連立政権形成の交渉が難航し，暫定政権が築かれることがある。たとえば，ベルギーでは 2010 年の総選挙後に交渉が難航し，541 日にもわたって暫定政権が成立していた。本章のモデルの設定・仮定を変えることで，暫定政権の存在を均衡として説明することはできるだろうか？ できる場合には，どのような状況下で暫定政権は成立することになるだろうか？ 議論せよ。

 Notes

4.2 のモデルは，Baron and Ferejohn（1989）に基づいています。交渉のゲーム理論分析の基礎は Rubinstein（1982）によって示され，そこに複数プレーヤー間の多数決の要素を取り入れたモデルが Baron and Ferejohn（1989）です。本章では 1 回限りのゲームのみを考えていましたが，議案決定者の提案が否決された場合でも，別の政党が再び議案決定者となり，議案が可決されるまで繰り返し提示できる場合も考えられています。ただし，連立政権が最小規模で築かれることは，**Introduction** で紹介したウィリアム・ライカーが 1962 年にすでに論じていました（Riker, 1962）。**4.3** のモデルは Baron and Diermeier（2001）に基づきますが，Baron and Diermeier（2001）は 2 つの政策課題を考えています。また，政党間で取引できる便益の額は，本章ではマイナスにならないと仮定していましたが，Baron and Diermeier（2001）ではマイナスになることを許容しています。また，大臣の魅力度の軽重を測定した Adachi and Watanabe（2007）に対し，Mitsutsune and Adachi（2014）は異なる

推定方法を提示しています。ただし，本章で議論した内容が変わることはありません。

Part II

情報と政治

　Part I で紹介したモデルでは，すべてのプレーヤーが同じ情報を持っていると仮定していました。しかし，政策に関する情報は，政治家のほうが有権者よりも持っており，政策の専門家である官僚のほうが政治家よりも持っていると考えられます。このように，各プレーヤーが持っている情報に非対称性があるならば，有権者にとって好ましい政策が実行されなくなる可能性があります。たとえば，政策に関する情報を持たない有権者は，選挙を通して政治家を律することはできません。また，政治家の能力などの資質も有権者が知ることは難しいため，能力の低い政治家を選んでしまうかもしれません。Part II では，情報の非対称性が最も生じやすい政治家の資質の問題を議論したうえで，有権者が政治家に関する情報を得る手段として，政治家自らが情報を伝える選挙運動と，情報収集のプロであるメディアの存在を考えます。また，専門家集団である官僚に対する統制のあり方に関しても議論していきます。

Chapter 5 政治家の資質

良い政治家を選抜できるか

（出所）　AFP＝時事
2016年に東京都知事になった小池百合子は，知事給与を半減することを公約に掲げ，実行した。その結果，東京都知事の年収は全国の知事で最低になる。

✓　本章で導入される概念：情報の非対称性，
　　　　　　　　完全ベイジアン均衡

5.1　東日本大震災と政治家の失言

　2011年3月11日に生じた東日本大震災後の震災復興担当として，同年6月に東日本大震災復興対策担当大臣（現在の復興大臣）が設置されました。6月24日に初代大臣として就任した松本龍は，就任直後の7月3日に被災地に入ります。そこで，岩手県知事および宮城県知事と会談しますが，その席で仮設住宅の増設の要望に対し「本当は仮設はあなた方の仕事だ」と言い，また県独自の復興計画に対し「県でコンセンサスを得ろよ。そうしないと，我々は何もしないぞ。ちゃんとやれ」と突っぱねました。さらには宮城県知事を叱りつけるなど，横柄な態度も取ります。その言動に批判が集中し，松本龍は就任のわずか10日後である7月4日に大臣を辞任しました。また，その後の2012年衆議院議員総選挙で松本は大差で敗れ，落選しました。2016年9月には復興大臣政務官であった務台俊介が，台風の被害を受けた岩手市を調査訪問した際に被災現場の水溜まりをおんぶされて渡っていたことが批判され，長靴を持参せずに「不適切だった」と謝罪しました。しかし，その半年後に開かれた政治資金パーティーでの挨拶で，自分の不祥事の影響で公官庁が長靴の買い溜めをしたため「長靴業界はだいぶ儲かったのではないか」と発言したことが批判され政務官を辞任しました。第6代復興大臣である今村雅弘も2017年4月に，震災の発生が「まだ東北で，あっちのほうだったから良かった」と発言し，辞任に追い込まれました。以上は，復興大臣の失言を集めましたが，復興大臣に限らず失言をした結果，辞任にまで追い込まれるケースは珍しくありません。

　Chapter 3 では，有権者にとって悪い政策を選択した政治家のことを次の選挙で罰することによって，政治家のモラルハザード問題

が解決できる可能性を指摘しました。とは言え，上記の復興大臣の例では，政策で罰せられたわけではありません。政策とは関係のない失言で，なぜ要職の辞任や選挙の敗北にまで至るのでしょうか？ メディアなどでは，失言をする政治家は資質に欠けているという批判がされます。それでは，私たちは選挙を通して，資質を欠いた政治家を排し，政治家の資質を高めていくことはできるのでしょうか？ 本章では，政治家の資質を考えたモデルを紹介しつつ，モラルハザード問題の解決以外に選挙が果たしているもう1つの重要な役割に関して議論していきます。

5.2 政治家の資質と選挙

5.2.1 情報の非対称性

政治家の資質には様々なものが考えられます。たとえば，マックス・ウェーバーは『職業としての政治』のなかで，情熱，責任感，判断力が政治家として重要な資質であると指摘しています。このなかで判断力などは頭の良さや能力と関わるでしょう。また，情熱や責任感は，清廉潔白さや利他性などの性格とも関わります。いずれにせよ，政治家の資質は簡単に観察できるものではありません。政策の良し悪しに関しては，ある程度の知識さえあれば判断できることもあるかもしれません。しかし，政治家の資質に関しての情報はかなり限られています。前章までで紹介したモデルでは，有権者と政治家は同一の情報を有すると考えてきました。一方で現実においては，有権者の知っている情報のほうが政治家の知っている情報に比して，圧倒的に少ないと言えます。政治家と有権者の間のように，プレーヤーの間で知っている情報に格差があることを**情報の非対称性**と言います。このような情報の格差がある場合，私利私欲に走る政治家が，有権者が好まないような政策を実行してしまうかもしれ

ません。つまり，情報が少ないことが有権者に不利益を与える可能性があります。

　有権者により正しい判断をさせるためには，十分な情報が提供されなければなりません。よって，政治に関する情報の非対称性を解決するための政治制度の構築は重要な論点になります。それでは，有権者はどのような手段で情報を入手できるでしょうか？　本章で考える1つの手段は，政治家の過去の業績を見ることです。過去に政治家が実行した政策から，政治家の資質を類推することができます。まずは，**Chapter 3** と同様に業績評価投票を考え，業績評価から政治家の資質を知ろうとする有権者を考えたモデルを分析していきます。

5.2.2　モデルの設定

　ここでは，**Chapter 3** と同様に政治家と有権者の2人のプレーヤーがいるとします。現実の有権者は複数人いますが，ここでは今まで通り1人の意思決定者として扱います。まず，政治家が政策を選択します。政策には「良い政策」と「悪い政策」があり，有権者は良い政策のほうを好んでいるとします。良い政策が実行されれば有権者は1の利得を得られますが，悪い政策が実行されれば利得は0になってしまうとしましょう。政治家が実行した政策を知った後に，有権者はその政治家を再選させるか，あるいは落選させ別の挑戦者を勝たせるかの決定をします。政治家は再選できた場合には便益 b を得ることができるとします（$b > 0$）。

　ここまでの設定はほぼ **3.2** のモデルと同じですが，ここでは政治家が異なった資質を持っていると考えます。政治家の資質の程度は様々でしょう。　たとえば，政治家の能力と一口に言っても，政治家として極めて優れた能力から，信じられないほど劣った能力まで様々な能力が考えられます。また，お金に対する清廉潔白さの度合

132　**Part II**　情報と政治

いとしても，ほんの10万円程度の賄賂で汚職に走るような政治家もいれば，1億円以上の賄賂でなければ汚職をしない政治家もいるでしょう。

　政治家の資質の高低に関し，多くの段階を設定して分析していくことは可能です。たとえば清廉潔白さの程度に関して，どんなにお金を積まれても絶対に汚職に走らないほど大きくなる値を考え，その最高値を100とし，逆に1円でも汚職に走ってしまうような場合の最低値を0とし，この0と100の間で連続的に変化する変数として表現することもできます。しかし，分析は複雑になってしまいます。そこで，資質の程度を単純に2段階や3段階で表すモデルも多く存在します。限られた段階で描く場合には，プレーヤーの能力や性質を**タイプ**として表現します。たとえば，政治家の能力に関して，能力が高い「有能タイプ」と低い「無能タイプ」の2つのタイプに分けたり，あるいは清廉潔白さに関して，絶対に汚職しない「清廉潔白タイプ」と汚職に走る可能性がある「汚職タイプ」の2段階に分けたりすることができます。当然，現実の政治家を，このような2つのタイプに簡単に分けることはできません。しかし，そうすることにより分析は格段に簡単になります。また，2つのタイプに限って分析を行ったとしても，得られる含意は現実を考えるうえで重要である場合が多いです（**2.4**でも同様の理由から，有権者を2つのタイプに分けました）。

　政治家の資質には，様々な資質が考えられます。ここでは良い政策と悪い政策のように，政治家は有権者にとって好ましい資質か好ましくない資質を持っていると考えます。有権者にとって好ましい資質を持っている政治家を良いタイプ，好ましくない資質を持っている政治家を悪いタイプとしましょう。政治家のタイプと政策の良し悪しの呼び方を区別するために，ここでは良いタイプを「グッド・タイプ」，悪いタイプを「バッド・タイプ」と呼びます。政治

Chapter 5　政治家の資質　　133

家は自身のタイプを知っていますが，有権者は知らないとします。つまり，政治家のタイプに関する情報の非対称性が存在し，政治家のほうが多くの情報を持っていることになります。有権者は政治家のタイプを知りませんが，政治家のタイプが確率的に決まることは知っています。有権者は，確率2/3で政治家はグッド・タイプであり，残りの確率1/3で政治家はバッド・タイプであると思っているとしましょう。

　本章のモデルにおいてグッド・タイプの政治家は，常に有権者の好む政策を実行する政治家と仮定します。ゲームのなかではグッド・タイプの政治家の意思決定は明示的には考えず，政治家がグッド・タイプであれば自動的に良い政策が実行されるということです。一方で，バッド・タイプの政治家は，悪い政策を実行した場合に便益 $r>0$ を得ることができますが，良い政策が実行された場合には便益は得られないとします。つまり，バッド・タイプは悪い政策を良い政策より好んでいると考えています。このグッド・タイプとバッド・タイプの行動の違いは，何によってもたらされるのでしょうか？　以下のような解釈が可能です。

① **政策に対する好みの違い**：グッド・タイプの政策に対する好みは，有権者と同じく良い政策を悪い政策より好んでいるため，常に良い政策を選択する。一方で，バッド・タイプは悪い政策を良い政策より好んでいる。

② **利他性の違い**：タイプによらず，悪い政策は政治家を利する政策である。グッド・タイプは有権者の利益を重視する利他的政治家である一方で，バッド・タイプは自身のことしか考えない利己的政治家である。

③ **利益団体との関係の違い**：バッド・タイプは悪い政策を好む利益団体と深い関係を持っており，バッド・タイプは悪い政

134　**Part II**　情報と政治

策を実行すれば，利益団体より政治献金や票田を得ることができる。グッド・タイプはそのような利益団体との関係は築いていない。

④ **清廉潔白度の違い**：グッド・タイプは清廉潔白で，バッド・タイプは汚職する傾向がある。グッド・タイプは常に汚職しない（良い政策）が，バッド・タイプは汚職による賄賂を得るために汚職する（悪い政策）可能性がある。

⑤ **能力の違い**：グッド・タイプは有能で，バッド・タイプは無能である。また，悪い政策を現状政策とし，有権者は良い政策に変更してもらいたいと思っている。グッド・タイプは有能であるがゆえに時間と労力をかけずに良い政策を実行できるが，バッド・タイプは良い政策を実行するためには費用が掛かる。よって，簡単に実行できる現状政策（悪い政策）を好んでいる。

清廉潔白で能力が高く政策の好みが一致しているグッド・タイプの政治家と，そうではないバッド・タイプの政治家を比較した場合，将来的には当然グッド・タイプのほうが有権者にとって利益をもたらすと考えられます。グッド・タイプのほうが様々な政策を低い費用で効果的に実行できるでしょう。災害など緊急事態にはグッド・タイプのほうが的確な意思決定ができるでしょう。また，新たな政策課題が浮上したときに，グッド・タイプのほうが有権者の利益に合った政策対応を取ることができるでしょう。よって有権者は，できるだけバッド・タイプを落選させ，グッド・タイプを生き残らせたいと考えるはずです。そこで，グッド・タイプの政治家を再選させた場合には有権者は2の便益を得るものの，バッド・タイプの政治家を再選させてしまった場合には便益0しか得られないとします。一方で，政治家を落選させ，挑戦者を当選させた場合の便益

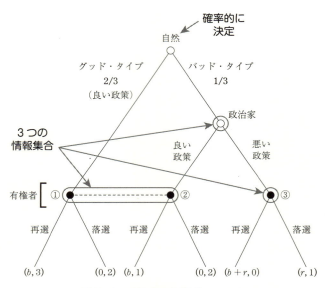

図 5-1：政治家の資質ゲームの木

はその間である 1 としましょう。

ゲームの木は**図 5-1** に示してあります。最初に政治家のタイプがグッド・タイプであるかバッド・タイプであるかが確率的に決められます。グッド・タイプである確率は 2/3 です。ただし、政治家のタイプを決定する主体はプレーヤーではなく、偶然に左右されるものです。このように主体的にではなく、単に確率分布に従って決定を行う意思のないプレーヤーを**自然**と呼びます。自然が政治家のタイプを決定した後、政治家がバッド・タイプである場合に限り、良い政策と悪い政策のなかから政策の決定をします。グッド・タイプは、必ず良い政策を実行します。そして、最後に有権者が再選の是非を決定することになります。

ゲームの木の最後に記してある括弧内の左の数字は政治家の利得であり、右の数字は有権者の利得です。再選をした政治家は b を得

ており，悪い政策を実行したバッド・タイプは同時に悪い政策から
の便益 r を得ています。バッド・タイプが悪い政策を実行した場合，
落選しても政策からの便益 r は手に入れることができます。有権者
は，良い政策の実行から便益1を得ることができ，グッド・タイ
プを再選させれば便益2も得られるため，良い政策を実行した
グッド・タイプを再選させれば2＋1＝3の利得を得ています。し
かし，バッド・タイプを再選させても便益は得られないため，良い
政策を実行したバッド・タイプを再選させれば利得は0＋1＝1で
あり，悪い政策を実行したバッド・タイプを再選させれば利得は0
になります。一方で落選させ挑戦者を勝たせた場合の便益は1で
すので，良い政策が実行されていれば有権者の利得は1＋1＝2と
なり，悪い政策が実行されていれば有権者の利得は1のみです。

　最後に有権者が政治家のタイプを知らないという情報の非対称性
を考慮しないといけません。ただ，有権者は実行された政策が良い
政策であるか悪い政策であるかを知ることができると考えています。
良い政策が実行され，それを有権者が知ったとしましょう。しかし，
政治家のタイプがわからない有権者は，グッド・タイプだから良い
政策を実行したのか（①の点），バッド・タイプなのに良い政策を実
行したのか（②の点），わかりません。言い換えれば，**図5-1**の
ゲームの木において意思決定点①にいるのか意思決定点②にいるの
かわからないため，この両方の意思決定点において同じ決定をしな
くてはいけません。このように不確実性が存在するために同じ決定
をしなくてはならない意思決定点を集めた集合を**情報集合**と呼びま
す。

　図5-1では，①と②の2つの意思決定点が破線で結ばれていま
す。破線で結ばれた意思決定点は，すべて1つの情報集合に含まれ
ていると解釈されます。そして，1つの情報集合では同じ1つの意
思決定が下されることになります。たとえば，「良い政策を選択し

Chapter 5　政治家の資質　　137

た政治家を再選させる」と決めた場合，①でも②でも再選が選択されます。一方で，「良い政策を選択した政治家を落選させる」と決めた場合には，①でも②でも落選です。タイプを区別できないため，「①では再選し，②では落選させる」という選択はできません。その一方で，グッド・タイプは良い政策のみを実行するため，悪い政策を実行した政治家は必ずバッド・タイプだとわかります。よって，悪い政策を選択した後の有権者の意思決定点は，他のどの点とも結ばれていません。ただし，これも意思決定点を1つしか含んでいない情報集合と解釈できます。つまりこのゲームにおいて，有権者は2つの情報集合を，そして政治家は（良い政策か悪い政策かを選択する意思決定点を1つのみ含んでいる）1つの情報集合を持っており，全部で3つの情報集合があります。

> ### ■ Exercise 5-1
> 　本節のモデルを修正した以下の2つのゲームを表すゲームの木を描きなさい。
> (i) 本節のモデルと戦略の選択肢や利得は同一であるが，有権者が政治家のタイプだけではなく，政策が良い政策であったか悪い政策であったかも知ることができない場合。
> (ii) グッド・タイプの政治家も政策の意思決定を行う場合。グッド・タイプは良い政策を実行すれば1を得るが，悪い政策からは何も得ないとする。その他の設定は本節のモデルと同一とする。ただし，政治家が悪い政策を選択した場合，①グッド・タイプなのに悪い政策を実行したのか，②バッド・タイプで悪い政策を実行したのか，有権者にはわからないことに注意せよ。

5.3　情報の非対称性下における均衡

5.3.1　整合的な主観的確率

　本章では，政治家がグッド・タイプである確率を2/3であると
しました。しかし実際の世界で，政治家が好ましいタイプである確
率がちょうど2/3であると全員が認識することはできません。コ
インを投げて表が出る確率は1/2であると誰もが理解できますが，
政治家のタイプに関しての確率は客観的に測れるものではなく，
個々人が主観的に推測する確率となります。つまりグッド・タイプ
である確率2/3は，コインやサイコロのような客観的に測れる客
観的確率ではなく，個人（ここでは有権者）が「このくらいの確率だ
ろう」と推測する主観的確率です。このような主観的確率のことを
ゲーム理論では**信念**と呼びますが，本書では単に主観的確率と呼び
ます。

　情報の非対称性や不確実性が存在しているなかで意思決定を行う
ためには，プレーヤーはそれぞれの事象が生じる確率を主観的確率
として予測しなくてはいけません。しかし，いくら主観的確率だか
らといって適当な確率で良いわけではなく，他のプレーヤーの行動
もふまえて，正しく計算する必要があります。現実の世界には確率
の計算方法を理解していない人も多いかもしれませんが，「どんな
主観的確率を持ったとしても構わない」と考えてしまえば，あらゆ
る結果が予測上ありえてしまうことになります。また，慎重に考え，
時間をかけて意思決定を行っていれば，確率の計算方法は知らなく
とも，ある程度は正しい判断ができるでしょう。他のプレーヤーの
選択から正しく計算された主観的確率のことを，**整合的な主観的確
率**と言います。

　図5-1のゲームを考えましょう。主観的確率の計算が必要な情

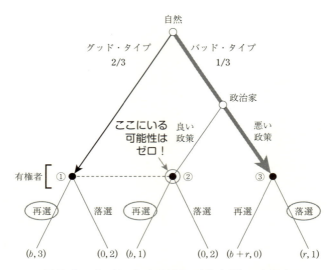

図 5-2：バッド・タイプが悪い政策を選択した場合

報集合は，政治家が良い政策を選択した後の有権者の情報集合です。ここではグッド・タイプが良い政策を選択したのか，バッド・タイプなのに良い政策を選択したのかがわかりません。まず**図 5-2** に示したように，バッド・タイプの政治家の実際の選択が悪い政策であったとしましょう。つまり，グッド・タイプは良い政策を，バッド・タイプは悪い政策を選択しています。そのうえで，有権者が「政治家が良い政策を実行した」ということを知ったとき，その政治家がグッド・タイプである確率はいくつでしょうか？ バッド・タイプは良い政策を選択しないわけですから，良い政策を選択した政治家がバッド・タイプであるとは考えられません。よって政治家の選択から正しく計算された主観的確率に基づくと，「良い政策を選択した政治家は 100 ％グッド・タイプである」と言えることになります。

一方で**図 5-3** に示したように，バッド・タイプの政治家も良い

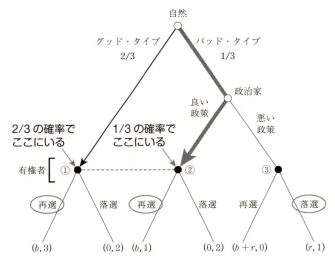

図 5-3：バッド・タイプが良い政策を選択した場合

政策を選択しているとしましょう。つまり，両タイプともに良い政策を選択しています。このとき，良い政策を選択した政治家がグッド・タイプである確率はどれほどでしょうか？ 両タイプとも良い政策を選択しているわけすから，最初に予測していた主観的確率を修正する必要はありません。つまり，「良い政策を選択した政治家がグッド・タイプである確率は 2/3 である」と推測できます。以上の議論から，整合的な主観的確率は以下の通りになります。

- バッド・タイプが悪い政策を選択しているとき，良い政策を選択した政治家がグッド・タイプである整合的な主観的確率は 1。
- バッド・タイプが良い政策を選択しているとき，良い政策を選択した政治家がグッド・タイプである整合的な主観的確率は 2/3。

5.3.2 完全ベイジアン均衡

　それでは，このゲームの均衡を考えてみましょう。情報の非対称性を含んだゲームの均衡として，**完全ベイジアン均衡**を用いることが多いです。**Chapter 3** のゲームでは，プレーヤーはそれぞれのサブゲームで利得を最大化する選択をしていました。一方で，情報の非対称性下のゲームではサブゲームではなく，それぞれの情報集合における意思決定を分析します。また不確実性が存在しているため，**Chapter 1** で議論した期待利得の最大化を行います。期待利得を計算するためには，主観的確率を用いなくてはいけません。期待利得を計算する際に用いる確率は，整合的な主観的確率を用いることにします。すべての情報集合において，プレーヤーが整合的な主観的確率を用いて計算した期待利得を最大化している状態を，完全ベイジアン均衡と言います（弱い逐次均衡と呼ばれることもあります）。

> **定義 5-1「完全ベイジアン均衡」**：すべての情報集合において，プレーヤーが整合的な主観的確率を用いて計算した期待利得を最大化している状態（戦略と主観的確率の組み合わせ）を完全ベイジアン均衡という。

　それでは，本章のゲームの完全ベイジアン均衡を示してみましょう。まず，バッド・タイプの政治家が悪い政策を選択した後にある有権者の意思決定点③では不確実性はありません。再選させれば有権者の利得は 0 であり，落選させれば利得は 1 であるため，有権者は落選を選択します。悪い政策を選択する政治家は必ずバッド・タイプなので，再選させるわけにはいかないからです。**図 5-2** と**図 5-3** には有権者が選択する戦略を囲んでいます。

　次に，良い政策が選ばれた後の情報集合を考えましょう。まず，バッド・タイプの政治家が悪い政策を選択している場合を考えます（**図 5-2**）。このとき，整合的な主観的確率では，①の意思決定点に

142　**Part II**　情報と政治

確実にいることになります。再選を選べば有権者の利得は3であり，落選を選べば2になるため，有権者は良い政策を選択した政治家を再選させます。

バッド・タイプの政治家も良い政策を選択している場合を考えましょう（**図 5-3**）。このとき，整合的な主観的確率によれば，①の意思決定点に確率2/3でおり，②の意思決定点に確率1/3でいることになります。政治家が良い政策を選択した後に落選させることを選択した場合，政治家のタイプによらず，有権者の利得は2です。一方で再選させた場合，確率2/3で政治家はグッド・タイプであり有権者の利得は3になりますが，確率1/3でバッド・タイプであり有権者の利得は1になります。よって，再選を選択した場合の有権者の期待利得は，

$$\frac{2}{3} \times 3 + \frac{1}{3} \times 1 = \frac{7}{3}$$

です。7/3＞2ですので，ここでも有権者は良い政策を選択した政治家を（タイプによらず）再選させます。

以上の議論から有権者は均衡において「良い政策を選択した政治家を再選させ，悪い政策を選択した政治家を落選させる」という業績評価投票をすることがわかります。このような有権者の業績評価投票をふまえて，最後にバッド・タイプの選択を考えてみましょう。バッド・タイプが良い政策を選択した場合，有権者は再選させてくれます。よって，再選による便益bを得ることができますが，悪い政策を実行することで得られる便益rは得られません。一方で悪い政策を選択した場合，有権者は落選を選択します。悪い政策を実行することで得られる便益rは得られますが，再選による便益bを得ることはできません。よって，再選からの便益が十分に大きく$b＞r$が成立しているときは良い政策を選択しますが，再選からの便益が小さく$b＜r$が成立しているときには悪い政策を選択します。

Chapter 5　政治家の資質　　**143**

再選が魅力的であればモラルハザードは起こさず，バッド・タイプの政治家であっても良い政策を選択します。しかし，再選が魅力的でなければモラルハザード問題が生じてしまいます。

　以上の分析から，完全ベイジアン均衡では以下の2点が成立します。

① 　有権者は良い政策を選択した政治家を再選し，悪い政策を選択した政治家を落選させる。
② 　バッド・タイプの政治家は，$b>r$のときは良い政策を選択し，$b<r$のときは悪い政策を選択する。

　$b<r$のときには，グッド・タイプは良い政策を，バッド・タイプは悪い政策を選択しています。このとき，悪い政策が選ばれてしまうものの，有権者は政治家が選択した政策を通して，その政治家のタイプを明確に知ることができ，選別をすることができます。バッド・タイプにとって，再選するよりは悪い政策を選択したほうが好ましいことから，再選を諦めるためです。しかし，$b>r$のときは，バッド・タイプにとって悪い政策の実行より再選のほうが魅力的になるため，グッド・タイプだけではなく，バッド・タイプも良い政策を選択します。よって，良い政策が選ばれるものの，有権者は政治家のタイプを見分けることができなくなってしまいます。

■ Exercise 5-2
　本章のモデルでは，政治家がグッド・タイプである確率を2/3であると仮定してきた。ここでは，グッド・タイプである確率は1/3と考えよう。グッド・タイプである確率以外の設定は本章のモデルと同一であるとする。バッド・タイプの政治家が良い政策を選択しているとしよう。良い政策を選択した政治家に対し，再選を選択したときの有権者の期待利得と，落選を選択したときの有権者の期待

144　**Part II**　情報と政治

利得を示せ。そのうえで，政治家が良い政策を選択したときの有権者の最適な戦略を示せ。

5.3.3 なぜ業績評価投票を行うか

Chapter 3 のモデルでは，政治家が政策を選択する前に，有権者が契約として再選させる条件を提示するという非現実的な仮定を置いていました。そのような仮定を置かなければ，業績評価投票を行う理由が無くなってしまうためです。しかし，過去の業績はすでに終わってしまったことです。いくら選挙で賞罰を与えようが，過去の政策を変えることはできません。**図5-1** のゲームにおいても，良い政策が選択された後に行う有権者の選択によらず，有権者は良い政策からの便益1を得ています。悪い政策が選択された後の意思決定点においては，有権者の選択によらず，有権者は政策からの便益を得ることはできません。つまり選挙を通して過去を変えることはできないわけです。

それでは，なぜ業績評価投票を行うのでしょうか？ 本章のモデルは，より良い資質を持った政治家を生き残らせるためであることを示しています。前述した通り，グッド・タイプを生き残らせたほうがより高い利得を将来に得られますが，バッド・タイプを生き残らせてしまえば不利益が生じてしまうかもしれません。よって，できるだけグッド・タイプを生き残らせ，バッド・タイプを落選させようとするわけです。政治家の選抜のために，過去の業績は重要です。直接政治家のタイプを観察できなくても，「悪い政策をとった政治家は必ずバッド・タイプだ」というように業績から資質を推測することはできます。政策だけではなく，失言などの過去の言動からも，政治家の資質を推測することができます。失言を罰することによって，政治家の資質の無い人を政治的に生き残らせないように

することができるわけです。このモデルにおいて過去の業績を評価する理由は，政策を変更させたいからではありません。より良い資質を持った政治家を生き残らせ，将来の利得を高めたいためであるということになります。

　本章のゲームにおいて，有権者は政策だけではなく，政治家のタイプも知っていると考えてみましょう。つまり，情報の非対称性は存在せず，**図5-1**の意思決定点①と②も情報集合で結ばれていないということです。このとき，政治家がグッド・タイプであったときの意思決定点①では，有権者は再選を選択します（3＞2）。一方で，政治家がバッド・タイプとわかった後の意思決定点②では有権者は落選を（1＜2），意思決定点③でも落選を選択します（0＜1）。つまり，政治家が選択した政策にかかわらず，グッド・タイプは再選され，バッド・タイプは落選することになり，業績評価投票は行われません。すべての情報を有権者が知っているならば，過去の過ぎ去った政策より，将来にとって重要な政治家のタイプを重視した投票を行うことがわかります。

5.4　規律効果と選択効果——政治家に対する報酬

　2016年10月，小池百合子東京都知事は自身の公約通り，知事の給与を約2,900万円から約1,450万円に半減させる条例案を提出し，議会によって採択されました。政治家の報酬削減を求める声は大きく，小池百合子に限らず自身の報酬削減を公約とする候補者も多くいます。政治家の報酬削減は，政治家を目指す人を減らしてしまうという批判がされていますが，このような報酬を目当てとしない志の高い人間が政治家になるべきだとの指摘もあります。本章のモデルに基づいて，政治家の給与・報酬削減の影響に関して議論をしてみましょう。

146　**Part II**　情報と政治

Aside 5　フォーマルモデルは衰退したのか？

　政治学にゲーム理論を応用した論文は 1980 年代後半から増え始め，2000 年代前半には多くの論文が政治学の学術誌に掲載されていました。しかし，飯田（2017）はフォーマルモデルを用いた分析の掲載数が，政治学の一流学術誌で 2000 年代半ば以降に大きく減少していることを示しています。フォーマルモデルは，政治学ではもう主流ではなくなったのでしょうか？減少している 1 つの大きな理由として，主要なフォーマルモデルを用いた基礎研究が終わったことが考えられます。選挙，議会，利益団体，官僚など主要な政治制度に関する基礎モデルは，すでに一通り示されました。その結果，Persson and Tabellini（2000），Gehlbach（2013），Kydd（2015）などの政治経済学・数理政治学の教科書が出版されました。教科書が出版されたということは，その分野の専門家が主要な基礎モデルは出そろったため，教科書を出しても良いと判断したことを意味します。出そろう前に出版してしまえば，改訂をしない限り長く読まれることがなくなってしまうからです。同時に主要な基礎研究が終わったということは，一流学術誌に掲載されるような研究の最前線を示す重要なトピックが減ったことも意味します。つまり，一種のブームが過ぎ去ったと言えます。しかし，砂原ら（2015）などフォーマルモデルの考え方を基礎に据えた政治学の入門書も出版されていることもふまえれば，フォーマルモデルは政治学で一定の成功を収めたと言えます。また，あくまで主要な基礎モデルが示されただけであり，まだ多くの研究課題は残っています。現に，2010 年代半ば以降では再びフォーマルモデルを用いた論文の一流学術誌における掲載数は増加しているようです。データ分析を用いた研究のブームも落ち着いたことや，学術誌の編集者が変わったことなどが影響しているようです（Gehlbach, 2018）。上記で紹介した教科書も，新たな研究を加え第 2 版や第 3 版と改訂されていく可能性もあります。ブームの移り変わりは不確実なことが多いことを鑑みれば，常に研究の最前線に対応できるように，フォーマルモデルは政治学の研究者・学生として知っておくべきことだと言えるのではないでしょうか。

本章のモデルにおいて政治家に対する報酬はbに含まれます。報酬が引き下げられれば，政治家になる便益であるbが減少し，再選も魅力的ではなくなると考えられます。bが小さくなると，政治家のインセンティブが変化します。本章のモデルの完全ベイジアン均衡では，$b>r$のときにはバッド・タイプの政治家は良い政策を選択していました。しかし，$b<r$が成立するまで報酬が下がってしまうと，バッド・タイプの政治家は悪い政策を選択することになります。つまり，報酬が下がることにより再選が魅力的ではなくなり，モラルハザード問題が生じてしまうことになるわけです。

　それではモラルハザード問題が生じる報酬の削減は好ましくないのでしょうか？　たしかに報酬削減後（$b<r$）には，バッド・タイプの政治家は悪い政策を選択していますが，その後落選します。しかし，報酬削減をしなかった場合（$b>r$），バッド・タイプの政治家も良い政策を選択し，再選されることで生き残ってしまいます。つまり再選が魅力的な場合，政治家のタイプによらず生き残ってしまうため，選挙を通して政治家の資質を高めることができなくなってしまいます。一方で報酬削減をすることで，有権者にとって好ましくない政治家をあぶり出し，落選させることで将来の政治家の資質を高めることができるわけです。つまり，報酬を目当てとしないような志（などの資質）の高い人間だけを選抜していくことができるようになります。

　本章のモデルより，選挙には以下の2つの好ましい効果があることがわかります。

① **規律効果**：政治家は再選されるために，有権者にとって好ましい政策を選択するインセンティブを持つ。よって，モラルハザード問題が減じられる。

② **選択効果**：有権者にとって好ましくない資質を有する政治家

を落選させ、より良い資質を持った政治家を残していくことで、将来の政治家の資質を高めることができる。

　$b>r$のときは、バッド・タイプは良い政策を選んで再選されています。つまり、選挙の規律効果は機能していますが、選択効果は機能していません。一方で、$b<r$のときは、バッド・タイプは悪い政策を選んで落選しています。つまり、選挙の選択効果は機能していますが、規律効果は機能していません。以上の議論から、政治家への報酬削減は、モラルハザード問題を誘発し規律効果は低まってしまうものの、好ましくない資質の政治家を排除できるため選択効果を高めることがわかります。

　この2つの効果の間にはトレードオフが存在しています。規律効果を高めモラルハザード問題を減じてしまえば、政治家のタイプによらず皆が有権者の好む政策を実行するため、選択効果は低まります。一方で、政治家の資質を高めようと厳しく選抜すれば、政治家は再選を諦め好き勝手なことをはじめるためモラルハザード問題が深刻化します。政治制度改革の議論をする場合には、このトレードオフをふまえておくことが重要でしょう。

Discussion Questions

Q5-1　規律効果 vs. 選択効果
　5.4において、規律効果と選択効果の間にはトレードオフが存在することを指摘した。選挙の役割を考えたとき、規律効果と選択効果のどちらの効果を重視すべきだろうか？　そのうえで、政治家に対する報酬は高いほうが好ましいだろうか？　議論せよ。

Q5-2　多選禁止制再訪
　Chapter 3（3.4）において、多選禁止制はモラルハザード問題を深刻

化させてしまう可能性を指摘した．5.4の表現を用いると，多選禁止制は選挙の規律効果を低めてしまうことになる．それでは選挙の選択効果に対して，多選禁止制はどのような影響を与えるであろうか？ 5.4で議論した規律効果と選択効果のトレードオフは生じているだろうか？ 議論せよ．

Q5-3　選挙競争の激しさと選挙の効果

Besley et al. (2010)の論文は，アメリカにおいて選挙が競争的になっている州ほど，経済的パフォーマンスが高いことを示している．つまり，選挙は競争的であるほど，有権者を利している可能性がある．裏を返せば，選挙が競争的ではなく特定の政党や候補者が楽々勝利できるような州では，有権者に不利益が与えられることになる．選挙競争の激しさは，選挙の規律効果と選択効果に対し，どのような影響を与えるだろうか？ なぜ選挙競争が激しいほど，経済的パフォーマンスは高まるのだろうか？ 本章のモデルに基づきつつ，議論せよ．

Notes

政治家のタイプに関する情報の非対称性があるモデルは，Rogoff and Siebert (1988), Rogoff (1990), Coate and Morris (1995) などで議論されてきました．その後，**Chapter 3**で議論したモラルハザード問題と合わせて同時に1つのモデルのなかで議論できるモデルをBesley (2006) が示しました．本章のモデルもBesley (2006) に基づきます．**Discussion Question 5-2**はAlt et al. (2011) に基づきます．彼らは州知事に対する多選禁止制がある州で比較すると，2期の多選禁止制のほうが1期の多選禁止制に比して，知事はより良い政策を選択している可能性を指摘しています．つまり，多くの選挙に勝利した政治家ほど，より良い政策を実行している可能性があるということです．**Exercise 5-2**において，$b > r$のときの完全ベイジアン均衡では，各プレーヤーは確率的に戦略を選択する混合戦略という戦略を用います．混合戦略の解説は本書の難易度を超えるため，練習問題には含めていません．

Chapter 6 選挙運動

選挙費用は公費で賄うべきか

（出所） EPA＝時事
日本では政治献金は厳しく制限されているため，政党助成金という形で公費によって選挙運動の費用が賄われている。

- ✓ 本章で導入される概念：シグナリング
- ✓ 本章で用いられる概念：完全ベイジアン均衡

6.1　政治資金規正法と政党助成金

　選挙に出馬し選挙運動を展開するためには，供託金を支払い，事務所を借り，人を雇い，選挙カーを借り，ポスターを刷り，はがきも送らなければいけません。そのため，1回の選挙運動には多額の費用が掛かります。このような経費を自腹で払うことは多くの人にとっては厳しいため，政治献金に頼る必要が生じます。その一方で，利益団体が政治家に政治献金を渡した場合，当然ながら政策上の便宜が図られることを期待しているでしょう。よって，政治献金を受け取った政治家が，有権者に対し不利益を与えるような政策を実行してしまう可能性があります。

　このような政策決定上の歪みを生じさせないため，日本では政治資金規正法を通して政治献金を厳しく制限しています。特に1994年の改正では，政治家個人への献金は禁止され，候補者の設立した資金管理団体（および政党・政治資金団体）に対してのみ献金が許されるようになりました。また，献金には上限額が設けられ，1999年には企業・団体から資金管理団体への献金が禁止されました。しかし，政治献金に大きな制約をかけてしまえば，選挙資金を自身の資産で調達できる裕福な者を除いて，候補者は十分な選挙運動ができません。そこで，厳しくなった政治資金規正法の代わりとして，国が各政党に政党助成金として公費を援助する政党助成法が1994年に制定されました。政党助成金の1つの大きな役割が，選挙資金の提供です。つまり，日本の選挙運動の一部は公費によって賄われているということになります。それでは，公費によって選挙運動が行われた場合でも，選挙運動が担うべき役割を果たすことはできるでしょうか？　公費による資金調達と寄附金による資金調達では，どちらのほうが好ましいでしょうか？

152　**Part II**　情報と政治

Chapter 3 と **Chapter 5** で紹介したモデルでは，政治家が選択した政策が良い政策であるのか，あるいは悪い政策であるのか，有権者は知ることができると仮定しました。そこでは，良い資質を持つ政治家を選抜するために，有権者は悪い政策を選択した政治家を落選させようとしていました。しかし，現実には政策の良し悪しを正しく判断できるほどの情報を有権者が持っているとは限りません。有権者が政策の良し悪しを判断する情報すら持たないのであれば，選挙を通して政治家を律することも，より良い資質を有する政治家を残していくことも難しいでしょう。

政策の良し悪しを有権者が判断できない場合，政治家のタイプに関するその他の情報獲得手段として，選挙運動や選挙広告があります。政治家自らが自身の背景や業績あるいは公約を，テレビや新聞の広告，ポスターやチラシ，演説などを通して直接有権者に伝える方法です。しかし，日本における選挙運動を見てみると，名前を連呼するばかりの街頭演説や選挙カー，具体的な政策提言のないポスターやはがき，あるいは多くの人は見ていない政見放送や新聞の小さな広告しか見当たりません。選挙運動の内容が乏しくても選挙運動は情報伝達機能としての役割を果たせるのでしょうか？ 本章では政治献金に関する意思決定を描いたモデルを紹介しつつ，選挙運動や広告の役割に関して考えていきます。

6.2 献金による選挙運動

6.2.1 モデルの設定

ここでは，利益団体と有権者の2人のプレーヤーを考えます。現職政治家の存在も考えますが，意思決定を明示的に分析するプレーヤーではありません。**Chapter 5** と同様に，現職政治家にはグッド・タイプとバッド・タイプの2つのタイプが存在し，グッド・タ

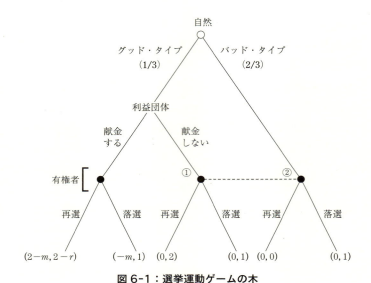

図 6-1：選挙運動ゲームの木

イプである確率は本章では 1/3 であると考えましょう。本項で説明するゲームの設定は，**図 6-1** のゲームの木にまとめてあります。

最初に，自然によって確率的に現職政治家のタイプが決定され，1/3 の確率で政治家はグッド・タイプになります。政治家のタイプを利益団体は知ることができる一方で，有権者は知ることができないとします。利益団体は実際に政治家と会い，議論や交渉を行うことを通して，政治家に関する情報を得ることができます。有権者はそのような機会を得ることは稀ですので，利益団体と有権者の間に，政治家に関する情報の非対称性が存在すると考えることに違和感はないでしょう。ここでは，利益団体のみが政治家のタイプを知ることができると仮定することで，両者間の情報の非対称性を表現します。

利益団体は政治家のタイプを知った後に，献金するか否かを決定

します。このモデルでは政治資金規正法や選挙運動に対する厳しい規制は考えません。政治献金に特に規制はなく，選挙運動や選挙広告も自由に行うことを想定しています。また，自身の資産で選挙戦を戦えるほど裕福ではなく，選挙資金として献金を必要としている現職政治家を考えます。具体的には，利益団体は政治家に効果的な選挙戦をさせるために，献金として $m > 0$ を支払わなければならないとします。献金をすることで現職政治家が再選された場合は，現職政治家は利益団体に政策上の便宜を図ると考えましょう。利益団体は政策上の便宜を図ってくれることを条件に献金をしている，と解釈することもできます。もし現職政治家が政策上の便宜を利益団体に図ってくれた場合，利益団体は 2 の便益を得るとしましょう。つまり，献金をした政治家が再選を果たしてくれれば，政策からの便益 2 から献金額 m を差し引いた，$2 - m$ の利得を利益団体は得ることができます。ただし，$m < 2$ と仮定し，政策上の便宜による便益は献金額を上回っていると考えます。一方で，献金をした政治家が落選してしまえば政策上の便宜を受けることはなく，m の費用を払うだけですので，利得は $-m$ です。一方で，献金をしなければ政策上の便宜を受けることはできないため，選挙の結果によらず利益団体の利得は 0 になります。

　利益団体が献金の有無を決定した後，有権者は現職政治家を再選させるか否かを決定します。有権者はグッド・タイプの政治家に当選してほしいと考えているとしましょう。よって前章と同様に，グッド・タイプを再選させた場合には 2 の便益を得る一方，バッド・タイプを再選させてしまった場合の便益は 0 とします。一方で現職政治家を落選させた場合は挑戦者が当選し，有権者は 1 の便益を得るとします。ただし，政治家が利益団体からの献金を受け取った場合，利益団体の好むような政策が実行されることで有権者が不利益を被る可能性があります。その不利益の大きさを r とし，

Chapter 6　選挙運動　155

$r<1$ と仮定しましょう。政策の歪みによる不利益は十分に小さいことを意味し，有権者にとって政治家のタイプのほうが政策よりも重要である場合を考えていることになります。

有権者は政治家のタイプを直接観察することはできないと同時に，**Chapter 5** とは異なり，現職政治家の実行した政策からもタイプを推察することができないとします。その一方で，有権者は政治家が献金を受け取ったか否かは知ることができると考えます。ただし，献金をした事実を直接知る必要はありません。前述したように，政治家は選挙運動のために献金を必要とします。献金を受け取った現職政治家は大々的な選挙運動を展開できるのに対し，献金を受け取れなかった政治家は満足な選挙運動が展開できません。有権者は献金の有無を直接観察できなかったとしても，選挙運動を大々的に展開できたかどうかは知ることができるでしょう。そこまで注意を払って選挙戦を見守らなくとも，政治家が大々的な選挙運動を行っていれば，個々の有権者の目につきやすく，また耳にも入りやすくなります。その結果，多くの有権者が「あの政治家は十分な献金を得ているのだろうな」と推測することができるということです。

2点留意すべき点が存在します。第1に，献金を受けた政治家は選挙運動を展開できますが，その選挙運動の内容を通して政治家のタイプを有権者に伝えることはできないと仮定します。つまり選挙運動で選挙カーから「私はグッド・タイプです!!」と訴えても誰も信じないということです。有権者には，「献金をもらって大々的な選挙運動をしている」という事実以外に伝えることができません。よって，ここでのモデルは，日本における名前を連呼するだけの内容のない選挙運動を想定していることになります。ただし，選挙運動で自身のタイプを伝えることができるように設定を変えても，結果は変わりません。よって，これは本質的な仮定ではないと言えます。

第2に，もし選挙運動を通して自身のタイプを伝えることができないのならば，バッド・タイプも自身のタイプを偽りながら選挙運動を展開できます。よって，利益団体もバッド・タイプに献金しようとするかもしれません。しかし本章では，利益団体はバッド・タイプには献金をしないと仮定します。ただし，利益団体がバッド・タイプにも献金できるように設定を変えたとしても，以下の理由が存在すると考えるならば利益団体はやはりバッド・タイプに献金するインセンティブを持ちません。

① バッド・タイプの政治家は能力が足りないことにより，利益団体に政策上の便宜を効果的に図れないかもしれない。その結果，献金をしても，献金額 m を上回る十分な政策からの便益を得られないおそれがあるため，献金をしない。

② バッド・タイプの政治家は選挙運動を効果的に運営できず，グッド・タイプより多額の献金を必要としているかもしれない。その結果，政策上の便宜による便益2を上回る献金額をバッド・タイプに対し支払う必要があるおそれがあるため，献金をしない。

③ 選挙前にスキャンダルが発覚する，あるいは失言をするなどの明らかな失敗をすることで，政治家が好ましくないタイプであることが有権者に露呈するおそれがある。もしバッド・タイプに献金しても，バッド・タイプであることが露呈すれば再選はされず，献金が無駄になってしまう。選挙前にバッド・タイプであることが有権者に露呈してしまう確率が無視できないため，献金をしない（**Exercise 6-1** 参照）。

バッド・タイプは常に献金を受けないため，**図6-1** に示したように，グッド・タイプである場合に限り利益団体が献金の有無を決定します。そして最後に有権者が再選の是非を決定することになり

Chapter 6 選挙運動 157

ます。ただし，有権者は政治家のタイプを知りません。よって，政治家が政治献金を受けていない場合，グッド・タイプであるのに受けなかったのか（①の点），バッド・タイプだから受けられなかったのか（②の点），わかりません。この不確実性を表すために，有権者の意思決定点①と②を破線で結び，1つの情報集合に含まれることを示しています。この情報集合では1つの決定が下されるのみとなります。一方で，有権者は「政治家が献金を受け取った」ことを知った場合，グッド・タイプしか受け取ることはできないため，政治家のタイプを正しく推察できます。よって，献金を受けた後の有権者の意思決定点は，他のどの点とも結ばれていません。

■ Exercise 6-1

　本節のモデルではバッド・タイプに対する献金は行われないと仮定したが，バッド・タイプに献金することも可能であると考えよう。また献金が行われ，バッド・タイプでも大々的な選挙運動を展開できた場合，確実に再選されると仮定する。つまり，有権者は献金を受けた政治家を再選させるが，受けなかった政治家は落選させると考える。献金を受けた政治家が再選されれば，バッド・タイプであっても政策上の便宜を利益団体に対して行うとする。ただし，選挙日前に有権者に対し，q の確率で政治家がバッド・タイプであることが露呈してしまうとしよう（$0 < q < 1$）。露呈してしまった場合は献金の有無にかかわらず落選し，政策上の便宜も行われないため，献金は無駄になってしまうとする（利益団体が献金した場合，露呈の有無にかかわらず献金は行われる）。

(i) バッド・タイプの政治家に献金を行ったときの利益団体の期待利得を示せ。

(ii) バッド・タイプの政治家に献金を行わなかったときの利益団体の利得を示せ。

(iii) 利益団体がバッド・タイプに献金をするインセンティブを持たなくなる q の値を示せ。

6.2.2 完全ベイジアン均衡

逆向き推論法により，まずは有権者の意思決定から考えます。最初に利益団体が献金をしたとしましょう。献金の事実を知った有権者は，献金を受けた政治家がグッド・タイプであることを推測します。グッド・タイプである政治家を再選させた場合，政策上の不利益（r）は受けますが，グッド・タイプを再選させることによる便益2は得ることができます。一方で，政治家を落選させ挑戦者を選んだ場合の利得は1ですので，

$$2-r>1$$

であれば，有権者は再選を選択します。この条件を書き換えると$r<1$になりますが，$r<1$はすでに仮定をしているのでこの条件は成立します。

次に有権者が，利益団体による献金が行われなかったことを知ったとしましょう。この情報集合では，バッド・タイプだから献金を受けていないのか，グッド・タイプであるのに献金を受けなかったのかがわかりません。まず**図6-2**に示したように，利益団体はグッド・タイプの政治家に献金をするようにしているとしましょう。バッド・タイプは献金を受けないわけですから，整合的な主観的確率は，「献金を受けなかった政治家は100％バッド・タイプである」になります。一方で**図6-3**に示したように，利益団体がグッド・タイプの政治家にも献金を行わない場合を考えましょう。両タイプとも献金を受け取っていないわけですから，最初に予測していた主観的確率を修正する必要はありません。つまり，「献金を受けなかった政治家がバッド・タイプである確率は2/3である」と推測できます。以上の議論から，整合的な主観的確率は以下の通りになります。

Chapter 6 選挙運動　159

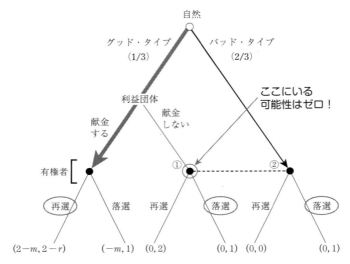

図6-2：利益団体が献金をする場合

- 利益団体がグッド・タイプに献金をするようにしているとき，献金を受けなかった政治家がバッド・タイプである確率は1。
- 利益団体がグッド・タイプに献金をしないようにしているとき，献金を受けなかった政治家がバッド・タイプである確率は$2/3$。

政治家が献金を受けなかったときの情報集合において，上記の主観的確率を持つ有権者の意思決定を分析してみましょう。まず，利益団体がグッド・タイプに献金をするという選択をしていると考えます（**図6-2**）。このとき，整合的な主観的確率では，②の意思決定点に確実にいることになります。再選を選べば有権者の利得は0であり，落選を選べば1になるため，有権者は献金を受けていない政治家を落選させます。

次に，利益団体はグッド・タイプの政治家にも献金しないとしま

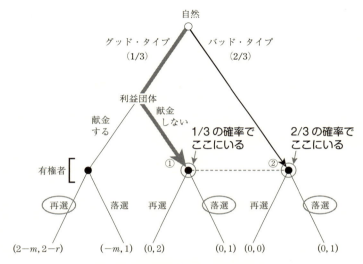

図6-3：利益団体が献金をしない場合（r<1）

しょう（**図6-3**）。このとき，整合的な主観的確率では，①の意思決定点に確率1/3でおり，②の意思決定点に確率2/3でいることになります。この情報集合において，政治家を落選させることを選択した場合，政治家のタイプによらず，有権者の利得は1です。一方で再選させた場合，確率1/3で政治家はグッド・タイプであり有権者の利得は2になりますが，確率2/3でバッド・タイプであり有権者の利得は0になります。よって，再選を選択した場合の有権者の期待利得は

$$\frac{1}{3} \times 2 + \frac{2}{3} \times 0 = \frac{2}{3}$$

です。落選を選択したほうが利得は高いため（2/3<1），有権者は献金を受けていない政治家を落選させます。有権者の選択は**図6-2**と**図6-3**において，戦略を囲むことで示しています。

以上の議論から有権者は「献金を受けた政治家を再選させ，献金

を受けていない政治家を落選させる」という選択をすることがわかります。このような有権者の選択をふまえて，最後に利益団体の選択を考えてみましょう。利益団体がグッド・タイプの政治家に献金をした場合，その政治家は再選され，政策上の便宜を図ってくれた結果，利得 $2-m$ を得ます。一方で献金をしない場合，その政治家は落選し，政策上の便宜は図られないため，利得は0です。よって，$2>m$ であるかぎり，利益団体はグッド・タイプに献金をすることを選びます。以上の議論から，完全ベイジアン均衡では以下の2点が成立し，**図6-2** に描かれている状況が均衡になります。

① 有権者は献金を受けた政治家を再選し，献金を受けない政治家を落選させる。

② 利益団体はグッド・タイプの政治家に献金をする。

■ **Exercise 6-2**

本章のモデルを以下のように修正し，完全ベイジアン均衡を示せ。
(i) グッド・タイプである確率のほうが高く，2/3 である場合。
(ii) 献金額のほうが政策上の便宜による便益より大きく，$m>2$ が成立している場合。ただし，グッド・タイプである確率は本章のモデルと同様に 1/3 とする。

6.3 選挙運動の役割

6.3.1 シグナルとしての選挙運動

本章のモデルでは，選挙運動自体を通して直接政治家のタイプを有権者に伝えることはできない場合を考えました。しかし，たとえば名前を連呼するだけの選挙運動であっても，有権者は政治家が大々的な選挙運動を展開していることは知ることができます。特に

162　**Part II**　情報と政治

Aside 6　政治制度の副作用 2 ——1996 年選挙制度改革

　1996 年以降の選挙より，衆議院議員総選挙の選挙制度が中選挙区制から小選挙区比例代表並立制に変更されました。1 つの選挙区から複数人当選する中選挙区制では，比較的少ない得票率で当選できるため，組織票が重要となり，利益団体との癒着が生じます。また 1 つの選挙区において，自民党から複数の候補者が出馬するため，党内派閥の力も強くなります。1996 年の選挙制度改革は利益団体との癒着や派閥政治を終わらせることが主目的であり，その目的はある程度果たせたと言えるでしょう。しかし，もう 1 つ重要な影響がありました。1996 年以前の選挙制度は戦後すぐに決められたものです。よって，各地域への議席配分は戦後すぐの人口分布に基づいて決定されました。その当時は地方の人口が都市部より多かったため，地方に多くの議席が配分されます。しかし，都市部への人口流入が続き，早くも 1960 年ごろには地方と都市部の人口比は逆転し，その後は都市部の人口が多くなっていきます。しかし，議席数配分の大幅な見直しは行われず，少しずつ調整されていくだけに留まりました。そのため，人口の多い都市部よりも少ない地方のほうが議員を多く輩出しているという「1 票の格差」の問題が深刻化されます。しかし，1996 年の選挙制度改革において，戦後すぐの人口比を使うことはできません。よって，地方と都市部の議席数はほぼ同数になりました。その後，徐々に都市部の議席数のほうが多くなっていきます。1 票の格差はいまだに存在していますが，それでも格差は大幅に縮小されました。その結果，中央政府から各地域への補助金の額にも影響を与えることになりました。議員を多く輩出する地域ほど，政権政党には重視されます。よって政権政党は，議席数が多い地域からの支持を得るために，多くの配分を与えようとします。選挙制度改革以前は地方のほうが都市部より重要と思われていたため，補助金を多く受け取っていました。しかし，選挙制度改革後はその格差が縮まり，都市部も重要視されはじめたことが示されています（Horiuchi and Saito, 2003）。1996 年の橋本龍太郎政権や 2001 年以降の小泉純一郎政権は地方への公共投資を減らすとともに，財政再建や規制緩和など都市部が好むような政策を実行していったことも無関係ではないでしょう。

アメリカでは，候補者個人に関するテレビ広告などはほぼ無制限に認められているため，多くの資金をつぎ込み，大々的に選挙運動を展開していれば，有権者は何度も広告を見ることになります。その結果，大々的な選挙運動を展開している政治家は，多くの献金を受け取っているのだと推察できます。そして，利益団体が有能な政治家を見込んで献金をしているのならば，多くの献金を受け取っているという事実が，政治家が有能であることを示していることになります。つまり，有権者は選挙運動の規模から，政治家のタイプを推察できるということです。

このように直接相手に（政治家のタイプなどの）情報を伝達できなくとも，（大々的な選挙運動をするなど）間接的な手法を通して相手に情報を正しく推察させる方法を，**シグナリング**と言います。本章のモデルでは政治家がグッド・タイプであるというシグナルを，選挙運動を通して有権者に届けていることになります。厳密には，シグナルはプレーヤーが自身のタイプを相手に伝達するために送るものですが，本章のモデルでは利益団体が政治家のタイプに関するシグナルを送っています。しかし，政治家自身も選挙運動の規模を決定したうえで献金を受け取るか否かの決定を行うと考えた場合，選挙運動は政治家が自身のタイプを伝達するためのシグナルであると解釈できます。

選挙カーを借り，単に「改革をします！」などの曖昧模糊としたアピールと名前だけを連呼することは，一見無意味に見えます。しかし，無意味な選挙運動に多額の資金をつぎ込み大々的に行うということは，有権者の目の前で多額のお金に火をつけて燃やして見せているようなものです。多額のお金を燃やせるということは，多額の献金を受け取っていることであり，「私は多くの利益団体に目を掛けられ献金を受け取ることができるほどの秀逸な人材です！」とアピールしていることになります。つまり，直接情報伝達を行うこ

164　**Part II**　情報と政治

とができない選挙運動であっても，有権者に政治家のタイプに関する情報を伝えることができる可能性があるわけです。

このようなシグナルの役割は，一般企業が行う広告でも指摘されています。広告の内容自体は「美味しい」とか「便利だ」など，誰にでも言える確証の無い情報です。しかし広告では，その確証の無い情報を，ギャラの高い有名人を雇い，高度な編集技術や海外ロケを行って多額の広告費を使って作られます。無意味な情報を伝えるために多額の資金を費やすということも，消費者の前でお金を燃やすような行為です。しかし，お金を燃やせるだけの利潤を企業が得ていることはアピールできます。しっかりとした利潤を稼ぐ企業の商品は，多くの消費者に好まれていることの証左です。消費者は無意味な広告からでも，その企業が多くの消費者に愛され信頼されている企業であることを推察できるわけです。それと同様の効果が，選挙運動にもあると言えます。

6.3.2 公費を用いた選挙運動

当然，選挙運動がシグナルとして機能するためには，有能であるなど，有権者にとって好ましい性質を持つ候補者に対してのみ利益団体が献金を行う必要があります。もし利益団体が汚職を好む政治家など，有権者にとって好ましくない資質を有する候補者に献金をすることを好んでいる場合は，選挙運動は逆効果になりかねません。よって有権者と利益団体の間で，政治家のタイプに関する好みは一致している必要があります。両者の間で政治家のタイプに関する好みが一致していれば，政治献金による選挙運動はシグナルとして機能する可能性があります。

それでは公費を用いた選挙運動の効果はどう評価するべきでしょうか？　日本の政党助成金は政党を対象としたものであり，政党の規模によって額が異なってきます。大きな政党ほど多くの候補者を

Chapter 6　選挙運動　　165

抱えることから，より多額の選挙資金が必要なためです。そのほかにも様々な公費の配分方法はあるかもしれませんが，公費の場合は政治家のタイプとは関わりのない要素で額が決まると考えるべきでしょう。どのようなタイプの候補者でも選挙資金を得ることができるため，選挙運動の規模は政治家の資質に関するシグナルとして機能しません。つまり，公費を用いることで選挙運動の規模を通して政治家のタイプを見分けることができなくなってしまい，選挙運動が本来持っているシグナルとしての機能を減じてしまう可能性があるわけです。

　もちろん，選挙運動を通して直接有権者に自身のタイプを伝えることができるならば，公費による選挙運動も有用です。しかしタイプを伝えるためには，名前を連呼するような選挙運動ではなく，しっかりと自身の能力や清廉潔白さを，信頼できる確証とともに示さなければならず，極めて難しいでしょう。さらに，日本では選挙広告に大きな制限がかけられ，かつ選挙運動の規模にも制限があります。よって，選挙運動の中身を通して，情報伝達ができる機会が与えられているとは言えません。そもそも献金の総額や選挙運動の規模も制限されている日本の現状では，公費ではなく献金のみで選挙運動を行っても，シグナルとして機能することは難しいでしょう。たしかに汚職や政策の歪みを正すために，政治献金に制約を与えることは必要かもしれません。しかし，内容のない選挙運動に多額の公費を与えることで，ただ選挙運動をさせていることにどれだけの意味があるのか，考える必要があるのではないでしょうか。

Discussion Questions

Q6-1　政治献金者に関する情報開示

政治資金規正法では，政治資金収支報告書の提出が義務づけられており，寄附を行った献金者に関して報告をする必要がある。このように，献金者に関する情報開示が行われることは，有権者にとって好ましいことだろうか？　その理由を，本章のモデルに基づきつつ，議論せよ。

Q6-2　選挙広告とネガティブ・キャンペーン

選挙広告のなかで，対抗馬や他党を批判する広告を展開することをネガティブ・キャンペーンと呼ぶ。アメリカでは表現の自由を理由に，政治広告にもネガティブ・キャンペーンにもほとんど制約がない。その結果，多額の献金が行われ，かつ相手を批判する舌戦も行きすぎであるという指摘もされている。しかし，ネガティブ・キャンペーンは有権者に対し多くの情報を提供しているという指摘もされている。本章のモデルに基づきながら，ネガティブ・キャンペーンの是非に関し議論せよ。

Q6-3　シグナルとしての公約

選挙運動以外にも，政治において用いられるシグナルは存在している。たとえば，選挙における公約が考えられる。選挙において発表した公約を当選後に破った場合，支持率の低下や次回選挙の勝利確率の低下など，一定の費用を支払わなければならない。この場合，公約は将来実際に実行される政策のシグナルとして機能しうる。その理由はなぜか，議論せよ。マニフェストにおいて具体的な政策目標を示すことで公約を破る費用を高めた場合と，曖昧な政策目標に留め費用を低めた場合で違いは生じるか？

Notes

　本章のモデルは Prat（2002a）に基づいています。本章で紹介したように直接有権者には情報を伝えない選挙運動を考えている理論研究として，Potters et al.（1997），Prat（2002a, b）があります。一方で，直接有権者に伝えることができる選挙運動を考えている理論研究として，Ashworth（2006），Coate（2004a, b），Schultz（2007），Wittman（2007）があります。特に後者の研究は，アメリカで盛んに行われている選挙広告に着目して議論しています。**Discussion Question 6-1** は Sloof（1999）に基づきます。**Discussion Question 6-2** で議論したネガティブ・キャンペーンの有用性に関しては，Geer（2006）や Franz et al.（2008）がデータ分析を通して示しています。また，**Discussion Question 6-3** は Banks（1990）および Asako（2015）に基づきます。選挙運動・政治広告の理論研究に関しては，Prat（2006）にまとめられています。

Chapter 7 メディア

報道の自由は確保されているか

(出所) EPA＝時事
日本では大手メディアが記者クラブを結成し，協調して取材対象と交渉している。取材が効率的に行われている一方，情報カルテルであるなどの批判もされている。

✓ 本章で用いられる概念：サブゲーム完全均衡

7.1 記者クラブとメディアの役割

　日本のテレビ・新聞などの大手メディアは，記者クラブという任意組織を作っています。その数は明確に数えられているわけではありませんが，省庁・政党・企業などに所属する記者クラブは全国に700以上存在しており，大手メディアは記者クラブを通して協力し合い，対象と交渉・取材を行っています。1社ではなく複数のメディアが団結して取材源と交渉を行うため，交渉力は高く効率的である利点は存在しています。その一方で，フリーマン（2011）によると，3割近くの記者クラブでは，非会員の記者に対し記者クラブ主催の会見に参加することを許していません。さらには，半分近くの記者クラブでは黒板協定と呼ばれる紳士協定を通して，会員が他社に抜け駆けて報道することを禁じています。抜け駆けをした場合，一定期間の出入り禁止などの罰が科される場合もあります。このように，記者クラブの会員ではない小規模のメディアやフリーランスの記者を会見から締め出し，さらに大手メディアが足並みをそろえて報道していることから，大手メディアだけで情報を独占・操作している情報カルテルであると批判されることもあります。同時にフリーマン（2011）は，一部の記者クラブにおいて取材源が外線電話料金や設備の費用を負担しており，さらには取材源の費用負担でゴルフなどの懇親会が開かれていたことを指摘しています。取材源に直接金銭的賄賂を渡しているわけではありませんが，メディアと取材源が個人的な友好関係を築くことによって，取材源の要望をメディア側が受け入れやすくなり，癒着が生じてしまうのではないかとも指摘されています。

　Chapter 5 と **Chapter 6** において，政治家と有権者の間の情報の非対称性が存在する場合，選挙を通して政治家の資質を高める，あ

170　**Part II** 情報と政治

るいはモラルハザード問題を解決することが難しくなる可能性を議論してきました。この問題を解消し，有権者に情報を正しく提供することができる機関の1つがメディアです。情報を持たない有権者のために，ジャーナリストたちが情報収集のプロとして政府や政策に関する情報を集め報道しています。

　今日も，多くの有権者にとってテレビや新聞が政治に関する主な情報源になっていると言っても過言ではないでしょう。メディアがしっかりと取材したうえで情報収集を行い，嘘をついたり隠したりすることなく報道していれば問題はありません。しかし，政府にとってマイナスな情報が報道されることが見越せた場合，政府はメディアに対し情報隠蔽の圧力をかけるインセンティブを持つでしょう。実際に多くの独裁制の国では，メディアに政府の失政やスキャンダルなどが報道されてしまうリスクを避けるため，政府の統制下に置かれる国営メディアしか存在しないことが一般的です。一方で，民主主義の国では多くの民営のメディアが存在しており，そのなかで報道の自由が保障されていることが，民主主義の大きな要件であるとされることが多いです。報道の自由が保障されていれば，メディアは政府の失政やスキャンダルを正しく伝え，そのことから有権者は，実行された政策の是非や政治家の資質などを知ることができるでしょう。しかし，本当に民主主義の国において報道の自由は保障されているのでしょうか？　メディアは自身の得た情報を，常に正しく報道しているのでしょうか？　本章では政府とメディアの関係を描いたゲームを紹介しつつ，上記の問いに関して議論していきます。

Chapter 7 メディア　171

7.2 メディアの取り込み

7.2.1 モデルの設定

プレーヤーとして政府とメディアを考えます。選挙において投票を行う有権者も存在しますが，意思決定が明示的に分析されるプレーヤーではありません。政府は単体である一方で，メディアについては複数存在する場合を考えます。メディアの数を N とし，N は1以上であるとしましょう（$N \geq 1$）。また，すべてのメディアは政治家に関する情報を正しく知ることができると仮定します。正しい情報を入手する能力のあるメディアのみを考えていると解釈しても問題ありません。そのうえで，メディアは自身が得た情報を報道するか否かを決定します。しかし，メディアが報道の可否を決定する前に，政府がメディアに対し報道をしないように働きかけをするか否かを決定します。

支持率を高めるような，政府にとって良い情報をメディアが得た場合には，政府はメディアに情報隠蔽をさせる必要はないでしょう。一方で，政府の失政やスキャンダルに関する情報をメディアが得た場合には，政府は報道を止めるインセンティブを持つことになります。

まずは単純に，報道を止めるために，政府はメディアに金銭の授受を行うと考えます。もちろん，金銭の授受以外にもメディアに介入する手段は多く存在します。その他のメディア介入手段に関しては，**7.2.3** で議論します。具体的には，政府にとって悪い情報をメディアが得た後，政府は各メディアに対し「報道しなければ $m \geq 0$ を与える」という取引を持ちかけると考えます。メディアは，取引を受け入れたうえで隠蔽する（報道しない）か，断ったうえで報道するかを選択します。すべてのメディアが悪い情報を報道せず，情

172　**Part II**　情報と政治

報の隠蔽に成功した場合，政府は b の便益を得るとしましょう。隠蔽に失敗し，悪い情報が報道されてしまった場合は，便益は 0 とします。悪い情報が報道されると次回選挙において敗北してしまうと考えた場合，この便益 b は次回選挙に勝ち，政権の座に居続けることによる便益と解釈できます。このほかにも，悪い情報が報道されると政権運営は困難になってきます。このような困難を避け，速やかに政権を運営できる便益であるとも解釈できます。

ただし，N 社のうち 1 社でも報道するメディアが存在した場合，悪い情報を有権者は知ることになります。悪い情報が報道された場合，報道したメディアは信頼されることで売り上げや広告料収入が増加すると考えられます。その便益増加の総額を $a \geq 0$ とし，報道をしたメディアの間で等分に分けられると考えます。つまり，報道したメディアの数が M 社であった場合，報道したメディア 1 社が得られる便益は a/M になるということです。以上のゲームの意思決定の順番をまとめると，以下の通りです。意思決定のタイミングは同時ではなく，メディアと政府は不確実性を持たないため，サブゲーム完全均衡を用います。

① 政府に関する悪い情報を N 社のメディアが入手する。
② 政府はメディアに対し，報道しない場合には m を与えると交渉をする。
③ メディアが報道をするか否かを決定する。報道しないメディアは m を得る。
④ N 社すべてが報道しなかった場合に政府は b の便益を得るが，1 社でも報道するメディアがいた場合には便益は 0 になる。また，報道したメディアは便益 a を均等に分け合う。

Chapter 7 メディア 173

7.2.2 メディアの数

まずは，情報を隠蔽させるために政府が与えなければならない額を考えてみましょう。情報を隠蔽させるということは，すべてのメディアが政府との取引に応じ，m を得ていることを意味します。政府は，取引を断り報道するインセンティブを持つメディアが1社も出てこないように，十分に高い m を提示しなければなりません。すべてのメディアが隠蔽しているなかで，たった1社が報道した場合，そのメディアは報道による便益を独り占めできるため，a のすべてを得ることができます。よって，報道させないようにするためには，

$$m \geq a$$

を各メディアごとに与えなくてはなりません。政府はできるだけ支出額を抑えたいため，メディアに隠蔽させたい場合には，$m = a$ を提示することになります。ただし，報道することによる便益 (a) と，報道しないことによる便益 (m) が等しい場合には，メディアは報道をしないと考えます。どちらも同じ利得ですので，報道しないことも最適な選択です。また数理上は $m = a$ ですが，実際には a よりほんの少し高い額を提示すると解釈することもできます。

情報を隠蔽したい場合，政府はすべてのメディアに賄賂を渡さないといけません。全 N 社に a を支払うため，情報隠蔽のために政府が支払う総額は Na です。隠蔽に成功した政府は，便益 b を得ますが，情報隠蔽のための Na を支払うため，情報隠蔽に伴う利得は $b - Na$ です。一方で，情報隠蔽をしなかった場合，便益を得ることはないですが支払いもないため，利得は 0 になります。よって，隠蔽に伴う利得が 0 よりも小さいとき ($b - Na < 0$)，政府は情報の隠蔽を諦めます。よって，

174　**Part II**　情報と政治

$$N > \frac{b}{a}$$

のとき，政府はメディアに取引を持ちかけません（$m = 0$）。メディアは情報を隠蔽しても得るものはないため，均衡ではメディア全社が一斉に報道します。しかし，

$$N < \frac{b}{a}$$

が成立している場合には，政府が報道を止めるインセンティブを持ち，$m = a$ が各メディアに提示され，均衡ではメディア全社が情報を隠蔽します。

　このモデルの主要な含意は2点です。第1に，N が大きくメディアの数が多い場合には，メディアは政府に取り込まれにくくなります。限られた数のメディアであれば，情報隠蔽のために政府が支払わなくてはならない額はそれほど高額にはなりません。しかし，メディアの数 N が増加するほど，総費用 Na は高まっていきます。たとえば，昔から存在しているような地上波のテレビ局や全国紙の新聞社などの大手メディアだけでは，メディアの数は限られています。しかし，ケーブルテレビや地方紙など，多くの（新興）メディアも取材力と影響力を持っている場合，メディアの数は多くなり，隠蔽は困難かつ高額になると考えられます。実際に，**Chapter 3** で紹介した韓国の朴槿恵大統領のスキャンダルを最初に暴いたメディアは，韓国の大手メディアではなく，衛星やケーブルテレビの放送を行っている JTBC という放送局でした。

　第2に，a が大きい，すなわち政府のスキャンダルを積極的に報道することにより，広告料収入や売上高を大幅に高めることができる場合，メディアは政府に取り込まれにくくなります。メディアの主な収入源は広告料です。売り上げが伸び，視聴者・読者の数が増えた場合には，広告を掲載しようとする企業の数も増え，広告料も

Chapter 7　メディア　175

高めることができます。経済活動が活発で，広告の取引を行う市場が整備されており，多くの企業が広告の掲載先を求めている場合には，広告料は高額になり a も大きくなります。この場合，メディアを取り込むことは難しくなるでしょう。一方で，広告市場が活況ではない場合には a も小さくなるため，情報隠蔽は容易になると考えられます。

7.2.3　隠蔽の難易度

　前項のモデルでは，m を賄賂のような金銭的見返りと解釈しました。しかし，そのような金銭的見返りをジャーナリストに簡単に渡せるわけではありません。たとえば，面識のないジャーナリストに賄賂を渡すためには，時間をかけた調査や事前準備が必要でしょう。一方で，政府関係者がジャーナリストと懇親会などを通して親密な関係をあらかじめ作り出しておけば，情報を隠蔽するよう依頼することは比較的容易になります。また，メディアを取り込むための手法は，金銭授受を行うだけとは限りません。メディアの所有者がほかに事業を展開していれば，その事業の収益を高めるような政策を実行することによって便宜を図ることができます。メディアが国営であるならば，隠蔽を指示するだけで十分であり，金銭の授受は必要ないかもしれません。指示を破って報道したジャーナリストは解雇し，指示を守ったジャーナリストには昇給や昇進をさせることで，情報隠蔽をする見返りを渡すことができます。また非民主主義国のなかでは，ジャーナリストに対し「報道すれば殺す」と脅すことができる国もあります。このとき，m は「政府に殺されずに生き延びた」という便益を意味することになります。報道をしないジャーナリストは殺さないだけですから，（実際に報道するジャーナリストがいない限り）国は一切の費用を払わずに情報を隠蔽することができます。つまり，政治体制やメディアの性質，あるいは手法に

176　**Part II**　情報と政治

よって，メディアを取り込む難易度が異なってくると考えられます。

そこで，政府はメディアを取り込むために m の費用を支払えば，メディアは m/t の便益を得るとしましょう。t の値が高いほど，m/t は小さくなり，メディアに一定額の便益を与えるために必要な費用（m）は高まっていきます。つまり，t はメディアを取り込む難易度を示していることになります。また，$0<t<\infty$ とします。メディアを取り込む難易度 t が高まれば，情報隠蔽のために，政府は多額の費用を支払う必要が生じてきます。

この設定下で政府が情報隠蔽をメディアにさせるためには，全 N 社に最低でも a の便益を与えなくてはいけません。1社あたりのメディアが実際に受け取る便益は m/t ですので，

$$\frac{m}{t} \geq a$$

が成立している必要があります。費用を最小限に抑えたい政府は1社あたりに，

$$m = at$$

の費用を払うことで a と同額の便益を各メディアに与えることができます。この費用を全 N 社に対して支払うため，情報隠蔽のために政府が支払う総額は Nat であり，情報隠蔽による政府の利得は $b-Nat$ になります。以上から，$b-Nat>0$ のとき，すなわち，

$$t > \frac{b}{Na}$$

のとき，情報隠蔽が行われないことがわかります。一方で，

$$t < \frac{b}{Na}$$

のとき，全メディアが情報隠蔽をします。よって，t が小さいほど，メディアは取り込まれやすいことがわかります。

Chapter 7 メディア 177

それではどのようなときに，難易度tは低まるのでしょうか？たとえば，政府が人事権や予算を掌握している国営メディアであれば，政府にマイナスなことを報道したジャーナリストを解雇・左遷をさせることができます。また，ジャーナリスト個人だけではなく，予算減額などを通して組織全体に罰を下すことも容易にできます。人事権を用いることや予算を減額することは違法ではなく，また実行も困難ではないでしょう。よって，tは小さいと言えます。また前述した通り，国によっては，「報道したら殺す」あるいは「逮捕する」という脅しを（明示的あるいは暗黙的に）かけることができます。実際に殺害や逮捕をするためには費用が掛かりますが，脅すだけでメディアが情報隠蔽をしてくれるのであるならば，費用はほぼ0です。情報隠蔽のために政府が支払う総額はNatでしたが，tが0である場合には，政府は一切の費用を払うことなくメディアに情報隠蔽をさせることができます。よって，国営放送しか存在していない国や，独裁制の国ではメディアは政府の統制下に入れられてしまうことになり，報道の自由は保障されないでしょう。

　民主主義下における民間メディアでも，所有構造によって取り込みの難易度は異なってきます。複数の民間メディアを1人で所有しているような，所有構造が集中しているメディアでは，その所有者さえ取り込めば複数のメディアに情報隠蔽させることができます。たとえばメディア王とも呼ばれるルパート・マードックはニューズ・コーポレーションと21世紀フォックスという会社の所有者です。両社の傘下企業には，アメリカの新聞であるニューヨーク・ポストとウォール・ストリート・ジャーナル，イギリスの新聞であるタイムズ，ザ・サンなどを発行する新聞社が含まれ，またテレビでもケーブルテレビ局のFOXニュースなどを運営するFOXネットワークス・グループがあります。ルパート・マードックさえ取り込めば，これらのメディアに影響を与えることができるわけです。

よって，所有構造が集中している場合の t は小さいと言えます。一方で，メディアの所有構造が分散しており，大きな影響力を持つ所有者がいない場合，個々の所有者や記者自身を取り込まなくてはならず，難易度 t は高まっていくことになります。

7.2.4 実際のメディアの取り込み

政府が実際にメディアに賄賂を渡していることがデータとして明らかになることは稀有な例です（例外は **Discussion Question Q7-2** で示しています）。また，政府は様々な方法を用いてメディアに対し便宜を図るため，データを用いて m の大きさを計測することも難しいでしょう。しかし，近年になって，いくつかのデータ分析が本章のモデルを支持する結果を間接的に示しています。

たとえば，**Di Tella and Franceschelli**（2011）の論文は，1998年から2007年までのアルゼンチンの新聞の第1面を調べています。そのうえで，各新聞の第1面において，政府の汚職スキャンダルに関する記事が占める割合は，新聞社に対する政府からの広告料支払いが増えるほど減少することを示しています。政府が新聞社に支払う広告料も，政府がメディアに与える便宜 m の一種です。よって，政府から便宜を受けているメディアほど政府に取り込まれることを示していると解釈できます。

Petrova（2011）の論文は19世紀後半（1881-1886）のアメリカにおける地方紙と広告市場の活況度の関係を調べました。昔のアメリカの新聞社は，自身の党派性に関し，民主党支持か，共和党支持か，あるいは独立しているかを宣言していました。そのなかで，広告料収入が大きい地域ほど，政党から独立した新聞の割合が増加することを **Petrova**（2011）は示しています。**7.2.2** で議論した通り，広告市場が活況で多くの広告料収入が見込めるほど a の値は大きくなります。そして，a が大きいほどメディアの取り込みが難しくなるた

め，独立系新聞が増加しているのだと解釈できます。

Enikolopov et al.（2011）の論文は，ロシアのメディアの所有者の属性が選挙結果へ与える影響を分析しています。ロシアでは地域によって，テレビで民営放送を見ることができる地域と，国営放送しか見られない地域に分かれます。そこで，Enikolopov et al.（2011）は，1999年のロシアにおける選挙で，民営放送を見ることができる地域では，国営放送のみを見ることができる地域に比して，政権政党の得票数が少なく，対立政党の得票数が増加することを示しました。政府にとってメディア取り込みの難易度tが大きい民間メディアが存在する地域のほうが，政府による情報隠蔽が少なくなり，政権の支持が低下している可能性が示されています。

■ Exercise 7-1

本節のモデルでは，すべてのメディアが報道する均衡と，すべてのメディアが隠蔽する均衡の2つの均衡が存在した。

(i) すべてのメディアが隠蔽している場合に各メディアが得る利得を示せ。

(ii) すべてのメディアが報道している場合に各メディアが得る利得を示せ。便益aを報道したメディアすべて（N）で均等に分割していることに注意せよ。

(iii) どちらの均衡のほうがメディアの利得は大きいだろうか？

7.3　民主主義における報道の自由

7.3.1　民間によるメディアの取り込み

メディアは政治に関する失政やスキャンダルだけを報道しているわけではありません。企業の不祥事など民間人や民間企業に関する報道も行っています。よって，政府だけではなく，民間人や民間企

Aside 7　ゲーム理論の偉人2——ジョン・ナッシュ

（出所）Wikimedia Commons（Peter Badge / Typos1 - OTRS submission by way of Jimmy Wales）

　ジョン・ナッシュ（John Nash）はプリンストン大学の大学院生であった21歳のとき，彼の名前が冠せられることになるナッシュ均衡を示しました。ナッシュ均衡を示した彼の博士論文（1950年）は，わずか26ページで，参考文献は2本だけでした。その参考文献の1つは **Aside 2** でも紹介したフォン・ノイマンとモルゲンシュテルンのゲーム理論に関する著作（von Neumann and Morgenstern, 1944）であり，もう1つはナッシュ自身のわずか1ページの論文（Nash, 1950）です。しかし，ナッシュがフォン・ノイマンにナッシュ均衡の考えを示した際には，たかだか応用数学にすぎないと一笑に付されます。また，ナッシュ自身もゲーム理論に関する研究は重要ではないと考えていました（ナサー，2013）。ナッシュはその後，代数幾何学や偏微分方程式の研究で貢献していきますが，同時に統合失調症にも苦しみます。しかし，彼のゲーム理論への貢献が認められ，**Chapter 3** で解説したサブゲーム完全均衡を示したラインハルト・ゼルテンと，**Part II** 以降で用いている不完全情報下での分析の基礎を確立したジョン・ハーサニとともに，1994年にノーベル経済学賞を受賞します。さらに彼の微分方程式への貢献から，数学における顕著な業績がある者に付与されるアーベル賞を2015年に受賞します。しかし，その授賞式の帰り道に乗車したタクシーが起こした事故により，86年の生涯を閉じました。ナッシュに関する映画に『ビューティフル・マインド』（2001年）がありますが，多くの脚色がされています。正確に彼の生涯を知りたい場合は，映画の原作本であるナサー（2013）が参考になります。

業などもメディアを取り込もうとするかもしれません。企業や，その所有者でもある富裕層は，メディアに広告料を支払っているため，メディアにとっては最大の顧客と言えます。その顧客である企業や富裕層がメディアに対し広告料の増減を脅しに使いつつ交渉を持ちかければ，従わざるを得ないメディアも多いでしょう。

たとえば，企業は公害や製品不良に関する情報を隠蔽するようメディアに圧力をかけるかもしれません。また，企業の不祥事だけではなく，富裕層がメディアを通して情報操作を試みる可能性もあります。富裕層である国民の数が有権者の半数を超えるような国は存在しません。よって，富裕層が選挙結果を左右できるような投票者にはなりえないことになります。そこで，経済や社会状況に関する情報をメディアに隠蔽させる，あるいは虚偽の事実を報道させることで，過半数を占める中産階級あるいは貧困層の投票行動に影響を与えようとするかもしれません。

たとえばアメリカにおいて，1916年以降に徴収されてきた遺産税（連邦政府への相続税）が，2001年に一時的に廃止されます。廃止の大きな一因は，1990年代に一部の富裕層が行った遺産税廃止のキャンペーンでした。多額の金銭がそのキャンペーンに用いられましたが，そのほとんどが反税広告を流すための広告料などメディアに対する支払いでした。その結果，多くの国民が議会の遺産税廃止の決定を支持しました。ある世論調査では77％もの国民が，また他の世論調査でも少なくとも3割以上の国民が，自身が将来遺産税を払う可能性があると考えていたからです。しかし実際に遺産税を払っている人は，上位2％程度の富裕層のみでした。本来は大半の国民にとって不利益になる遺産税廃止が，メディアを通した富裕層によるキャンペーンによって，国民の支持を取りつけるまでに至ったわけです（Graetz and Shapiro, 2006）。当然，広告料を多く受け取っているメディアの多くは，そのキャンペーンを疑問視するよ

182　**Part II**　情報と政治

うな報道を積極的に行うインセンティブは無かったでしょう。このように広告費を用いてメディアを取り込むことによって、企業やごく一部の国民の利益が優先され、多くの国民に正しい情報が行き渡らない状況が生じているのならば、報道の自由が阻害されていると言えます。

　ただし、実際に情報操作を試みる場合、前述のように、多額の費用が掛かることが見込まれます。よって、富裕層や企業が、メディアを取り込めるだけの十分な予算を確保できるほど豊かである必要があります。たとえば、貧富の差が激しく、多くの富が富裕層に集中している場合には、富裕層がメディアの取り込みを試みるのに十分な資産を持っているため、報道の自由は民主主義体制下であったとしても阻害される可能性は高いでしょう。一方で、富裕層が十分な富を有さないほど貧富の差が小さければ、阻害されないと考えられます。実際に過去の研究では、貧富の格差が大きい国ほど、報道の自由度が低くなっていくことが示されています（Petrova, 2008）。政治体制だけではなく経済状況も、報道の自由度を決定する重要な要素になっているわけです。

7.3.2　日本における報道の自由

　日本の記者クラブでは、複数のメディアが1つの団体を作ったうえで意思決定を共にしており、抜け駆けて報道や取材を行った場合には罰せられるため、決定事項に逆らうことは困難です。メディアの所有構造が集中している状況と同様に、1つの窓口で複数のメディアと同時に交渉ができ、その交渉結果に記者クラブの会員であるメディアは従ってくれます。さらには、取材源である政府側が懇親会やゴルフなどを通して親密な関係を築いていった場合、より容易にメディアと交渉を行うことができるでしょう。以上の点から、記者クラブの存在は、メディアを取り込む難易度 t を下げていると

Chapter 7　メディア　183

考えられます。また，本章のモデルではすべてのメディアが同等に情報を得ると仮定していましたが，実際には一部のメディアのみが情報を得ると考えられます。メディアの数 N を，情報取得ができたメディアの数であると解釈した場合，記者クラブで情報を独占し，所属していないメディアが情報を得る機会に恵まれなければ N は小さくなるため，政府がメディアを取り込みやすくなると言えます。

　また日本には公共放送である NHK があります。NHK は **7.2.3** で議論した国営放送ではなく，視聴者からの受信料で運営されている公共放送です。国庫負担は無く，受信料の徴収も政府ではなく NHK 自身で行っており，さらに経営責任者の任用も経営委員会という政府とは別の組織で行われます（ただし経営委員は総理大臣が任命し，議会が承認します）。また，その他の民間放送との競争もあります。クラウス（2006）は，他国の公共放送と比しても，NHK の自律度は高いと指摘しています。しかしその一方で，年次予算と受信料引き上げについては国会で承認を得る必要があります。特に自民党が長年政権に居続けていた日本においては，NHK が予算を通すために自民党と対立すべきではないと考えても不思議ではありません。その結果，他国の公共放送に比して，NHK は事実報道に徹し，政府を明示的に支持しない一方で批判もしないという「中立的」報道を行っていると指摘されています（クラウス，2006）。対立意見を同時に報道で伝えることで報道の中立性を保つことが一般的ですが，NHK では意見提示を極力せず，事実報道にのみ徹しているということです。自民党の一党優位が続いていた日本では，NHK を取り込む難易度 t は高くはなかったと言えるでしょう。

■ **Exercise 7-2**
　7.3.2 では情報を取得できないメディアが存在する可能性を指摘した。そこで，**7.2.3** の隠蔽の難易度 t を含めたモデルを考えよう。

> メディアの数は $N \geq 1$ であるが，そのうちの割合 q $(0 \leq q \leq 1)$ のメディアのみが情報を得るとする。取り込むために各メディアに政府が支払わなければいけない額を示せ。また，情報が隠蔽される均衡が生じる条件を示せ。q の減少は，メディアの取り込みにどのような影響を与えるか？

 Discussion Questions

Q7-1　ソーシャルメディア

近年では，テレビ・新聞・雑誌だけではなく，インターネット上で記事を公開しているソーシャルメディアが増えてきている。Enikolopov et al.（2018）の論文は，ロシアにおいて国営企業の不正を暴いたジャーナリストのブログの影響を検証し，短期的にその国営企業の株価に影響を与えるだけではなく，経営陣交代などガバナンスの改善にも影響を与えることを示している。ソーシャルメディアの登場は，報道の自由にどのような影響を与えうるだろうか？　本章のモデルに基づきつつ議論せよ。

Q7-2　メディアを取り込むためのお値段

本章では賄賂などを用いて，メディアを取り込む可能性を考えてきたが，実際に政府がメディアに賄賂を渡している証拠が示されることは少ない。しかし，McMillan and Zoido（2004）の論文は，ペルーのアルベルト・フジモリ大統領の政権下であった1990年から2000年の間に，政府が各方面に渡した賄賂の額をデータとして描き出すことに成功している。そこでは，政治家には1カ月あたり総額約30万ドルを，裁判官には総額約25万ドルを，そしてテレビ局には総額約300万ドルを渡していたことが示されている。メディアを取り込むために必要な賄賂は，明らかに高額なのである。その理由を本章のモデルに基づきつつ議論せよ。取り込みをしようとしたときに，メディアと政治家・裁判官の間で大きく異なる点は何だろうか？

Q7-3　日本メディアの所有構造

日本では新聞社がテレビ局の株式を所有し大きな影響力を持つことが多い。たとえば，読売新聞グループは日本テレビや読売テレビとの系列局に，朝日新聞社はテレビ朝日とその系列局に，日本経済新聞社はテレビ東京とその系列局に，フジ・メディア・ホールディングスはフジテレビとその系列局および産業経済新聞社に対し，株式所有構造上大きな影響力を持っている。このような所有構造になっている是非を，本章のモデルに基づきつつ議論せよ。

 Notes

7.2 のモデルは，Besley and Prat（2006）のモデルに基づいています。また，Au and Kawai（2012）は Besley and Prat（2006）のモデルを拡張して，日本の記者クラブを分析しています。近年の理論研究では，Besley and Prat（2006）では分析されていなかった有権者行動が分析されています。たとえば，独裁政権では，国民自身は好んでいなかったとしても，国民を動員させる必要が生じることがあります。その際に政府は，国民が動員に協力的になるようにメディアを取り込み，情報を歪めさせている可能性が指摘されています（Gehlbach and Sonin, 2014）。また，Besley and Prat（2006）では 1 社だけが政治家の悪い情報を報道した場合，報道することによる a を独占できると仮定していましたが，数多くのメディアが存在し競争が激しい場合，1 社だけ報道したとしても a を総取りできるとは考えにくいでしょう。現実的には，メディアの競争が激しいほど，スクープによる売り上げ増加は限定的になってくると考えられます。この場合，メディアの数が多すぎて競争が激化した場合も，メディアは政府に取り込まれやすいことが指摘されています（Trombetta, 2017）。7.3.1 は，Petrova（2008）を基にしています。同時に Corneo（2006）は，企業の所有構造が集中している場合にも，メディアは取り込まれやすくなることを示しています。**Discussion Question 7-1** と同様に Kibris and Koçak（2016）もソーシャルメディアの登場がメディアの取り込みを難しくしていることを理論的・実証的に示しています。メディアに関する理論・実証研究は Prat and Strömberg（2013）にまとめられています。

Chapter 8　脱 官 僚

政治家が政策決定をするべきか

（出所）　AFP＝時事
2009年に政権政党となった民主党は，脱官僚を掲げ，多く
の権限を官僚から政治家の手に戻した。しかし，それは前途
多難な民主党政権の幕開けにすぎなかった。

> ✓　本章で用いられる概念：サブゲーム完全均衡，
> 　　　　　　　　　　　　完全ベイジアン均衡

8.1 民主党政権と脱官僚

2009 年 8 月の衆議院議員総選挙で自民党は大敗し，民主党を中心とする連立政権が形成されました。民主党は以前より，日本の政策決定過程において官僚が大きな影響力を持ちすぎていることを問題視していました。同様の指摘は古くからされており，その大きな論拠の 1 つが内閣提出法案の多さです（ジョンソン，2018）。議会で審議される法案は，本来立法府の構成員である議員により提出されるべきものですが，日本では内閣も法案を提出することが認められています。

図 8-1 は，提出された全法案と成立した全法案のなかで内閣提出法案が占める比率を，戦後から 2014 年まで示しています。近年減少傾向にはあるものの，提出された法案のうち 5 〜 7 割が内閣提出法案であり，成立した法案のなかでは 8 割以上が内閣提出法案であることがわかります。つまり，日本の議会で承認されている法案のほとんどが，立法府ではなく行政府（官僚）の手によって書かれたものになっているということです。この事実より，日本の法律の多くは官僚によって作られてきており，政策の意思決定過程において官僚のほうが政治家より重要な役割を果たしてきたと解釈されてきました。さらに，民主党政権になる前までは閣議において法案が審議される前に，事務次官等連絡会議において省庁間での最終チェックが行われていました。そのため，事務次官等連絡会議が事実上の政府の最終的意思決定機関になっているのではないかという批判もありました。民主党は，選挙を通した国民の審判を受けていない官僚ではなく，選挙で選ばれた政治家が政策を決定するべきであると主張し，「脱官僚」を掲げて政権交代を果たします。そのうえで，事務次官等連絡会議も廃止し，代わりに各省庁の大臣・副大

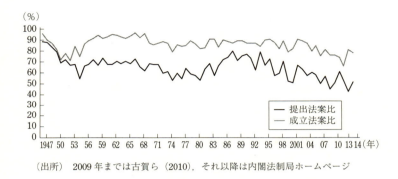

(出所) 2009年までは古賀ら (2010), それ以降は内閣法制局ホームページ

図8-1：内閣提出法案が提出された全法案および成立した全法案に占める比率

臣・政務官からなる政務三役会議を設立し，政策の意思決定過程から官僚を排除していきました。しかし，その後の3年間の政権下において，民主党は多くの困難に直面することになります。

Chapter 5からChapter 7では，政治家と有権者の間に存在する情報の非対称性に関して議論してきました。しかし，政治家もすべての情報を把握しているとは限りません。外交・防衛・経済・教育など政治家が考えなくてはならない政策は多岐にわたり，すべての政策に関する情報に精通することは至難の業というより，不可能でしょう。よって，政治家は官僚（あるいは地方公務員）に頼ることになります。政治家は多岐にわたる政策の意思決定に関わらなくてはならない一方で，官僚は1つの政策に特化できます。すべての時間を1つの政策に関する情報収集や分析に用いることができるため，それぞれの個別政策分野については政治家より官僚のほうが多くの情報を有しており，専門性が高いことは必然でしょう。言い換えれば，政治家と官僚の間にも情報の非対称性が存在していることになります。政治家だけで意思決定をしていては情報不足から誤った決定をしてしまう可能性があるため，官僚に政策決定の権限を委譲す

Chapter 8 脱官僚

る必要が生じてくるわけです。

　しかし，政治家と有権者の間で生じたモラルハザード問題と同様に，官僚も政治家のために働くとは限りません。たとえば，官僚は政治家に比して予算の拡大を望む傾向が強いと古くから指摘されています（Niskanen, 1971）。当然，1つの政策に多額の予算をかければ，その政策が成功する可能性は高まります。たとえば，社会保障政策は予算が増大するほど，多くの人々に充実した保障を与えることができます。また，そのような予算の拡大は，官僚自身の影響力を大きくし，将来の昇進などに良い影響を与えるかもしれません。しかし，官僚は1つの政策に特化している一方で，政治家はすべての政策を俯瞰的に見る必要があります。厚生労働省の官僚としては社会保障の予算を増大したかったとしても，他の政策の予算を削ってまで行うことは好ましくないかもしれません。あるいは，官僚が利益団体と癒着することや，官僚が努力をせずに怠けようとすることもあるかもしれません。いずれにせよ，政治家と官僚の間に利害対立が生じる可能性があります。それでは，政治家はどのようなときに官僚に頼るのでしょうか？　本当に日本では官僚は大きな力を持っていたのでしょうか？　本章では政治家と官僚の間のゲームを紹介しつつ，これらの問いについて考えていきます。

8.2　官僚への権限委譲

　ここでは政治家と官僚の2人のプレーヤーを考えましょう。現実には政治家も官僚も複数人存在しますが，それぞれ1人の意思決定者として分析します。政治家はまず，政治家自ら政策を決定するか，政策の決定権限を官僚に委譲するかを選択をします。その後，政策の意思決定権限を持っている者（政治家もしくは官僚）が政策を決定することになります。政策 x と政策 y の2つの政策が存在すると

190　**Part II**　情報と政治

表 8-1：権限委譲ゲームの例 1

確率	政治家の最適政策	官僚の最適政策	
		一致タイプ (p)	対立タイプ $(1-p)$
1/2	政策 x	政策 x	政策 y
1/2	政策 y	政策 y	政策 x

しましょう。政治家はどちらか一方の政策からのみ利得 1 を得ます
が，どちらの政策が政治家に対し利得 1 を与える政策なのか不
確実であるとします。政治家に利得 1 を与える政策を「政治家の
最適政策」と呼びましょう。ここでは，確率 1/2 で政策 x が政治
家に利得 1 を与える最適政策であり，残りの確率 1/2 で政策 y が
政治家の最適政策であるとします。

　一方で，官僚には政治家と利害が一致している「一致タイプ」と，
常に政治家と利害対立をしている「対立タイプ」の 2 つのタイプが
存在しているとします。つまり，一致タイプの最適政策は政治家の
最適政策と同一ですが，対立タイプの最適政策は政治家の最適政策
と真逆であるということです。ただし，官僚が一致タイプである確
率は p（$0<p<1$）であるとしましょう。官僚は自身のタイプは知っ
ていますが，政治家は知らないと考えます。また，官僚は自身の最
適政策（および政治家の最適政策）を知っている一方で，政治家は知
らないとします。つまり，政治家と官僚の間で情報の非対称性が存
在し，官僚のほうが情報を持っているということです。以上の設定
は**表 8-1** にまとめています。このゲームには不確実性が存在し，
かつ意思決定は同時ではないため，用いるべき均衡概念は完全ベイ
ジアン均衡です。

　逆向き推論法から，政策の決定権限を持ったプレーヤーの選択か
ら考えましょう。官僚に権限が委譲された場合，官僚は常に自身に
とっての最適政策を選択します。一方で，官僚に権限を委譲せず，

政治家が政策を決定する場合，政策 x を選択しても，政策 y を選択しても確率 1/2 で政治家の最適政策であるため，どちらを選択しても期待利得は，

$$\frac{1}{2} \times 1 + \frac{1}{2} \times 0 = \frac{1}{2}$$

です。よって，政策 x か政策 y を無作為に選択します。

次に，政治家が官僚に権限を委譲するインセンティブを持つか否か考えてみましょう。各選択肢で政治家が得る利得は以下の通りです。

● **権限委譲をしない**：委譲をしないときの政治家の期待利得は 1/2 となる。

● **権限委譲する**：官僚が p の確率で一致タイプであれば政治家の最適政策が選択されるが，$1-p$ の確率で対立タイプであれば政治家の最適政策は選択されないため，政治家の期待利得は，

$$p \times 1 + (1-p) \times 0 = p$$

となる。

以上の議論から，権限委譲することによる利得のほうが高いとき，つまり $p > 1/2$ であれば権限委譲をしますが，$p < 1/2$ の場合には権限委譲をしないことがわかります。

次に官僚が一致タイプである確率を $p = 2/3$ と仮定しましょう。その一方で，政策 x が政治家にとっての最適政策である確率を 1/2 ではなく，q とします（$0 < q < 1$）。新たな設定は**表 8-2** にまとめています。

再び逆向き推論法から，政策の決定権限を持ったプレーヤーの選択から考えます。まず，官僚に権限が委譲された場合，官僚は常に自身にとっての最適政策を選択します。政治家が政策を決定する場

192　**Part II**　情報と政治

表 8-2：権限委譲ゲームの例 2

確率	政治家の最適政策	官僚の最適政策	
		一致タイプ（2/3）	対立タイプ（1/3）
q	政策 x	政策 x	政策 y
$1-q$	政策 y	政策 y	政策 x

合，政策 x を選択したときの政治家の期待利得は，政策 x が政治家の最適政策である確率と同じですので，q になります。同様に，政策 y を選択した場合の政治家の期待利得は $1-q$ です。よって，$q>1/2$ では政策 x を，$q<1/2$ では政策 y を選択したほうが利得は高くなりますので，利得が高い政策を選択することになります。

次に，政治家が官僚に権限を委譲するか否か考えてみましょう。2 つの選択肢から政治家が得る利得は以下の通りです。

● **権限委譲をしない**：$q>1/2$ では政策 x を，$q<1/2$ では政策 y を選択するため，政治家の利得は q と $1-q$ の間で大きな値であるほうになる（$max\{q, 1-q\}$）。

● **権限委譲する**：委譲した場合，官僚が確率 2/3 で一致タイプであるときのみ政治家の最適政策が実行され，政治家は 1 の利得を得る。よって，政治家の期待利得は，

$$\frac{2}{3} \times 1 + \frac{1}{3} \times 0 = \frac{2}{3}$$

となる。

以上の議論から，$q>2/3$ であれば官僚に権限委譲をせずに政策 x を選択することで q を得たほうが，権限を委譲して 2/3 を得るより好ましいことがわかります。また $1-q>2/3$ のとき，すなわち $q<1/3$ のときは，官僚に権限委譲をせずに政策 y を選択することで $1-q$ を得たほうが，権限委譲をして 2/3 を得るより高い利得を得ることができます。しかし $1/3<q<2/3$ であれば，官僚に権限

Chapter 8 脱官僚　193

を委譲するほうが，政治家の利得は高まります。まとめると以下の
通りです。

- $q>2/3$：政治家が政策 x を選択。
- $1/3<q<2/3$：官僚に権限委譲。
- $q<1/3$：政治家が政策 y を選択。

q の値が 1 に近いということは政策 x が政治家の最適政策である
という強い確信を政治家が抱いていることを意味します。同様に q
の値が 0 に近い場合は，政治家は政策 y が自身の最適政策である
という強い確信を抱いています。このように，特定の政策が最適政
策である可能性が高ければ，政治家は権限を委譲しようとはしませ
ん。しかし，q が 1/2 に近い場合，どちらの政策が最適政策か確信
を抱けないため，政治家が直面している不確実性が大きいことを意
味します。よって，政治家は自身で判断することに躊躇し，官僚に
権限を委譲するインセンティブを持つことになります。

以上の分析から，以下の 2 点を指摘することができます。

① 官僚と政治家の利害が十分に一致しているとき（p が十分に
大きいとき），政策の決定権限は官僚に委譲される。
② 政治家が直面する最適政策に関する不確実性が十分に大きい
とき（q が十分に 1/2 に近いとき），政策の決定権限は官僚に委
譲される。

たとえば生活保護政策を考えた場合，予算額や，生活保護法など
支給方法の大枠は議会で決定されますが，個別世帯に対する生活保
護支給の有無や額は，行政によって決められます。つまり，より詳
細な情報が必要な個別世帯に対する対応などは，官僚や地方公務員
に権限委譲されていることになります。個別世帯ではなく国全体に
関わる政策でも，権限委譲が行われる場合があります。金融政策の

決定のためには，経済学を学んだうえで金融市場や為替市場の仕組みを理解し，現状を知るためにデータ分析もしなくてはいけません。よって，高度な専門性が必要とされる政策分野であり，最適政策の不確実性が十分に大きい（q が十分に 1/2 に近い）と言えます。その結果，日本をはじめとする多くの民主主義国では中央銀行は政府から独立し，各中央銀行の金融政策委員会に金融政策の決定権限が委譲されています（厳密には，日本銀行は認可法人ですので，"官僚"ではありません）。ただし，政府と中央銀行の利害が大きく離れないように，法律などを通して中央銀行の目的に制約を掛けることで利害対立を最小に（p を十分に大きく）しています。たとえば日本銀行法では，物価の安定（2 条）と金融システムの安定（1 条 2 項）が日本銀行の目的であるとされています。

> ■ **Exercise 8-1**
>
> 　本節のモデルでは，官僚が一致タイプである確率か，政策 x が政治家の最適政策である確率のどちらか一方に数値例を与えて議論してきた。ここでは，官僚が一致タイプである確率は p $(0 < p < 1)$ とし，政策 x が政治家の最適政策である確率を q $(0 < q < 1)$ としよう。政治家が官僚に政策の決定権限を委譲するインセンティブを持つ条件式を示せ。$p > 1/2$ のときと $p < 1/2$ のときで条件式が異なることに注意せよ。

8.3　官僚の統制

8.3.1　昇進と天下り

　政治家は，官僚の持っている情報を有効に活用しつつ，政治家の最適政策を実行する可能性を高めていきたいと考えるでしょう。前節で議論したように決定権限の委譲を決めることも 1 つの手段ですが，それ以外に官僚を統制し，政治家にとって好ましい行動をとら

Chapter 8　脱官僚　195

せる方法はあるのでしょうか？

　最も重要な手段は任命権です。つまり，政治家の意向に反する行為に及んだ官僚を更迭・解雇し，政治家と政策の好みが近い別の官僚に入れ替えることで，官僚が一致タイプである確率 p を高めていくことができます。アメリカでは大統領が交代した場合，各省庁の大臣だけではなく，（日本における）局長級の官僚も大統領によって入れ替えられる政治任用が積極的に行われています。よって，アメリカにおける官僚統制の手段として任命権は極めて重要なものです。一方で，日本では政権交代が生じても，政治任命はあまり行われていません。

　任命した後に関しては，更迭・解雇といった罰のほかに，報酬を与えることで統制していくことができます。一般企業では，特に高い成果を出した従業員に対し，賞与を増やすことで報酬を与えており，従業員に会社の利潤を高めるような行動をとるインセンティブを与えることができます。しかし，日本では公務員の給与・賞与は人事院勧告を基に一律に決められるため，賞与を用いて官僚のインセンティブを変えることは難しいでしょう。しかし，金銭的報酬を用いて統制をかけることが難しい場合でも，昇進を報酬として用いることができます。政治家の好む政策を選択してくれた官僚を昇進させ，そうではない官僚を昇進させないことで，官僚に政治家のために働くインセンティブを与えることができるかもしれません。前節のモデルで官僚が一致タイプであれば，昇進の有無に関係なく，官僚は政治家のために働いてくれるでしょう。政治家と官僚の利害対立は，官僚が対立タイプであった場合に生じるので，ここでは官僚が対立タイプである場合を考えてみましょう。

　まず，（対立タイプの）官僚が政策を決定します。政策 x か政策 y であるかにかかわらず，官僚は「官僚の最適政策」か「政治家の最適政策」のどちらを実行するかの二者択一に直面することになりま

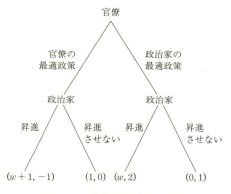

図8-2：官僚統制ゲームの木

す。その後，政治家は実行された政策が誰の最適政策であったのか知った後で，官僚を昇進させるか否かを決定します。各プレーヤーは自身の最適政策が実行された場合に1の便益を得ます。また，昇進をした官僚は$w>0$の便益を得るとしましょう。

一方で，政治家は官僚の最適政策を選択した官僚を昇進させてしまうと1の費用を払い，政治家の最適政策を実行した官僚を昇進させると1の便益を得るとします。前者は自分の好む政策を実行してくれなかった官僚を昇進させることが不愉快であることからの費用と考えても良いですが，**Chapter 5**で議論した政治家の資質と同様に，より自身の政策の好みに近い官僚を選抜するために，官僚の過去の業績を評価しているとも解釈できます。

以上のゲームは，図8-2のゲームの木にまとめられています。ゲームの木の最後に示されている括弧内の左が官僚，右が政治家の利得です。ここでは官僚が政治家の好む政策を選択したか否かを，政治家が意思決定の段階で知ることができると考えています。よって，このゲームには不確実性がなく，意思決定は同時ではないので，サブゲーム完全均衡を用います。

逆向き推論法より，政治家の意思決定から考えていきましょう。官僚の最適政策が選択された場合，$-1<0$ より政治家は官僚を昇進させることはありません。一方で，政治家の最適政策が選択された場合は，$2>1$ より政治家は官僚を昇進させます。政治家の選択を見越した官僚は，昇進を諦めたうえで官僚の最適政策を選択し 1 を得るか，昇進のために政治家の最適政策を選択し w を得るかの二択に直面しています。よって，$w>1$ ならば，均衡において，官僚は政治家の最適政策を選択し，政治家は官僚を昇進させます。一方で $w<1$ ならば，官僚は自身の最適政策を選択し，政治家は官僚を昇進させません。官僚への事後的な報酬としての昇進が魅力的であり，w が十分に大きければ，官僚に政治家のために働くインセンティブを与えることができているわけです。

ただし，昇進を用いてインセンティブを与える方法には 1 つの大きな問題があります。これ以上の昇進が無いと悟った官僚に対し，インセンティブを与える方法が無くなってしまうからです（ラジアー，1998，第 9 章参照）。たとえば，自民党長期政権下であった 1992 年以前を考えてみましょう。国家公務員 I 種試験に合格し採用された官僚は一般的にキャリアと呼ばれていましたが，キャリア官僚は通常 40 歳前後までに課長職になれましたが，その後は競争が激化し，課長職以上に昇進できなくなる官僚が出てきます（稲継，1996）。自身の出世がこれ以上望めないのであるならば，昇進を目指して政治家のために働く必要はなくなってしまいます。そこで日本では，昇進が見込めなくなった官僚に対し早期退職勧奨という形で退職させたうえで，営利・非営利法人への再就職を斡旋していました。いわゆる**天下り**です。天下りは通常の人事の一環として行われ，退職前の職位が高ければ高いほど，天下り先は良いものになっていました（中野，2009）。天下りの存在により，省庁内における昇進は望めなかったとしても，退職後の再就職先をより良いものにす

るため，官僚は政治家のために働くインセンティブを持つことになります。特に国家公務員の多くは退職前よりも退職後の収入のほうが高まるため，生涯収入の多くを天下り先で得ることになります。よって将来の天下り先は官僚にとって重要であり，昇進や天下りから得る便益 w を十分に大きくしていたと考えられます。

本項のモデルでは昇進や天下り先を政治家が決定できると仮定してきました。日本国憲法上（73 条 4 号），すべての公務員の人事権は内閣が持っています。しかし，実際は各省庁に任されている部分が大きく，公務員の人事に関しては各省庁に自律性が与えられていたと言われています。ただし，キャリア官僚の人事は，天下り先も含め各省庁の大臣官房で行われていたため，各省庁の大臣が人事の最終決定権限を持っていました。実際に，自民党が明示的に賞罰として昇進や天下り先の決定に頻繁に介入をしたわけではありませんが，長期政権下の自民党が人事の最終的権限を握り続けることを予見している官僚が，自民党に反旗を翻すインセンティブを持つことは少ないでしょう。

8.3.2　官僚に関する情報収集

前項における議論では，政治家は官僚の選択した政策が，官僚の最適政策であるか，政治家の最適政策であるかを知ることができると仮定しました。しかし，政治家が各種政策に関する情報を十分に把握しておらず，誰の最適政策が選択されたかわからない場合もあるでしょう。そこで 1993 年までの自民党長期政権は，以下の方法を用いて行政・官僚に関する情報収集を行ってきたと指摘されています（ラムザイヤーとローゼンブルース，1995）。第 1 に，政治家や政党の支持者が行政に関しての不服・要望がある場合，直接，陳情という形で政治家に相談を持ちかけることが多くありました。自身の支持者が政治家に代わって官僚を監視してくれることになるため，

Chapter 8　脱官僚　199

行政のすべてを監視することができない政治家にとっては重要な情報源であったと言えます。第2に，官僚のなかには将来政治家を目指す人も少なくありませんでした。また，政権政党であり続ける可能性が高い自民党の候補者として出馬し当選したほうが，より多くの影響力を持つことができると考えられるため，自民党から出馬することが好まれていました。自民党から出馬するためには，当然自民党と良好な関係を保つ必要があります。政治家志望の官僚は自身の省庁に関する情報を積極的に自民党に提供するインセンティブを持っていました。第3に，複数の省庁に似たようなプロジェクトを投げかけ競合させるという手法もありました。各省庁は，自民党に自身の案が受け入れられるよう，多くの情報を提供するインセンティブを持ちます。いわゆる縦割り行政と呼ばれていたもので，省庁間の協調よりも競争が重視されていました。最後に，政治家のなかでも1つの政策に特化し，その政策に関わる役職に就き続けていた政治家もいました。この族議員と呼ばれる政治家は，官僚と渡り合えるだけの知識を取得していました。

　自民党は1955年から1993年まで政権政党であり続けたため，官僚たちにとって，昇進や天下り，あるいは政治家になるためにも自民党と良好な関係を保つことは必須だったと言えます。たしかに，日本では内閣提出法案の数は多いと言えます。しかし，それは単純に官僚支配を意味するわけではありません。自民党や政府に嫌われるような法案を出せば，自身の今後の出世やキャリアに響いてくることは目に見えていました。内閣提出法案は官僚の手によって書かれたものだとしても，政権政党である自民党の意向を無視して書かれたわけではなく，むしろ自民党政権に好まれるように書かれたものだと解釈すべきでしょう。

　しかし，天下りも，縦割り行政も，族議員も，今は悪しき政治的風習として批判されています。たとえば，天下りは政官財の癒着を

もたらす悪しき政治的慣習であるとして禁止され，出世競争に敗れた官僚に退職を強要することもできなくなりました。そのため，天下りを用いた統制は使えなくなりました。また，2001年に省庁が再編され，似た政策に従事する省庁はまとめられたため，省庁間の競合は少なくなったと言えます。特に民主党は，自民党が用いた上記の手法を批判し続けていました。それでは，民主党が政権を担った際には，どのような方法で官僚の統制を試みたのでしょうか？

■ **Exercise 8-2**

8.3.1のモデルでは政治家は必ず官僚が選択した政策を知ることができると仮定した。しかし実際に知るためには，8.3.2で示した方法などを駆使しながら，一定の費用をかけて情報を集める必要があるだろう。そこで，官僚が政策を選択する前に，政治家は費用 $c > 0$ を払ったうえで，政策を知ることができるような制度を構築するか否かを選択すると考えよう。制度が整っている場合には，官僚の政策選択を知ることができるため，知った後に政治家は官僚を昇進させるか否かを決定する。しかし整っていない場合には，政治家は政策を知ることができないため，人事に関しては各省庁に自律性を与えざるを得ず，官僚を昇進させるしか選択肢がないと考えよう。後者の場合は，官僚は必ず昇進できるため，官僚は自身の最適政策を必ず選択することになる。利得は8.3.2のゲームと同じとする。このゲームの木を描いたうえで，サブゲーム完全均衡を示せ。ただし，$w > 1$ とする。

8.4 脱官僚は可能か

2009年に政権の座に就いた民主党にとって，今まで自民党のために働いてきた官僚との利害対立は大きかったと言えます。そのため，民主党と官僚の利害の一致度（8.2のモデルにおける p）は小さかったでしょう。そこで，民主党は官僚から多くの権限を取り上げ

Aside 8　政治制度の副作用3——最高裁判所判事定年制

　アメリカの連邦最高裁判所は2015年6月に同性愛結婚を憲法上の権利として認めました。一部の州では同性愛結婚を禁止していましたが，今後は認めざるを得なくなったということです。このように最高裁判所は憲法に基づき，政府や議会が決定した政策を覆す権限を持っている重要な政治的意思決定者の1つです。しかし，日本の最高裁判所は違憲判決で政府や議会と大きく対立することは滅多にありません。最高裁判所の判事は最高位ですし，定年まで勤めれば70歳になるので，官僚のように昇進や天下りではコントロールできません。それでは，どのような手段で政府との対立を最小限にしていたのでしょうか？　最高裁判事の任命権は内閣にあるので，できる限り政府に近い考えを持った人を任命しようとするでしょう。しかし，その後は昇進や天下りでコントロールすることは難しいため，判事が長く勤めれば勤めるほど，政府と意見を異にする可能性が高まります。そこで政府は定年70歳ぎりぎりの65歳前後の人を任命する戦略を取り，意見を変える前に引退させてきたという指摘がされています（ラムザイヤーとローゼンブルース，1995）。2017年までの着任時平均年齢は64歳2カ月です。驚くべきことに，定年間際の任命は自民党だけではなく民主党も政権時代には行ってきました。そのため10人もの判事を民主党は任命しましたが，民主党政権終了後からわずか5年後の2017年には3人しか残っておらず，15人中12人が自民党安倍政権によって任命されています。実際のところは，自民党はもちろん民主党も最高裁判所を重視せず，最高裁判事を単なる名誉職として扱ってきたのでしょう。その結果65歳前後での論功行賞のような位置づけになってしまいました。一方，アメリカでは最高裁判事は大統領の指名と上院の合意で決まりますが，その後は定年もなく，また50歳代で着任することが一般的ですので，何十年も勤める人が多くなります。たとえば，2018年に引退したアンソニー・ケネディは，共和党のレーガン大統領に指名されてから30年勤めましたが，同性愛結婚を認めるなど中道派として知られていました。日本の最高裁判事には定年があるため，政府は最高裁判所を有名無実化し，定年間際の名誉職にしてしまうインセンティブを持っています。最高裁判事の定年は1947年に決められました。平均寿命が60歳にも達していなかった1947年時点では70歳はかなりの高齢と見られていたと思いますが，現在ではどうでしょうか？

ることで，脱官僚を目指しました。しかし，情報収集や政策の決定
権限のあり方は政権によって異なっています。

　民主党最初の政権である鳩山由紀夫政権は，内閣の最終的意思決
定機関になっていると批判されてきた事務次官等連絡会議を廃止し，
その代わりに各省庁の大臣・副大臣・政務官からなる政務三役会議
を設立し，政策の意思決定過程から官僚を排しました。しかし，政
権を担った経験のない民主党の政務三役だけでは調整しきれない案
件も多かったと言われています。その一方で民主党幹事長であった
小沢一郎は，個別の政治家に対し行われていた陳情のあり方を見直
し，民主党の幹事長室が陳情の内容を吟味したうえで各省庁につな
ぐ方式をとりました。民主党幹事長に情報が集まってくるため小沢
一郎の力が強まり，政府と民主党間の意見調整も難航していきます。
特に，沖縄の普天間基地の移設問題に関しては政権内で主張が右往
左往した結果，鳩山政権の支持率は低下し，退陣に追い込まれまし
た。民主党第2の政権である菅直人政権では，官僚を排した結果生
じた鳩山政権の失敗を繰り返さないために，政務三役会への事務次
官の参加を呼びかけるなど，官僚を政策の意思決定過程に戻してい
きました。東日本大震災発生後には，震災対応のための省庁間調整
のために被災者生活支援各府省連絡会議を設立し，震災対応に限り
事務次官等連絡会議と同様の場を復活させます。民主党最後の政権
である野田佳彦政権では，より官僚を政策の意思決定過程に参加さ
せるため，各府省連絡会議を立ちあげ定例化させます。震災対応に
限らず，あらゆる政策に対応できる事務次官等連絡会の事実上の復
活でした。

　民主党は脱官僚を試み，鳩山政権では意思決定から官僚を排除し
ましたが，民主党や内閣だけでは情報を処理しきれず，徐々に官僚
に頼らざるを得なくなっていったことがわかります。たしかに，選
挙で選ばれ国民の意思を反映しうる立場の政治家に仕えるべき官僚

Chapter 8 脱官僚　203

が，政治家の意思に反した行動をとることは問題でしょう。しかし，その解決策は必ずしも官僚からすべての権限を奪うことではありません。官僚の持っている情報と専門性は，政治には不可欠だからです。問題は，官僚の適切な統制の仕方を考えることでしょう。今まで用いていた天下りや族議員，縦割り行政などの手法を用いることができなくなった現在，新たな官僚統制の方法を考える必要性が生じていると言えます。

Discussion Questions

Q8-1　中央銀行の独立性

多くの民主主義国では，中央銀行は政府から独立し，金融政策の意思決定権限は政府から中央銀行に委譲されている。この点に関して，アメリカの中央銀行である連邦準備制度理事会の第14代議長ベン・バーナンキは，2010年の日本銀行における講演で以下のように述べた。

> 金融政策の目標 (goal) は政府によって規定されるべきであるが，その目標を遂行するための金融政策運営 (conduct) は政治的支配から独立しているべきである，ということが世界中の政策担当者，学会，有識者の間でコンセンサスとして形成されてきています (Bernanke, 2010：著者訳)。

つまり，政策の目標は政府が決める一方で，目標達成に向けた政策の手法は中央銀行が決めるべきであると指摘している。本章のモデルを用いて，「政策の目標」と「政策の手法」の違いを示すことができるだろうか？　また，この2つの意思決定を分けて考えることは，官僚統制としてどのような効果が考えられるだろうか？

Q8-2　内閣人事局と忖度(そんたく)

2012年に再び政権を取り戻した自民党の安倍晋三政権は，2014年に内閣人事局を設立した。議論してきたように，従来の官僚の人事権は主に各省庁の大臣官房で行われ，官僚が実質的権限を有していた。しかし内閣人事局設立によって，各省庁の幹部職員の人事権は一元化さ

れ，内閣が人事の実質的権限を掌握できるようになった．その後，2017年において安倍総理の妻が名誉校長を務める新設小学校に対し，財務省が格安の値段で国有地を払い下げたことが問題となった．総理大臣が親しい者に対し利益供与を行ったと受け止められたためである．しかし，安倍首相自身が明示的に指示したことは証明されず，むしろ官僚が総理大臣の意向を暗に酌んで意思決定を行う忖度をした可能性が指摘された．福田康夫元総理は，内閣人事局が設立され，政治家が官僚の人事権を掌握したことにより，官僚が常に政治家の意向を忖度していることを指摘し，内閣人事局設立は「安倍内閣最大の失敗である」と批判した（福田元首相安倍政権を批判「国家の破滅近づく」，東京新聞，2017年8月2日）．本章のモデルと議論をふまえつつ，以下の点に関して議論せよ．

(i) 内閣人事局設立は官僚の統制にどのような影響を与えうるか？
(ii) なぜ官僚は忖度するインセンティブを有するのか？ 官僚が忖度することは問題であるだろうか？ 内閣人事局設立は「最大の失敗」と言えるだろうか？

Q8-3 官僚の目的

本章のモデルでは，官僚の政策の好みが政治家とは異なる可能性のみを導入し，官僚が何を目的として行動をしているのか，考えてこなかった．しかし，より精密なフォーマルモデルを構築するためには，そして官僚を有効に統制する方法を考えるためには，官僚の目的を知る必要がある．政治家に関しては少なくとも選挙の勝利確率の最大化が目的の1つであると考えることが一般的であるが，官僚の目的は判然としていない．8.1で議論したように，官僚は予算の最大化行動をとっていると考えるべきか？ その他に，より妥当な官僚の目的は存在するか？ その目的を利得最大化や勝利確率最大化のようにフォーマルモデルを用いて表現できるだろうか？ 議論せよ．

Notes

官僚のモデル分析において，政治家・官僚間の利害対立と官僚の情報優位性のトレードオフは，**Chapter 2**で紹介した政策を一直線上（あるい

は空間上）で描くモデルを用いて分析されています。それを **8.2** では，2 つの政策の選択肢に単純化しました。官僚に関するゲーム理論分析の詳細を知りたい場合には，Huber and Shipan（2006）や曽我（2005）にまとめられています。**8.3.1** と **8.3.2** で議論した日本における官僚統制の手法はラムザイヤーとローゼンブルース（1995）が指摘したものですが，族議員に関しては猪口と岩井（1987）を基に議論しています。**8.4** で議論した民主党の官僚統制に関する議論は，信田（2013）を基にしています。

Part **III**

世界と政治

Part I と **Part II** では民主主義体制の国内政治に関して議論してきました。しかし，多くの国が民主主義とは異なった政治体制を採用しています。多くの非民主主義体制の国では国民の人権が無視される一方で，民主主義体制の国では尊重されています。なぜ，異なった政治体制下では異なった政策が選ばれるのでしょうか？　また，長い歴史のなかで民主主義国の数が大幅に増加しているのは近年に限られた現象です。なぜ，多くの国は民主化への道を進んでいるのでしょうか？　同時に，政治は一国のなかで完結するものではありません。諸外国からも大きく影響を受けます。特に，今まで多くの戦争が引き起こされ，悲劇を生んできました。なぜ戦争は起きるのでしょうか？　戦争を避けるためには，何をするべきでしょうか？　**Part III** では，政治体制の違いと民主化，および戦争とその回避の手段について考えていきます。

Chapter 9 政治体制

なぜ独裁者は邪悪に走るのか

（出所） AFP＝時事
民主化運動を先導したアウンサンスーチーが実権を掌握した後のミャンマーにおいて，イスラム系少数派集団ロヒンギャに対する掃討作戦が実行された。

> ✓ 本章で導入される概念：(勝利)提携

9.1 アウンサンスーチーのミャンマー

　ミャンマー連邦共和国（ミャンマー）では 1948 年におけるイギリスからの独立後，長い間軍政が続いていました。その軍政下において，アウンサンスーチーはミャンマーの民主化を目指して活動をしてきました。民主化運動に対する功績から 1991 年にノーベル平和賞が授与されるものの，軍部との対立から度重なる自宅軟禁を強いられます。しかし，根強い国内外の支援のもと 2010 年に軟禁から解放された彼女は，積極的に政治活動を行い，2015 年の総選挙ではアウンサンスーチー率いる国民民主連盟が勝利します。外国籍の息子を持つアウンサンスーチーは憲法上大統領にはなれませんでしたが，国家顧問という新しい役職に就任します。国家顧問は大統領に「助言」できる立場であることから，アウンサンスーチーが実権を握ったと言えます。

　彼女が国家顧問に就任して間もない 2016 年 10 月にミャンマー西部にあるラカイン州で武装集団の襲撃が生じると，ミャンマー政府は犯人をイスラム系少数派集団であるロヒンギャによるものであると断じ，ロヒンギャの掃討作戦を開始しました。その結果，多くのロヒンギャの人々が虐殺されたと言われています。この掃討作戦は「民族浄化」であり「人道に対する罪」に問われる可能性があると指摘する国際連合関係者もいます。それに対し，アウンサンスーチーは民族浄化を否定したうえで，調査団の受け入れを拒否し，多くを語ろうとはしていません。

　多くの非民主主義体制の国において，政治的リーダーは躊躇なく国民の人権を踏みにじってきました。独裁者の多くが，国民から富を収奪し，政府に逆らう者の命を奪ってきました。また，カンボジアのポル・ポト率いるポル・ポト派による虐殺，中国の毛沢東が

行った文化大革命における虐殺，イラクによるクルド人の虐殺（ハラブジャ事件）など，大量虐殺すらいとわない独裁者が存在していました。民主主義体制の国に住んでいる私たちから見れば邪悪としか思えない行為でも，非民主主義体制の国では行われることがあります。それでは，なぜ非民主主義体制の国は国民の人権を踏みにじることがあるのでしょうか？　邪悪な人間が独裁者など政治的リーダーになったからでしょうか？　もし邪悪ではなく，人権を重視する人格者が政治的リーダーになれば，非民主主義体制の国でも国民は幸せになれるのでしょうか？

　民主主義という言葉には様々な意味が含まれることが多いですが，その定義として政治学者のロバート・ダールは，競争的選挙によって選ばれた者が政府を構成していること，すべての成人が選挙権・被選挙権を有すること，および表現と結社の自由が保障されていることが民主主義の条件であるとしています（ダール，1970）。本書でも，このダールの定義に準じていきます。一方で，独裁や全体主義などを含む民主主義ではない政治体制のことを**権威主義**と呼びます。前章までは主に民主主義体制の国の政治制度に関して議論してきました。しかし，世界には民主主義体制の国以外にも様々な政治体制の国が存在しています。また，民主主義と一口に言ってもアメリカ，日本，イギリスなどで民主主義のあり方は異なりますし，権威主義のなかでも，中国，北朝鮮，ロシアなどで権威主義のあり方は異なります。民主主義と権威主義というまったく異なる政治体制が２つのみ存在すると考えるより，アメリカと北朝鮮の間にロシアや中国が位置づけられるなど，ある程度の連続性が存在すると考えるほうが自然でしょう。本章では，政治体制の違いを１つの枠組みのなかで分析することができるモデルを紹介しつつ，上記の問いについて考えていきます。

Chapter 9　政治体制　211

9.2 民主主義と権威主義

9.2.1 選択民と勝利提携

　ある架空の国を考えましょう。その国には政府があり，政治的リーダーによって統治されているとします。政治的リーダーとは，大統領や政権政党など，政策の意思決定に関する実権を握っている人，あるいは集団です。政治的リーダーには様々な目的があると考えられますが，最も重要な目的は政権を維持することです。国のために自分が正しいと信じる政策の実現を目指していても，自身の権限を用いて私腹を肥やそうとしていても，政権を維持できなければ実現することはできません。しかし，選挙に負ける，失脚・逮捕される，クーデターや革命が生じるなど，政権は様々な理由で倒される可能性があります。政治的リーダーたちは，このようなリスクを最小限にし，政治的に生き残ろうとするインセンティブを持ちます。ここで政権交代とは，政治的リーダーのすげ替えを意味します。政治的リーダーが替わる際に，政治体制は維持したまま替わる場合と，政治体制も含めて替わる場合が考えられます。ここでは，その両方を含みます。

　その政治的リーダーが政権を維持できるか否かを決める主体は，その国に住んでいる国民です。選挙で投票する主体も，政治的リーダーの失脚・逮捕を決定する主体も，あるいは革命やクーデターを起こす主体も，国民（の一部）です。そこで，その国の国民の集合を I としましょう。I 人の国民が住んでいると考えて結構です。民主主義と権威主義の細かい相違は捨象したうえで，以下の2つの変数だけで政治体制の違いを表現してみましょう。

212　**Part III**　世界と政治

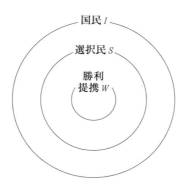

図 9-1：国民，選択民，および勝利提携

- *S*：**選択民**（selectorate）
  国民全体のなかで，政治的リーダーを決定する実質的権利を持った国民の集合。
- *W*：**勝利提携**（winning coalition）
  政治的リーダーになるために，最低限支持を得る必要がある選択民の集合。

選択民は，民主主義では有権者，あるいは選挙民と呼ばれる集団であり，選挙権年齢を満たしている国民の集団です。一方で権威主義では，後述しますが，国民全員が選択民とは限りません。

当然ながら，政治的リーダーになるために選択民の支持を得る必要がありますが，通常は選択民全員の支持ではなく，その一部の支持のみで政権を維持することができます。政権を維持するために最低限支持を得る必要がある選択民の規模が勝利提携です。たとえば，民主主義体制の国では選挙に当選し，政権をとるために最低限必要な票数になります。

国民，選択民，および勝利提携の関係は**図 9-1** に示しています。国民の一部，あるいは全員が選択民になります。その選択民の一部

が勝利提携に含まれます。図が示すように，選択民は誰でも勝利提携のなかに含まれる可能性を有していますが，選択民ではない国民が勝利提携に含まれることはありません。このモデルでは主に，選択民 S と勝利提携 W の2つの変数だけで政治体制の違いを描いていきます。S と W で描いた政治体制の違いで導かれる主要な含意は以下の2点です。

① 選択民に占める勝利提携の割合（W/S）が小さいほど，政治的リーダーは政権を維持しやすい。

② 勝利提携の規模（W）が小さいほど，政治的リーダーは国民全体の利得を無視した政策を実行する。

よって以降では，主に選択民に占める勝利提携の割合（W/S）と勝利提携の規模（W）に注目しつつ議論していきましょう。

ちなみに選択民は英語で selectorate と書きますが，選挙民を意味する electorate と選択を意味する select を合わせた言葉です。一方で勝利提携は，プレーヤー間での協力が生じることを前提としている「協力ゲーム理論」で用いられる「勝利提携」という概念から名前が来ています。提携とは協力関係を築いているプレーヤーのグループのことです。そして，複数のプレーヤーが投票を通して意思決定を行うゲームにおいて，議案を通す力を有する提携のことを勝利提携と呼びます。ただし，協力ゲーム自体に関しては本書の難易度を超えるため，議論しません。

9.2.2　民主主義体制

民主主義は選択民の規模 S も勝利提携の規模 W も大きいことが特徴です。民主主義において政治的リーダーを選択する主な手段は選挙です。通常，成人の国民は全員選挙権を持っているため S は大きく，I を成人に限った国民の集合と考えた場合には，I とほぼ同

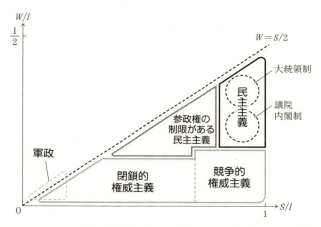

図9-2：民主主義と権威主義における選択民と勝利提携の規模

値と考えられます。また、選挙に勝利するためには、有権者の過半数とまではいかずとも多くの支持が必要になるため、Wも大きいと考えられます。**図9-2**では、横軸に国民に占める選択民の比率(S/I)と、縦軸に国民に占める勝利提携の割合(W/I)を置いています。また、斜めに入っている破線は、それぞれのS/Iの値において、$W=S/2$(WがSの半数)を満たすWの値を示しています。民主主義においては、選択民の規模Sが国民の規模Iに近いことは共通していますので、**図9-2**が示すように、S/Iが1に近く、かつW/Iの値の大きい国が民主主義体制の国であると言えます。しかし、Wの大きさは国によってばらつきがあります。

　民主主義体制の国は大統領制を採用している国と、議院内閣制を採用している国に大きく分けることができます。まずは大統領制を考えてみましょう。以降の議論では単純に国民はすべて有権者である($S=I$)二大政党制の国を考え、選挙においては各政党から1人ずつ、合計2人の候補者のみが立候補していると仮定します。政治的リーダーである大統領は、直接選択民(有権者)により選ばれま

す。候補者が2人の大統領選挙を考えた場合，選挙に勝利し，政権
を維持するには過半数の有権者の支持が最低限必要になります。
よって，勝利提携の規模は選択民の半数となり，

$$W = \frac{S}{2}$$

が成立します。**図9-2**に示しているように，民主主義体制の国の
なかでも大統領制は$W = S/2$に近いところに位置づけられています。

　一方で，日本のような議院内閣制では議会の（連立）政権政党が，
自身と利害が一致している人を内閣総理大臣として指名します。ま
た多くの法案は過半数の賛成で可決されることが一般的です。よっ
て，議院内閣制におけるリーダーは過半数の議席を得ている政権政
党であると言えます。政権政党が政権を維持するために必要なW
を計算してみましょう。議院内閣制では，まず各選挙区において議
員が選出されます。ここでは二大政党制を考えているため，1つの
選挙区の候補者数は2人です。また，各選挙区の勝者は1人のみの
小選挙区制を考えましょう。過半数の議席を得るためには，半分以
上の選挙区で政党所属議員が当選してくれれば良いことになります。
1つの選挙区で勝利するためには，その選挙区で過半数の選択民の
支持が必要です。以上をまとめれば，半分の選挙区（1/2）におい
て，半分の選択民（1/2）の支持を得られれば政権政党になれるた
め，全選択民のうち$1/2 \times 1/2 = 1/4$の支持を最低限得れば良いこ
とになります。つまり，勝利提携の規模は，

$$W = \frac{S}{4}$$

になります。勝利提携の規模は大統領制の半分になっており，格段
に小さくなっています。**図9-2**に示したように，同じ民主主義体
制の国ではあっても，大統領制と議院内閣制の間では，勝利提携の
規模は大きく異なります。

216　**Part III**　世界と政治

一方で，すべての成人国民が選挙権を持つわけではない国も存在します。日本における普通選挙は 1925 年に改正衆議院選挙法が成立してからはじまりましたが，男性のみが参政権を得ており，第二次世界大戦後（1945 年）まで女性参政権は成立しませんでした。また 1960 年代までのアメリカでは黒人の有権者登録を不当に妨害するなど，黒人の参政権に実質的な制約を与えていました。参政権を限るような国では，**図 9-2** が示すように，選択民の規模 S は小さいものの，競争的選挙は実施されているため，選択民に占める勝利提携の割合（W/S）は民主主義と変わらず高いと言えます。

9.2.3 権威主義体制

　民主主義ではない権威主義にも，大きく分けて閉鎖的権威主義（closed authoritarianism）と競争的権威主義（competitive authoritarianism）の 2 種類があります（Levitsky and Way, 2002）。競争的権威主義では，合法的な野党が存在し，選挙によって大統領・議会議員が選ばれるため，形式上は民主主義体制と似ているものの，選挙不正や野党弾圧が著しく行われている権威主義のことです。例として，ロシア，シンガポール，メキシコ，ケニアなどがあります。ほかにも，選挙権威主義（Schedler, 2002）やハイブリッド体制（Diamond, 2002）などと呼ばれることもあります。一方で，閉鎖的権威主義とは，選挙が行われない，あるいは行われていても合法的野党が存在しない権威主義です。まずは，古くから存在している閉鎖的権威主義に関して考えてみましょう。

(a) 閉鎖的権威主義

　閉鎖的権威主義では選挙は行われないため，多くの選択民の支持は政権維持には不必要です。政権維持に最低限必要な有力者の支持さえ得ていれば安泰であることが多いため，W は小さいと言えます。

たとえば，軍などクーデターを起こせるだけの武力を持つ集団の支持は獲得する必要があるでしょう。君主制では王族や貴族など有力な一族の支持も必要かもしれませんし，裕福な商人がいた場合は，その富を政権転覆のために使われないためにも支持を得ておく必要があるかもしれません。しかし，図9-2 が示すように，民主主義に比べれば圧倒的に少ない勝利提携の規模で政権を維持できます。

　権威主義では W が小さいことは共通していますが，選択民の規模 S は国によって異なります。まず，閉鎖的権威主義における選択民の存在は，民主主義における選択民とは異なります。閉鎖的権威主義における選択民は選挙を通して直接政治的リーダーを選択するわけではありません。閉鎖的権威主義における選択民は主に，革命やクーデターなど政変のための行動に出た場合，政権転覆をする可能性のある人々のことだと解釈できます。もちろん，単独で行動をしても政権転覆はできませんが，一定程度以上の規模の選択民が行動した場合，政権を転覆できる力を持っているということです。たとえば，日本の江戸時代において徳川幕府が政権を維持するための選択民は各藩の大名であったと言えます。たった1藩で徳川幕府を転覆することはできませんが，一定程度の藩が協力すれば討幕も可能となります。各藩の大名たちは投票を通して将軍を承認していたわけではありませんが，協力して政治的リーダーである徳川幕府を転覆させる力があったわけです。しかし，徳川幕府は政権維持のためにすべての大名の支持を固めておく必要もないでしょう。一部の藩（W）の支持さえ取りつけておけば，クーデターは避けられます。よって，大名の一部だけを優遇し，支持を取りつけておけば良いわけであり，選択民より勝利提携の規模は小さくなります。

　権威主義のあり方によっては，国民も政権転覆に参加することができるという点で選択民になりうるでしょう。図9-1 が示すように，選択民は誰でも勝利提携に含まれる可能性があります。つまり，

政権転覆を実行するかもしれないがために勝利提携に含まれる可能性がある人々が、閉鎖的権威主義における選択民となります。

図9-2が示すように、閉鎖的権威主義ではW/Iが小さい一方で、S/Iの値は様々です。なかには多くの国民に対して勝利提携に入れる門戸を開いている閉鎖的権威主義があります。言い換えると、誰でも政治的リーダーの側近になる可能性がある国です。しかし、その場合でも選挙は行われないため、選択民の規模は民主主義体制ほど大きくはならないと言えます。一方で、勝利提携に入れる門戸が極めて狭い国も存在します。たとえば、軍政における選択民は軍人に限られてきます。よって、S/Iは国民に占める軍人の割合であるため極めて小さくなります。軍政では、勝利提携Wの規模だけではなく、選択民の規模Sも小さくなるため、Sに対するWの割合（W/S）は大きくなる場合が多いでしょう。たとえば軍政における政権維持のために、「空軍と海軍の支持は取りつけたから陸軍の支持はいらない」などという単純な多数決ではありません。軍部のなかでは過半数の支持（$W>S/2$）が必要になることもあるでしょう。

(b) **競争的権威主義**

競争的権威主義では選挙が行われるため、選挙権を持っている成人国民が選択民であると言えます。よって、S/Iは民主主義のように大きいでしょう。しかし、選挙不正や野党弾圧を行っているため、政権維持のために必要な票数は民主主義より少ないです。過半数の支持を得ていない場合でも、選挙結果の改ざんや、野党支持者への投票を妨害することで、過半数の支持を得ているように見せかけることができるためです。よって、**図9-2**が示すように、S/Iの値は大きい一方で、W/Iは民主主義よりも小さいと言えます。ただし、選挙を行っていることから、一定程度の国民からの支持は必要になります。よって、閉鎖的権威主義よりもW/Iが高い国は存在して

Chapter 9 政治体制 **219**

いると考えられます。

競争的権威主義は，冷戦後に国内外からの民主化の圧力が強まった結果生じたと言われています。国内からの民主化圧力に関しては主に **Chapter 10** で議論するため，ここでは国外からの圧力を考えましょう。

競争的権威主義は，国外からの民主化圧力に対し抗える国と脆弱な国に分けることができます（Levitsky and Way, 2002）。たとえば，天然資源を持っていることなどの理由から経済規模が大きく，かつ核兵器を所有しているなど軍事力も大きな国は，他国からの民主化圧力が存在したとしても，抗うことは難しくないでしょう。このような民主化圧力に脆弱ではない国では他国からの批判に耐えることができるため，選挙不正や野党弾圧を積極的に行うことができます。たとえば，ウラジミール・プーチンが 76 ％の得票率を得て勝利した 2018 年のロシア大統領選挙において，1 人の投票者が複数票を投じる姿が投票所の監視カメラに写されていることが報道されました。多くの批判がありましたが，動じることなくプーチンは政権を維持しています。このようにロシアでは多くの選挙不正や野党弾圧を行うことができるため，W/I は小さいと言えます。よって，S と W の比率（W/S）もかなり小さくなります。一方で，経済的にも軍事的にも大きくはなく，欧米諸国からの民主化圧力に弱い国（ケニアやジョージアなど）では，選挙不正や野党弾圧を積極的に行うと，欧米諸国から批判を浴び，援助などが受けられなくなってしまうかもしれません。よって，W/I を小さくすることは難しくなります。したがって，S と W の比率（W/S）もロシアなどに比して大きくなると言えます。

■ Exercise 9-1

日本では，参議院に否決された法案であっても，衆議院議員の2/3以上の支持を得れば施行することができる。また，憲法改正も議員の2/3以上の支持が必要である。このように過半数ではなく，2/3以上の支持を必要とする「2/3ルール」が採用されることがある。2/3以上の支持を得ることは困難に思えるが，本当に困難であろうか？ そこで，政権政党になるためには，2/3以上の議席を得る必要があるとしよう。単純化のために，一院制を考え，投票率は100 %であり，議員選挙には小選挙区制が用いられると考えよう。また，政党数は2つのみとする。この国の勝利提携Wの大きさを示せ。

9.3　政治的生き残り

ここまで述べてきたモデルの主要な含意の1つ目は「選択民に占める勝利提携の割合（W/S）が小さいほど，政治的リーダーは政権を維持しやすくなる」でした。つまり，多くの人々に対して勝利提携に入ることができる門戸が開かれている（Sが大きい）一方で，限られた人々しか勝利提携に入れない（Wが小さい）制度であれば，政権維持がしやすくなるということです。重要なことは，勝利提携に入っている人々が，現職の政治的リーダーに対して感じる忠誠心の度合いです。忠誠心が高いほど裏切りは少なく，現職のリーダーは政権を維持することができます。その忠誠心はW/Sが小さいほど高まるため，政治的生き残りが容易になるわけです。それでは，なぜW/Sが小さいほど忠誠心が高まるのでしょうか？

現職のリーダーを排除し政権交代を虎視眈々と狙う人々がいます。ここでは，そのような人々を挑戦者と呼びましょう。挑戦者が政権交代を果たすためには，少なくとも以下の2つの条件を満たさなければならないでしょう。

Chapter 9　政治体制　221

Aside 9　失敗は成功のもと
　　　　　　——みんなでフォーマルモデルを育てていく

　3人の政治学者が政治学の一流学術誌にある論文を掲載しました（Bueno de Mesquita et al., 1997）。論文はフォーマルモデルとデータ分析を用い，2国間での武力衝突が生じる可能性は，両国の力の大きさが近いときに最小化されることを示しています。その論文に対し，2000年に同じ学術誌上で訂正の指摘がされました（Molinari, 2000）。もとの論文では以下のような数式を両国で交戦が生じる条件式として示していました。変数の意味はわからなくて大丈夫です。

$$\frac{p_i + K - \beta}{1-\beta} - c \geq \left(\frac{1-\gamma}{1-\beta}\right)\left(\frac{p_i + K - \gamma}{1-\gamma}\right) + \left(\frac{\gamma - \beta}{1-\beta}\right)U_i(N)$$

　そしてこの式は，$p_i \geq \theta$ と同じことを意味するとしています。しかし訂正では，上の不等式を計算していくと p_i は消えてしまうことを指摘しています。変数 p_i は各国の力を示しているのですが，p_i が消えるということは交戦が生じる条件に力関係は影響を与えないことになり，論文の結論は根底から崩れることになります。このような過去に公刊された論文の誤りが指摘されることは少なくありません。フォーマルモデルは数式を用いて展開されるため，採用している仮定も明確で，また論理展開に誤りがあればすぐにわかります。フォーマルモデルはその難易度から敷居が高いと感じる人も多いでしょう。しかし，一度フォーマルモデルを習得してしまえば，あらゆる分野のフォーマルモデルを用いた論文を読むことができるようになります。各分野に特殊な言葉づかいや独特の表現に苦慮することなく，共通言語としてフォーマルモデルを用いることができるためです。上記の論文の著者には，本章の選択民理論を示したアメリカの著名な政治学者が含まれていますが，訂正を指摘したのはイタリアの若き経済学者でした。分野や国や経歴の異なる研究者たちが，同じ土俵に立ち，互いに切磋琢磨できるわけです。上記の例は計算間違いですが，既存の論文の仮定や設定に納得がいかない，あるいは分析手法に納得がいかない研究者がいれば，その訂正を施した新たな研究を行えば良いわけです。1人の研究者ですべてが語られるわけではなく，世界中の時間と専門分野を超えた研究者たちがともにフォーマルモデルを発展させていくことができる。そのことが，1つの大きな魅力だと言えるでしょう。

① 挑戦者も勝利提携 W を形成しなくてはならない。

政権の維持のためには勝利提携の支持が必要なわけですから，現政権を転覆し，新たな政権を樹立するためには，挑戦者自身の勝利提携を W 以上の規模で作る必要があります。

② 現職の政治的リーダーの勝利提携の一部を崩さなくてはならない。

たとえば，勝利提携の規模が $W/S = 1/4$ であるとき，現職の勝利提携に所属していない残りの3/4の選択民のうち1/4の支持を得たとしましょう。しかし，それだけでは政権転覆はできないということです。議院内閣制を考えると，現職の政権政党はすでに $W = S/4$（以上）の支持を固め，半分（以上）の選挙区で勝利しています。この場合，政権政党を支持していない選挙区において1/4以上の選択民の支持を得るだけでは，過半数の議席を占めることはできません。現職の政権政党を支持している選挙区のうちいくつかの選挙区において議席を得なければ政権交代を果たすことはできません。そのためには，現職の政権政党の勝利提携メンバーの一部からの支持が必要です。また権威主義においても，政治的リーダーが勝利提携の支持を確保しているということは，クーデターや革命などを抑えることができるだけの武力を有していることを意味します。政治的リーダーを倒すためには，軍の一部など政治的リーダーの支持母体を切り崩さなくてはなりません。

つまり挑戦者は，現職の政治的リーダーを支持する勝利提携のメンバーの一部を切り崩し裏切らせたうえで，自身の勝利提携を形成しなくてはならないということです。そこで裏切りを促すためには，挑戦者は政治的リーダーの勝利提携メンバーに対し，今得ている利得よりも，高い利得を提示しなくてはなりません。たとえば，「今の政治的リーダーを支持しているあなたは○○円を得ていると思う

Chapter 9 政 治 体 制　　223

が，裏切って私を支持してくれれば××円を保障しよう」と持ちかけるわけです。

　ここで単純に，現職の政治的リーダーの勝利提携メンバーは，現職リーダーから1の配分を得ているとしましょう。一方で，挑戦者が新たに政権を担った場合には，自身の勝利提携のメンバーにxの配分を与えられるとします。この配分は，国民に対して政治的リーダーから与えられる唯一の利得であると考え，配分以外に国民が得られる利得はないと考えます。また，政権維持のためには勝利提携からの支持さえ得ていればよいわけですから，勝利提携に含まれない選択民や，選択民ではない国民に配分を与える必要はありません。勝利提携のメンバーだけが利益を享受でき，その他の人々は一切の配分を得ないとしましょう。この配分額は政策やリーダーの能力によって異なりますから，挑戦者からの配分xは，現職リーダーからの配分1とは異なることを許容しています。xが大きいほど，挑戦者の能力が優れていると解釈できます。それでは挑戦者は，高い能力や優れた政策を示し，「私の勝利提携に入れば$x>1$を与えよう」と約束するだけで政権を倒せるのでしょうか？

　挑戦者はいまだ政権を担った経験がない人です。実際に政権を担った後に気づくこともあるでしょう。政権運営には，革命やクーデターなど政権転覆を狙っていたときとはまったく状況が異なります。単に内戦や政争において勝利を目指すのではなく，様々な政策に関する意思決定が必要だからです。そこではじめて気づく相手（選択民）との相性や好みの相違が存在します。その相性は政治的リーダーになってみなければわからないことも多いでしょう。そのため，政権転覆のための活動時において勝利提携に含めることを約束したとしても，実際に政権を担ってみればまったく相性が合わないということもありえます。

　たとえば，キューバ革命後にキューバの政治的リーダーとなった

フィデル・カストロは，革命直後に 21 人の大臣を任命しますが，数年のうちに 16 人が辞任したり罷免されたりして，多くが国外追放になるか処刑されました。キューバ革命の英雄であるチェ・ゲバラも国外追放され，ボリビアで処刑されてその生涯を閉じます。日本の戦国時代でも，豊臣秀吉は天下統一を目前とした段階で，長く秀吉の支えとなっていた千利休や，甥の豊臣秀次を切腹させました。革命や政権転覆が伴わない場合でも，2011 年に北朝鮮の政治的指導者となった金正恩は，父の金正日の側近であり政権の中枢にいた叔父の張成沢などを次々と処刑しました。このように政権交代後に誰が勝利提携に入るのかを予測することは困難であり，挑戦者は事前に勝利提携に特定の人を含めることを確約できません。

　ここではすべての選択民にとって，挑戦者が政権を担った後に勝利提携に入る確率は同じ W/S であると考えましょう。S のうち W の人が同確率で勝利提携に入るので，確率は W/S となります。もちろん現実には，政権交代への貢献度や能力によって異なるはずですが，単純化のために選択民個人の能力などの差異は捨象して考えます。挑戦者が新たに政権を担ったときにおける選択民の期待利得は，新政権の勝利提携に確率 W/S で入ったときのみ x を得るので，$(W/S) \times x$ です。よって，挑戦者が現職リーダーの勝利提携メンバーに裏切りを促すためには，

$$\frac{W}{S} x > 1$$

を満たさなければなりません。x の値は挑戦者によって異なりますが，W/S が小さければ，挑戦者が現職リーダーの政権を転覆する難度は高まっていくことになります。現職のリーダーの視点に立てば，より能力が高く優れた政策を実現できる挑戦者が現れたとしても，W/S が十分に小さければ政権を維持できます。つまり，W/S が小さいほど，勝利提携のメンバーは裏切らず，政治的リーダーに対し高

い忠誠心を示すということです。ただし，この場合の「忠誠」は，アニメやドラマのなかで執事がご主人様に抱くような純粋な忠誠心ではありません。挑戦者に政権が取って代わられれば，自身が勝利提携から外れ，配分を得られない惨めな生活になってしまうかもしれない恐怖から，現職リーダーを支えようとする忠誠心です。多くの人々に勝利提携に入れる門戸が開かれている（S が大きい）一方で，限られた人しか勝利提携に入れない（W が小さい）制度であれば，政治的リーダーは「お前の代わりはいくらでもいる」と（暗黙のうちに）脅すことができます。もし裏切ったのならば，二度と勝利提携のメンバーにはなれないかもしれません。そのような制度下では，勝利提携のメンバーの忠誠度は高まり，政権転覆は困難になるわけです。一方で，W/S が大きければ，挑戦者は少し高めの配分 x を提示できるだけで政権を転覆することができます。よって**図 9-3** が示すように，W/S が大きいほど政権が崩れる可能性は高まります。

　この含意に従えば，民主主義は多くの権威主義に比べ政権交代は起こりやすいと言えるでしょう。民主主義のなかでは，W/S が大きい大統領制のほうが議院内閣制より政権交代が起こりやすいと言えます。一方で，閉鎖的権威主義のなかでは軍政など W/S が大きい体制においては，政権は変わりやすくなります。軍政自体が崩れることはなかったとしても，政治的リーダーは変わりやすく，内紛も生じやすくなるということです。その一方で，選択民の規模が大きい権威主義では，政治的生き残りは容易になると言ってよいでしょう。実際に，軍政以外の権威主義の国々において（最終任期を迎えたことによらない）政権交代が 1 年以内に生じる比率は約 5 ％前後であるのに対し，軍政ではその 3 倍近くの 16.7 ％であることが示されています（Geddes et al., 2014）。

　競争的権威主義には，ロシアなど欧米諸国からの民主化圧力に抗うことができる大国と，そうではない国があることを前節で指摘し

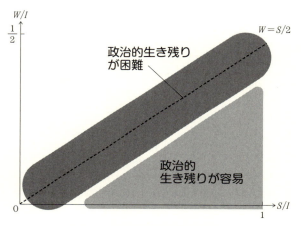

図 9-3：政治的生き残りの難易度

ました。民主化圧力を気にしないロシアでは選挙不正や野党弾圧が行われていることから，W/S は小さいです。その結果，選挙不正に対する批判が続くなかでも，プーチンはドミートリー・メドヴェージェフとともに 2000 年以降政権を維持し続けることができています。一方で，民主化圧力に脆弱である競争的権威主義として指摘されているケニア共和国やジョージアでは，それぞれ 2002 年大統領選挙，2012 年国会議員選挙で政権交代が生じています。

■ **Exercise 9-2**

9.3 では挑戦者が勝利提携メンバーに与える配分の量を x とした。ここでは，一国の富の大きさを 1 とし，政治的リーダーは富を勝利提携メンバーに配分すると考えよう。挑戦者が政権交代を果たした場合は，すべての富である 1 を均等に勝利提携メンバーに配分すると考える。つまり，政権交代後に挑戦者が作った新政権の勝利提携に入れたとするならば，$1/W$ の配分を受け取ることになる。

(i) 政権交代が果たされたときにおける，選択民の期待利得を示

せ。本節で議論したように，新政権の勝利提携メンバーになれる確率はW/Sである。

(ii) 現職の政治的リーダーが，裏切り者を出さないために自身の勝利提携メンバーに与える配分額を示せ。また，現職の政治的リーダーが受け取る利得（配分を与えた後の残額）を示せ。ただし，配分後の残額はすべて政治的リーダーのものになるため，勝利提携メンバーには最低限必要な配分しか渡さないことに注意せよ。

(iii) W/Sが小さくなることによって政権維持が容易になるだけではなく，政治的リーダーが得る利得も増大することが指摘されている。理由を(ii)の解答に基づいて説明せよ。

9.4 政治体制と政策

9.4.1 公的支出と私的配分

本章で扱っているモデルの2つ目の含意は「勝利提携の規模（W）が小さいほど，政治的リーダーは国民全体の利益を無視した政策を実行する」でした。勝利提携の規模が小さければ，勝利提携に所属する少人数だけが得をするような政策が実行される傾向があります。その一方で，勝利提携の規模が大きければ，勝利提携のメンバーや選択民だけではなく，国民全体の利益を考えるようになってきます。勝利提携からの支持を得ることだけが政権維持に必要であるにもかかわらず，国民全体の利益が重視されることがあるのはなぜでしょうか？

9.3では，政治的リーダーは予算を直接一部の人々に配分していていました。このような配分は，利益誘導政策などに代表される受け取った本人しか利益を得られない政策と言えます。一方で，国はインフラ整備，医療，教育，警察や消防などの公的サービスの提供

228　**Part III**　世界と政治

にも支出します。このような政策に予算が配分された場合には，限られた一部の人ではなく，多くの人が利益を享受することができます。つまり，政府が行う支出には大きく分けて以下の2つの種類があると考えられます。

- **私的配分**：配分を得た者のみが利益を得る政策への支出。
- **公的支出**：全国民が利益を得られる政策への支出。

9.3 では私的配分のみを考えていましたが，本節ではこの2つのタイプの支出を考えましょう（経済学では「公共財」と「私的財」に分けることが多いですが，公的支出には厳密な意味での公共財よりも幅広い支出を含んでいるため，ここでは公的支出と呼んでいます）。

　公的支出で利益を享受する人々は，選択民である必要も，勝利提携のメンバーである必要もないことに注意してください。すべての国民 I が利益を享受できます。そこで公的支出に対する支出額の q の割合の便益を全国民が得られるとしましょう。たとえば $q = 0.0002$ であるときに1億円を公的支出に出した場合，各国民は1億円 $\times$ 0.0002 ＝2万円相当の利得を享受するということです。国民が享受する総利得と支出額は一致していなくても構いません。たとえば，1万人の国民がおり，$q = 0.0002$ の公的支出に1億円が使われた場合，国民が享受する総利得は2万円 $\times$ 1万人で2億円であり支出額を超えますが，それでも良いということです。たとえば，インフラ整備により物流が改善されることで大きな経済効果がある場合には，実際の支出額より高い総利得を国民が享受すると考えるほうが自然でしょう。

　一方で私的配分を選択した場合，予算総額を勝利提携に属する全員で均等に配分するとします。選択民間の差異は捨象し，全員同一であると仮定していることから，等分にすると考えています。前述したように政権維持のためには勝利提携の支持だけが必要ですので，

Chapter 9　政治体制　229

表 9-1：勝利提携のメンバー 1 人あたりの利得

勝利提携 W の規模	私的配分から得られる 1 人あたりの（最大）利得	公的支出から得られる 1 人あたりの利得
2	5,000 万円	2 万円
20	500 万円	2 万円
200	50 万円	2 万円
5000	2 万円	2 万円
10000	1 万円	2 万円
20000	5,000 円	2 万円

(注) 予算を 1 億円, $q = 0.0002$ とする。

勝利提携に含まれない人には配分を一切与えません。よって，予算が 1 億円の場合，勝利提携のメンバー 1 人あたり $1/W$ 億円が配分されることになります。

　政治的リーダーは，自身の政治的生き残りを賭けて，自身の勝利提携のメンバーに多くの利得を与える政策を選択すると考えられます。このとき，勝利提携からの支持を確固としたものにするためには，私的配分と公的支出のどちらが有効でしょうか？ 1 億円の予算があり，$q = 0.0002$ である場合を考えましょう。表 9-1 が示すように，公的支出を選択した場合，国民 1 人あたりの利得は 2 万円ですので，勝利提携のメンバーも 2 万円を得ます。一方で，私的配分を選択したとしましょう。勝利提携が小さく $W = 2$ であれば最大 5,000 万円を与えることができます。よって，私的配分のほうが勝利提携の支持を容易に得られます。しかし，$W = 20$ であれば 500 万円，$W = 200$ であれば 50 万円と勝利提携の規模が大きくなるほど 1 人あたりの得る利得は小さくなってしまいます。そして，$W = 5000$ まで大きくなれば 1 人あたりの得る便益は最大で 2 万円になってしまい，公的支出で与えられる利得と同額になります。つまり，$q = 0.0002$ であった場合，勝利提携の規模が 5000 人未満で

230　**Part III**　世界と政治

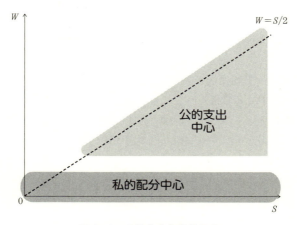

図 9-4：公的支出と私的配分

あれば私的配分のほうが勝利提携の支持を維持するために有効ですが、5000 人を超えれば公的支出のほうが有効になってきます。以上の議論から、図 9-4 が示すように、権威主義など W が小さい政治体制下では私的配分中心の政策となり、民主主義など W が大きい政治体制下では公的支出が中心になることがわかります。

公的支出が中心的手法となった場合は、勝利提携だけではなく全国民が利益を享受することになります。政治的リーダーが誰であろうと、また勝利提携や選択民に属しているか否かを問わず、得られる利益は変わりません。よって、安定的な政権を築くことはさらに難しくなります。また、公的支出が中心となった場合、より効果的に国民に利益を与えられる能力、つまり q の値を高める能力が求められることになってきます。$q = 0.0002$ の公的支出をする政治家より、$q = 0.02$ である公的支出ができる政治家のほうが生き残りやすくなります。言い換えれば、国民にとってより好ましい政策を実行できる政治家が生き残ることになるわけです。

ここでは公的支出と私的配分のどちらか一方にのみ支出すると考

Chapter 9 政治体制 231

えていますが，現実には公的支出と私的配分の間でのバランスを取っていると考えるべきでしょう。いくら私的配分のほうが効果的とはいえ，国防や警察に一切の予算をつけないとは考えられません。現実的には，勝利提携の規模 W が大きくなるほど公的支出の割合が高まっていくと考えるべきでしょう。また，政府支出をこの 2 種類に明確に分けられるわけではありません。たとえば，公的支出の例として挙げたインフラ整備も，一部地域に限った利益誘導にすぎなければ私的配分の要素が強くなるでしょう。たとえば競争的権威主義の国であるシンガポールでは，野党が勝利した選挙区に対して公共投資を遅らせるなどの報復的な措置を取っています。よって現実的には，W が大きくなれば，政策全般に利益誘導的側面が減っていくと解釈すべきでしょう。

　政権を維持するために，W の小さい権威主義では市民の生活など顧みている必要などありません。財源を集め，限られた支持者たちに利益を与えていく必要があります。心優しく国民全員の生活を考える人格者が権威主義の政治的リーダーになったとしましょう。そして，私的配分ではなく，国民のために公的支出に多額の予算をつぎ込んだとします。この場合，勝利提携のメンバーとしては面白くありません。そこに予算全額を私的配分に使う挑戦者が現れれば，あっという間に心優しき独裁者は引きずり降ろされることになります。国民全体の利益を考える政治的リーダーが権威主義下で生き残ることは困難なのです。一方で，民主主義では公的支出を中心にその効果を高めていく必要に迫られています。どこかの国の独裁者のように私的配分に全額を費やし，国民の人権を踏みにじっていれば，あっという間に落選し政権の座を失うでしょうし，おそらくその前に逮捕されます。いずれにせよ，政治的リーダーが邪悪な性格をしているか，善良であるかは関係ありません。政権を維持するためには，権威主義下では私的配分を選択する必要があり，民主主義下で

は公的支出を選択する必要があるだけです。邪悪な人間が独裁者になるわけではなく，独裁者として生き残るためには邪悪になる必要があるわけです。

9.4.2　自然災害対策

2016 年 8 月 29 日から 9 月 2 日にかけて，台風 10 号が北朝鮮を襲いました。台風に伴い発生した大洪水は甚大な被害をもたらし，100 人を超える死者を出し，家屋倒壊により 10 万人以上の人が住居を失いました。しかし北朝鮮は，多大な被害を大洪水がもたらした直後の 9 月 9 日に核実験を断行します。その後，北朝鮮政府は災害支援を海外に要請しましたが，一部の国は核実験の断行を理由に支援を拒否しました。自国民が災害で苦しんでいる最中に，災害救助より（海外からの支援が行われなくなる可能性のある）核実験を断行した北朝鮮の決断は世界中から非難を浴びることになります。一方で **5.1** において議論したように，東日本大震災復興対策担当初代大臣の松本龍や，第 6 代復興大臣である今村雅弘は失言を理由に辞任に追い込まれました。北朝鮮では被災者の命が軽視される一方で，日本では被災者の方々を軽視する発言だけで大臣が辞任しています。

自然災害による被害の大きさと勝利提携の規模に関する過去の研究では以下の 2 点が指摘されています（Quiroz-Flores and Smith, 2013）。

①　勝利提携 W が小さくなると，自然災害による死者数の平均は大きくなる。

②　勝利提携 W が小さくなると，自然災害による死者数の分散も大きくなる。

分散とは，データの散らばりのことです。分散が大きいということは，自然災害による死者数が少ないときもあれば，極めて多いと

きもある，ということを意味しています。つまり，勝利提携の規模が小さいところでは，自然災害の規模によって死者数は少なくも多くもなるが，平均すると多くなるということです。一方で，勝利提携の規模が大きい国では，自然災害の規模にかかわらず，死者数を少なく抑えることができています。なぜ，勝利提携の規模が災害被害の大きさに影響を与えるのでしょうか？

　自然災害の被害を少なく抑えるためには事前と事後の政策が必要です。事後政策としては，人命救助や被災者支援があります。事前政策としては，将来の自然災害をふまえた建築基準に関する法整備，災害に強いインフラの構築，あるいはレスキュー隊や消防の人員確保と訓練があります。両政策ともに，私的配分ではなく公的支出であると言えます。W が小さい権威主義では，政治的リーダーは公的支出ではなく，私的配分に多くの予算を費やします。災害においても勝利提携メンバーの生命と財産を守ることができれば政権維持には十分です。結果として，災害対策は不十分になり，かつ災害発生時の人命救助にも時間と労力はつぎ込まれなくなってしまいます。また，被害の大きさは災害の規模に比例してしまうため死者数の分散も大きくなると言えます。一方で，事前・事後政策を実行する W が大きい民主主義下では，どのような災害が発生しても被害を小さくすることができ，分散も小さくなります。

　さらに W が大きい場合，より効果的に国民に利益を与えられる能力が求められることを議論しました。**Chapter 5** で議論したように，政治家の失言から政治家の資質を推測することができます。実際の手腕は不確実であっても，被災地や被害者を軽視するような政治家が，被災地の復興を効果的に行える能力を持っているとは思われないでしょう。公的支出を効果的に行うことが政府に求められている限り，失言で大臣を辞職することも不思議ではありません。

Discussion Questions

Q9-1　好ましい政治体制

あなたが一国の政治的リーダーになったとしよう。そして，自由に自国の政治制度を変更できる権限を得たとする。つまり，選挙を導入するか否か，誰が選挙権を有するか，どのような選挙制度を用いるか，選挙がない場合はどのように意思決定を行うか，などを決定できるということである。

(i) あなたが政治的に生き残ることを目的とした場合，最も好ましい選択民の規模Sと勝利提携の規模Wは何か？ また，それを達成するために具体的にどのような政治制度を構築するべきか？

(ii) あなたが国民全体の利得の最大化を目的とした場合，最も好ましい選択民の規模Sと勝利提携の規模Wは何か？ また，それを達成するために具体的にどのような政治制度を構築するべきか？

Q9-2　各政治体制下の選択民と勝利提携

以下で示す各例における選択民の規模と勝利提携の規模は，**図9-2**のどこに位置づけられるのか，議論せよ。

(i) **日本**：衆議院における現在の選挙制度は小選挙区比例代表並立制であるが，議論を単純化するために小選挙区制のみであるとしよう。本論では二大政党下での議院内閣制を考えていたが，日本などの議院内閣制の国では通常，複数政党が存在している。

(ii) **シンガポール共和国**：シンガポールでは1965年の独立以降も普通選挙が行われているものの，人民行動党が単独の政権政党であり続けている。野党が勝利した選挙区に対して公共投資を遅らせるなどの報復的な措置や，人民行動党に有利な選挙区に組み替えるゲリマンダーなどを駆使し，政権を維持している。

(iii) **江戸時代の幕藩体制**：江戸時代では徳川幕府の征夷大将軍が実質上の君主として君臨し，その下に土地を所有し人民を統治する各藩の大名（諸侯）たちが従っているため，典型的な封建制であったと言える。

Q9-3 資源の呪い

過去の研究では，石油などの天然資源に恵まれた国は，そうではない国に比して経済成長は進まず，貧困も多いことが指摘されている。天然資源の存在が国にとって恵みとはならず，災いとなっているこの現象は資源の呪いと呼ばれている。また，この呪いは閉鎖的権威主義の国で顕著にみられることも指摘されている（Ross，1999；Sachs and Warner，2001 など）。資源の呪いはなぜ生じるのだろうか？ その理由を本章のモデルに基づきつつ議論せよ。

Notes

本章で紹介したモデルは選択民理論（selectorate theory）と呼ばれ，Bueno de Mesquita et al.（2003）によって提示されました。また，**Discussion Question 9-3** の選択民理論を用いた資源の呪いの説明は Smith（2008）で示されています。選択民理論に関しては，一般読者向けとしてブエノ・デ・メスキータとスミス（2013）があります。本章で議論した政治体制の比較などの比較政治学の問題を，ゲーム理論を用いながら解説した入門書として Clark et al.（2017）があります。選択民理論は民主主義と権威主義のあらゆる政治体制を1つの枠組みで概観できるという意味では優れたモデルです。その一方で，S や W の規模は所与ですので体制変動は描けません。また，革命，クーデター，派閥闘争，選挙など様々な政権交代が生じる理由が考えられますが，その違いは描けません。選択民は同質であり，政府の支出も公的支出と私的配分の2種類のみ考えるなど，強い仮定もあります。よって，特に個別の権威主義体制への応用には向かないという批判もされています（Gallagher and Hanson，2015）。たとえば，北朝鮮において具体的に S と W は誰なのか答えることは難しいでしょう。政治体制の大まかな違いを論理的に説明することには優れていますが，個々の政治体制の分析を行うためには異なったフォーマルモデルの構築が好ましいと言えます。

Chapter 10 民主化

なぜ民主主義に移行するのか

(出所) AFP＝時事

ソビエト連邦の独裁政党であったソ連共産党は，ペレストロイカと呼ばれる民主化政策を実行した。しかし，1991年クリスマスの日にソ連は解体してしまう。

- ✓ 本章で導入される概念：(信頼できる) コミットメント
- ✓ 本章で用いられる概念：サブゲーム完全均衡

10.1　ソビエト連邦解体

1922 年に成立したソビエト連邦（以下，ソ連）は，ソ連共産党の一党独裁体制下にありました。共産主義政策を推し進めたソ連は 1960 年代まで 10 ％前後の経済成長率を維持していましたが，1970 年代に入ると成長率が鈍化しはじめ，ノーメンクラトゥーラと呼ばれる党官僚の特権階級化による腐敗も横行することになります。1980 年代に入り国民の政府に対する不満が強まっていくなか，1985 年 3 月に書記長に就任したミハイル・ゴルバチョフはペレストロイカと呼ばれる政治改革をはじめます。ペレストロイカには，ソ連最高会議に代わり人民代議員大会を創設し，限定的ながらも野党の存在を許す選挙を行うなど，国民の間での政治的権利の拡大も含まれていました。ただし，ゴルバチョフはソ連共産党の一党支配を廃し民主化を進めたかったわけではなく，ソ連共産党の力を維持させるためにペレストロイカを実行したと言われています。しかし，党内保守派の圧力のために政治改革は進まず，民衆の不満はボリス・エリツィンらが率いる改革派の支持につながっていきます。追い詰められた保守派は 8 月クーデターと呼ばれるクーデターを起こしますが失敗してしまい，その中核は逮捕される，あるいは失脚することになりました。多くの部下が逮捕されたことから，ゴルバチョフもソ連共産党書記長を辞任します。その結果，1991 年のクリスマスの日にソ連は解体されました。ソ連解体後に独立した旧ソ連圏の国の多くは民主主義体制をとったことから，世界における民主主義国の数は増大します。

しかし，このような民主化の波はソ連に限った話ではなく，1970 年代半ばから南欧や南米を中心にすでにはじまっていました（ハンチントン，1995）。**図 10-1** は 1800 年から最近までの約 200 年にわた

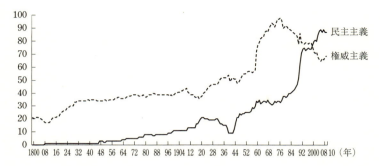

(注) Polity IV の指標の1つである Polity score が6から10の国を民主主義，それ以外の国を権威主義としている。 Polity score は各国の民主主義度と独裁度を測ったうえで，−10（極めて独裁的）から10（極めて民主的）までで評価している。ただし，人口が50万以上の国に限っている。
(出所) Roser (2017)

図10-1：1800年から2010年までの民主主義国と権威主義国の数

る民主主義体制の国と権威主義体制の国の数の推移を示しています。ただし，人口が50万以上の国に限っています。図が示すように，第二次世界大戦後に権威主義国が急増し，権威主義国が民主主義国よりも圧倒的に多くなります。しかし，1970年代半ばから民主主義国の数が増加し，近年では民主主義国のほうが多くなりました。

それでは民主化は，どのような条件下で行われるのでしょうか？なぜゴルバチョフは，ソ連共産党の力を維持するために政治的自由化を進めたのでしょうか？ 本章では，民衆が革命を実行するインセンティブと，体制エリートが民主化を進めるインセンティブの双方をふまえながら，上記の問いに関して議論していきましょう。

10.2　民主化の条件

プレーヤーとして，民衆（貧困層）と体制エリート（富裕層）を考

えます。民衆も体制エリートも現実には複数人存在していますが，ここでは単純に1集団を1人のプレーヤーとみなします。国全体の富の大きさを1とし，民衆は0を，体制エリートは1を得ていると考えましょう。つまり，すべての富は体制エリートに一極集中していることになります。富の実際の大きさは重要ではなく，前章までのように，民衆と体制エリートの間の富の比率のみを議論していくことになります。このような貧富の差から，民衆は自身の政治的権利を拡大し，民主化が進むことを望んでいます。民主化には，革命などを通して民衆の手で民主化を果たす**ボトムアップ型**と，政権自らが民衆の政治的権利を拡大させることで民主化が実現していく**トップダウン型**の2つに分けることができます。本章において，ボトムアップ型民主化として考える「革命」は，民衆の手によって民主化が成し遂げられる革命を指すことにします。革命後に独裁制が成立してしまうような共産主義・社会主義革命や，イスラム化を目指す革命などは含めません。

　革命もトップダウン型の民主化も，ともに民衆への政治的権利の拡大を意味しますが，大きな違いとして体制エリートへの扱いが考えられます。多くの革命において，倒された体制エリートたちは，すべての富を失い，場合によっては命まで奪われてしまいます。一方で，体制エリート自らが民主化を行った場合，自身の富や政治的権限は減少するものの，すべての富や命まで奪われることはありません。つまり，本章のモデルでは革命とトップダウン型民主化の違いを以下のように考えます。

- **革命**：民衆がすべての富を得る一方で，体制エリートの富は0になる。
- **トップダウン型民主化**：体制エリートは富を所有し続けるが，その富の一部は税金として民衆に還元される。税率は多数派

でもある民衆によって決められる。

体制エリートにとって，すべてを奪われる革命は最悪の結末です。そこで，なんとか革命を避けつつ，非民主的な体制を維持していこうとするはずです。1つの方法は体制エリートが自身の富を民衆に分け与え，革命の実行を思いとどまらせようとする方法です。体制エリートが，将来にわたって一定程度の配分を与えていくことを約束し，民衆がそれを信じれば革命の機運は抑えられるかもしれません。しかし，体制エリートは革命の機運が高まらない限り，多くの配分を民衆に与えようとはしないでしょう。よって，今だけではなく将来においても配分を与え続けていくことを民衆に信じさせることはできません。特に，民衆にとって滅多にない革命を成功させる機会が到来している場合には，「今を逃してはいけない」と思っている民衆を抑えることは難しいでしょう。そこで体制エリートは，自分たちの身を守るために，トップダウン型民主化の実行に踏み切る可能性があるわけです。具体的にモデルを用いて考えていきましょう。

10.2.1 革 命

まずは，体制エリートが自ら民主化することはないと仮定し，革命を通じたボトムアップ型民主化のみを考えてみましょう。前述した通り，革命を通して体制エリートを倒せば，民衆は国全体の富を手に入れることができると考えています。しかし革命に伴う内戦により，インフラや人的資本が多くの被害を受け，経済成長にも悪影響を与えることから，国の富は減じられると考えるべきでしょう。よって，革命が生じた後の国の富の大きさは $1-c$ に減じられるとします。革命に伴って富が増えることはありませんし，マイナスにもならないと考え，革命に伴う費用は $0<c<1$ とします。

革命を起こすという選択肢を民衆は持っています。しかし，革命

Chapter 10 民主化 241

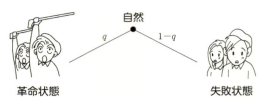

図 10-2：革命状態と失敗状態

を成功させるためには，多くの民衆が団結し，武器を集め，体制エリートと戦う必要があります。そのような協調をすることは簡単ではなく，民衆は常に革命を起こし成功させることができるわけではありません。ときには武器も集まり，軍の一部も賛同するなどの理由から革命を成功させる可能性が高まることもあるでしょう。その一方で，民衆が団結することができず，武器も十分にはそろえられず，革命を実行しても失敗する可能性が高いこともあるでしょう。ここでは単純に「革命を実行したら必ず成功する状態」と「革命を実行しても必ず失敗する状態」の2つの状態のみが存在していると仮定します。現実には革命を実行したときに成功する確率は100％や0％とは限りませんが，ここでは100％か0％の2つのみを考えるということです。前者をここでは「革命状態」と呼び，民衆が革命を起こした場合には失敗することなく，必ず体制エリートを倒し，すべての富を奪うことができると考えます。後者を「失敗状態」と呼び，政権転覆はできないとします。

　図10-2が示すように，まず自然が確率的に革命状態か失敗状態かを決定します。革命状態になる確率をqとし，$0<q<1$が成立しているとします。残りの$1-q$の確率で失敗状態になります。革命を実行しても必ず失敗してしまうのなら，民衆は革命を実行しようとはしないでしょう。よって，確率qで革命状態になったときのみ，民衆は革命をするか否かを決定すると考えます。

過去に革命に関わった多くの人々は，自身の生活水準の改善だけではなく，将来の子どもたちや子孫のために戦ってきました。革命について考えるとき，現在だけではなく，将来のことまで考えて意思決定を行うと考えることは自然でしょう。よって，ゲームは現在（1期目）と将来（2期目）の2期間に分かれていると考えます。ただし，民衆は1期目にのみ意思決定を行うと考えます。2期目は老齢になっている，あるいはすでに死んでおり，自身の子どもたちを中心とした次世代が意思決定を行うと解釈できます。1期目の時点において確率 q で革命状態になったか否かは，民衆も体制エリートも知っているとします。一方で，1期目の時点では2期目に革命状態になるか失敗状態になるかは，両者ともわからないと考えます。わかっていることは1期目と同様に2期目でも確率 q で革命状態になるということのみです。

　上記の設定下において，民衆が革命を起こすインセンティブがあるか否か，分析していきましょう。1期目では残念ながら確率 $1-q$ で失敗状態になったとします。この場合，民衆は何もできませんので，体制エリートは特に何も政策を実行せずとも，今の体制を維持することができます。そのため，失敗状態の場合に分析すべき意思決定はありません。よって以降は，1期目に確率 q で革命状態になった場合のみを考えていきましょう。つまり，すでに自然によって確率的に1期目の状態が決められており，確率 q で革命状態になっている時点から考えるということです。このモデルには不確実性が存在しているために完全ベイジアン均衡を用いることはできますが，サブゲーム完全均衡を用いたとしても結果に変わりはないため，以下ではサブゲーム完全均衡を用いていきます。ただし，全体のゲームの木を最初に見せるより，1つひとつの選択肢を順番に考えていったほうがわかりやすいため，ここではゲームの木は示しません。

Chapter 10 民主化　　243

表 10-1：民衆の革命状態における利得

	1 期目の利得	2 期目の利得	総利得
革命を起こす	$1-c$	$1-c$	$2(1-c)$
革命を起こさない	0	0	0

民衆が「革命状態になっても革命を起こさない」ことを選択したとしましょう。この場合，2 期目に革命状態になっても革命は起こさないとします。1 期目も 2 期目も何も得ることはできないため，**表 10-1** が示すように両期を合わせた民衆の総利得は 0 となります。一方で，革命を起こした場合，両期ともに民衆は $1-c$ を得ます。よって，総利得は $2(1-c)$ です。$0<c<1$ という仮定より，$2(1-c)>0$ が成立するため，民衆は常に革命を起こすインセンティブがあることになります。

革命が生じてしまえば，体制エリートはすべてを失い利得は 0 になります。そこで体制エリートは革命を止めようとするインセンティブを持つでしょう。革命を阻止する手段として以下の 3 つの手段が考えられます。

① **富の再配分**：体制エリートの有する富を民衆に分け与える方法。
② **トップダウン型民主化**：政治的権限を民衆に与える方法。
③ **弾圧**：暴力を用いて民衆の決起を抑える方法。

まず次節で，①の富の再配分に関して考えてみましょう。②については **10.2.3** で，③については **10.2.4** で扱います。

10.2.2　富の再配分

民衆が革命を起こす理由は，体制エリートが占有している富を奪うためです。この場合，体制エリートが自身の富の一部を民衆に与えれば革命を止めることができるかもしれません。しかし，今だけ

表 10-2：再配分政策による民衆の利得

	1期目	革命状態の 2期目（q）	失敗状態の 2期目（$1-q$）	総期待利得
革命を起こす	$1-c$	$1-c$	$1-c$	$2(1-c)$
再配分を受ける	t	t	0	$(1+q)t$

ではなく将来においても再配分を与えることは確約できません。革命ができない失敗状態になってしまえば、体制エリートは再配分を与えようとはしないためです。それを予見した民衆は、再配分に満足せずに革命を実行してしまう可能性があります。

モデルに即して見ていきましょう。体制エリートから民衆への再配分の額を t とします。富は無尽蔵にあるわけではありませんから、その上限は富全体の 1 であり、下限は 0 となります（$0 \leq t \leq 1$）。現在である 1 期目のみを考える場合には、革命から民衆が得られる 1 期あたりの利得 $1-c$ を上回る配分を与えれば革命を止めることができます。つまり、$t \geq 1-c$ を満たせばよく、$0 \leq t \leq 1$ かつ $0 < c < 1$ ですので、この式を満たす t は必ず存在します。つまり、革命を止めるだけの再配分を、体制エリートは与えることができるわけです。

しかし、民衆は現在だけではなく 2 期目である将来も重視しています。2 期目も確率 q で革命状態になった場合には、革命を起こさないために体制エリートは民衆に t を与えるでしょう。しかし、確率 $1-q$ で失敗状態になった場合、体制エリートはわざわざ富の一部を民衆に与える必要はありません。あくまで再配分は革命を止めるための政策です。革命を止める必要がない場合には再配分も必要なく、体制エリートは再配分を実行するインセンティブを持ちません。よって**表 10-2** が示すように、2 期目に確率 $1-q$ で失敗状態になった場合、民衆は何も得ることができず利得は 0 になってし

Chapter 10 民主化　　245

まいます。よって，民衆の期待利得は1期目はtで，2期目は$qt+(1-q)\times0$ですので，両期を合わせた総期待利得は$t+qt=(1+q)t$となります。この総期待利得が，革命によって得られる総利得$2(1-c)$を上回っていれば，革命を止めることができます。つまり，$(1+q)t\geq2(1-c)$が成立していれば，書き換えると，

$$t\geq\frac{2(1-c)}{1+q}$$

が成立していれば革命を止めることができます。ただし，体制エリートはできるだけ民衆に富を与えたくありません。民衆に配分を与えた後の残りの富は，自分のものにできるからです。革命を止めるだけに必要最小限の配分額を選択すればよいわけですから，革命を止めるために必要最小限の民衆への配分は，

$$t=\frac{2(1-c)}{1+q}$$

になります。ただし，革命から得る民衆の利得と再配分政策から得る民衆の利得が等しい場合，民衆は革命を起こさないと考えています。

　しかし富には限りがあり，tの値の上限である1を超える再配分はできません。上記の式の右辺$2(1-c)/(1+q)$が1を超えてしまうと，革命を止めるだけの再配分ができなくなってしまいます。つまり，$2(1-c)/(1+q)>1$であれば，再配分による革命阻止はできなくなってしまいます。この条件を書き換えると，

$$q<1-2c$$

です。つまり，革命状態になる確率qが低く，革命に伴う費用cが小さいほど，この条件は成立しやすくなり，再配分による革命阻止は難しくなります。結果，民衆は革命を選択するインセンティブを

持ってしまいます。

本項のモデルから，革命が生じる理由の1つとして，（信頼できる）**コミットメント**の問題があることがわかります。コミットメントとは信頼できる約束を意味します。1期目に革命状態になったとしましょう。体制エリートは，革命阻止のために再配分しようとしたとします。このとき，民衆は革命ができる状態になった今だけではなく，将来も再配分を与えることを要求するでしょう。しかし，2期目では，革命を起こしても失敗する状態が確率 $1-q$ で生じます。2期目になった時点で失敗状態であれば，体制エリートは革命を危惧することはないため，民衆に何も与えようとはしないでしょう。いくら1期目において革命を止めるために，「現在だけではなく将来でも t を必ず与えよう」と約束したとしても，確率 $1-q$ で失敗状態になれば，体制エリートが約束を反故にするのは目に見えています。つまり，1期目の時点で2期目の配分に関し民衆を信頼させることができることは，確率 q で革命の機会が訪れたときに限り t を再配分として与えることだけです。よって，革命を避けるためには，将来において革命の機会が生じなかった場合に民衆が被る損失分を事前に補填する必要が生じます。しかし，富の制約から補填ができず，革命を避けられなくなる可能性があるわけです。

同時にコミットメント問題があることから，2期目に革命状態になる確率 q が低いほど，革命は止めにくくなります。一見，革命が成功する可能性が高いほうが革命は生じやすいと感じるでしょう。しかし，q が大きければ2期目にも革命状態になる可能性が高いということになります。よって，2期目においても民衆は再配分を受ける可能性が高まるため，1期目に体制エリートが補填しなくてはならない額は小さくて済みます。つまり，革命を避けるために必要な再配分は大きくなりすぎず，革命を阻止しやすくなるわけです。一方で，q が小さければ民衆が2期目に再配分を受けられない可能

性が高いため，体制エリートが革命を止めるために必要な補塡額は多額になります。民衆にとっては，滅多に来ない革命の機会が到来すれば，そのチャンスを生かそうとするでしょう。革命をするインセンティブが大きい民衆を抑えるのに十分な富を体制エリートが持っていないならば革命を止めることはできなくなります。

10.2.3 トップダウン型民主化

それでは，$q < 1 - 2c$ が成立している場合，体制エリートは甘んじて革命を受け入れなければならないのでしょうか？ 革命を避ける手段は1つだけではありません。再配分とは異なる手段として，体制エリート自ら民衆に政治的権利を与える民主化があります。それでは，本章のモデルの枠組みのなかで，トップダウン型の民主化はどのように表現されるのでしょうか？

民主化が行われなければ，体制エリートが政策の決定権限を有しています。このとき，確率 $1 - q$ の確率で革命の危機が生じない場合は，再配分を行わないインセンティブを体制エリートは持ってしまいます。そのため，前節で議論したコミットメントの問題が生じ，革命が避けられない可能性が出てきます。一方で，民主主義体制になれば民衆は自身で政策を決定できるため，革命の機会の有無にかかわらず，毎期同じ再配分政策を選択していくことができます。体制エリートが独占するはずだった富から毎期同額の税金を徴収し，それを民衆のために用いる形で再配分を行うということです。つまり，民衆が意思決定を行う民主主義体制下では，コミットメントの問題が解決できることになります。

毎期再配分が行われるため，**表 10-3** が示すように民衆は1期目と2期目ともに t を得ることができ，2期間の総利得は $2t$ となります。この総利得が革命実行による総利得 $2(1-c)$ を下回らないとき（$2t \geq 2(1-c)$），つまり，$t \geq 1-c$ であれば革命は生じず，トッ

248　**Part III** 世界と政治

表 10-3：トップダウン型民主化による民衆の利得

	1期目の利得	2期目の利得	総利得
革命を起こす	$1-c$	$1-c$	$2(1-c)$
民主化	t	t	$2t$

プダウン型の民主化が行われることになります。 $0 \leq t \leq 1$ かつ $0 < c < 1$ という仮定から，この条件を満たす t は必ず存在しますので，革命は民主化を通して必ず避けることができます。

　体制エリートがあえて自身の権限を減じ民主化の道を進む理由の1つは，コミットメント問題を解決し，常にどんな場合であっても一定程度の富の再配分を保障することで，民衆から革命を実行するインセンティブを失わせるためです。体制エリートが法を超越して収奪を行うことがないことを信じさせるために，トップダウン型民主化が選択されるわけです。

10.2.4　弾　圧

　それでは再配分で解決できない場合，体制エリートは常に民主化を選択するのでしょうか？　民主化後に体制エリートは，自身が持つ富の一部を実質上手放さなくてはならなくなります。革命を避けるためには $1-c$ を上回る富を民衆に与える必要がありますが，c が小さい場合には体制エリートが手放さなくてはならない富は大きくなってしまします。極端な例では，革命の費用が 0 （$c=0$）であった場合には，体制エリートはすべての富を手放さなくてはなりません。さらに，民主化は政策の意思決定権限を民衆に与えることを意味するため，民主化後の t の大きさは体制エリートではなく，選挙などを通し民衆が決定していくことになります。そのため，$1-c$ を超える t や，体制エリートにとって受け入れがたい t が選択される可能性はあるでしょう。再配分だけでは革命が避けられず，

Chapter 10　民　主　化　　249

表 10-4：弾圧と民主化からの体制エリートの利得

	1期目の利得	2期目の利得	総利得
弾圧	$1-a$	$1-a$	$2(1-a)$
民主化	c	c	$2c$

民主化も納得がいかないとき，体制エリートは第3の選択肢として民衆への弾圧を試み，改革を要求する人々を殺戮や投獄し，革命を阻止することができます。

　しかし，弾圧を実行すれば国際社会からの非難・制裁や，国内の不満を高めるなど費用がかかります。ここでは，費用として a がかかるとしましょう。しかし，費用さえ支払えば，革命や民主化は阻止できると仮定します。よって，弾圧が選択されたときの体制エリートの1期目の利得は $1-a$ となります。また，弾圧を1期目に選択した場合は，革命・民主化の芽を摘むために2期目も弾圧が継続されると考えます。よって**表10-4**が示すように，体制エリートが弾圧を選択することから得る2期間の総利得は $2 \times (1-a)=2(1-a)$ となります。

　再配分だけでは革命が避けられず，$q<1-2c$ が成立しているとしましょう。そこで体制エリートが民主化を選択した場合，$t \geqq 1-c$ の富を手放すことになります。ここで最小限の富を失うと考え，民主化後に民衆は $t=1-c$ を選択すると考えましょう。体制エリートが手元に残せる1期あたりの富の大きさは $1-t=1-(1-c)=c$ ですので，体制エリートが民主化を選択した場合の2期間の総利得は $2c$ となります。この総利得が弾圧を選択した場合の総利得 $2(1-a)$ を下回れば，体制エリートは弾圧をするインセンティブを有します。つまり，$2(1-a)>2c$ のとき，書き直すと，

$$c<1-a$$

のとき，体制エリートは民主化ではなく弾圧を選ぶことになります。

　一見，革命に伴う費用 c が低ければ，革命の実行は容易になり，民衆にとって利益になるように思えます。しかし，c は同時に，民主化後にエリートが手元に残せる富でもあるため，弾圧が選択される条件式 $c < 1 - a$ が成立するほどに c が低ければ，体制エリートは民主化ではなく弾圧を選択することがわかります。革命に伴う費用が小さい場合，革命後に多くの富を民衆は得ることができるため，体制エリートは革命を止めるために民主化した後，多くの富を失うことになります。それを避けるために，体制エリートは力ずくで民衆を抑えようとしてしまい，むしろ民衆にとっては好ましくない結果に陥ってしまいます。

10.2.5　体制維持か，民主化か

　以上の議論は図 10-3 にまとめてあります。革命状態が訪れなければ何も起こりません。革命状態になったとしても，革命を成功させる機会が再び将来に訪れる確率 (q) が高い場合，体制エリートは再配分を与えることで体制を維持することができます。しかし，滅多に来ない機会であった場合には再配分だけでは抑えることができません。もし，革命に伴う費用 (c) が小さければ，将来多くの富を失うことを予見した体制エリートは弾圧による体制維持を選択します。しかし，革命に伴う費用が十分に高ければ，トップダウン型の民主化が行われます。この均衡上では，ボトムアップ型である革命は生じないため，民主化はトップダウン型でしか生じません。

　以上の議論から，モデルで示されている（トップダウン型）民主化が選択される条件は以下の 3 つになります。

① 　革命を成功させる機会が生じたとき。

② 　将来において革命を成功させる機会が生じる可能性が小さい

Chapter 10　民主化　　251

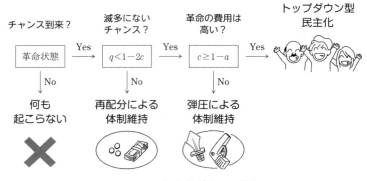

図10-3：民主化が生じる条件

とき。
③ 革命が実行され内戦が生じた場合，多くの損失が生じるとき。

ただし，図10-3と上記の議論では，再配分による体制維持が可能なときでも弾圧が選択されてしまう可能性は考えていません。革命に伴う費用が極めて低い場合には，再配分を用いて体制維持が可能なときでも，多くの富を失うことを嫌がった体制エリートが弾圧を選択する可能性があります（**Exercise 10-1** 参照）。

> **■ Exercise 10-1**
> 体制エリートは再配分，民主化，および弾圧のすべての選択肢を持っていると考えよう。ここでは再配分だけで革命が避けることができ，$q \geq 1-2c$ が成立しているとする。再配分で革命が避けられる場合でも，弾圧が選択されてしまうことがあることを見てみよう。
> (i) 再配分によって革命を避けるために $t = 2(1-c)/(1+q)$ が選択されたとしよう。2期間における体制エリートの総期待利得を示せ。
> (ii) 体制エリートが弾圧を選択する条件を示せ。

Aside 10　ゲーム理論の偉人3——エリノア・オストロム

（出所）Wikimedia Commons
（Holger Motzkau, 2010）

エリノア・オストロム（Elinor Ostrom）は2009年に女性としてはじめてノーベル経済学賞を受賞しました。オストロムはカリフォルニア大学ロサンゼルス校で政治学の博士号を取得後，アメリカ政治学会の会長も務めたことがある政治学者でした。つまり，彼女は女性としてだけでなく政治学者としても史上はじめてのノーベル経済学賞受賞者となりました。彼女の研究の主眼は，人間や国家が利害対立を克服し，協調の道に進むための方法でした。たとえば，水資源や森林といった共有資源は，利害関係者が協調し管理したほうがすべての利害関係者にとって好ましいはずですが，各主体の身勝手な行動から乱獲・環境破壊などによって過剰に消費・破壊がされています。その解決のためには，利害関係者を超越して中央集権的国家が管理するか，あるいは共有資源の取引をする市場を構築し市場機能に任せるべきだと考えられてきました。しかし，両方とも現実には十分に機能しているとは言えません。一方で，オストロムは第3の道として，利害関係者が自主的にルールを定めて管理する自主統治によって効率的な管理が可能であることを示しました。このような利害対立の解決方法の模索は，経済学や政治学など人間の生活や社会を分析する社会科学では最も重要な研究課題です。オストロムは，ゲーム理論的手法と，事例データの分析や実験を取り混ぜながら，新たな知見を提示しました。経済学であっても，政治学であっても，人々が幸せに暮らす社会を作るための制度や方法を考えることに違いはありません。経済学が市場だけを分析しても，逆に政治学が市場を無視しても良いわけでもありません。オストロムのノーベル経済学賞受賞は，政治学と経済学の間に垣根を作ることが不毛であることを示しています。

表 10-5：貧富の格差と変数の値

民衆の富	革命状態になる確率	革命に伴う費用	弾圧の実行費用
y $(0 \leq y < 1/2)$	$q = \dfrac{2}{5}$	$c = \dfrac{1}{5}$	$a = \dfrac{3}{5}$

10.3 貧富の格差

　前節のモデルでは，すべての富を体制エリートが占有していると仮定していました。しかし，現実には権威主義下でも市民が財産を持つことが許されている国は多く存在します。本来は両者で富を分け合っていると考えるべきでしょう。そこで，民衆の富を y，体制エリートの富を $1-y$ とします。つまり，y は民衆が持っている富の比率であり $0 \leq y < 1/2$ を満たすとします。民衆のほうが富は小さく，かつ y が小さいほど貧富の差は大きくなると解釈できます。前節では $y = 0$ と考え，貧富の差が最大の場合を分析していました。ここでは，民衆の富 y の所有権は保障されており，革命，民主化，あるいは弾圧の有無にかかわらず，y は民衆の富のままであると仮定します。新たな設定の導入に際し，単純化のため，その他の変数に関しては $q = 2/5$，$c = 1/5$，および $a = 3/5$ としましょう。それぞれの値は**表 10-5** にまとめてあります。

①　革　命

　10.1.1 で分析した革命実行のインセンティブに関して考えてみましょう。革命を実行した場合，すべての富を民衆が得ることになりますが，内戦によって富は $c = 1/5$ だけ減じられますので，1 期あたりに得られる富の大きさは $1 - 1/5 = 4/5$ になります。よって**表 10-6** に示したように，民衆の 2 期間を合わせた総利得は $2 \times$

表 10-6：貧富の格差と民衆の利得

	1期目	革命状態の 2期目 （確率 2/5）	失敗状態の 2期目 （確率 3/5）	総期待利得
革命	$\dfrac{4}{5}$	$\dfrac{4}{5}$	$\dfrac{4}{5}$	$\dfrac{8}{5}$
再配分	$t+y$	$t+y$	y	$\dfrac{7}{5}t+2y$
民主化	$t+y$	$t+y$	$t+y$	$2(t+y)$

$(4/5) = 8/5$ です。

② 再配分政策

一方で，革命が生じないように体制エリートは t の配分を民衆に与えます。民衆は y をすでに持っていますので，配分を与えられた後の民衆の 1 期間における利得は $t+y$ になります。前節と同じく，1 期目において $q=2/5$ の確率で革命状態になった後の意思決定を考えます。2 期目に革命状態になる確率も $q=2/5$ であり，革命状態になったときのみ再配分が行われます。再配分の有無によらず，民衆は常に y の富は持っているため，**表 10-6** にあるように 1 期目は $t+y$ を得，2 期目は革命状態で $t+y$ を，失敗状態で y を得ます。よって，2 期間における総期待利得は，

$$(t+y) + \frac{2}{5}(t+y) + \frac{3}{5}y = \frac{7}{5}t + 2y$$

になります。以上の議論から，再配分政策から得る民衆の利得が，革命を実行することによる利得以上であるとき，つまり $7t/5 + 2y \geq 8/5$ を満たしていれば革命は生じません。体制エリートはできるだけ民衆に富を与えたくないと思っているため，革命を止めるために必要最小限の配分額になるように，この条件式が等号になるような t を選択します。つまり，

Chapter 10 民主化 255

$$t = \frac{8 - 10y}{7}$$

です。よって，貧富の格差が大きくなるほど（y が小さいほど），再配分の額は大きくなることがわかります。

③ トップダウン型民主化

しかし，体制エリートは $1 - y$ の富のみを持っているため，再配分 t の上限は $1 - y$ となります。革命阻止のために必要な再配分（$= (8 - 10y)/7$）が $1 - y$ を超えてしまうと，体制エリートの富が底をついてしまい，革命を止めるだけの配分ができなくなってしまいます。つまり，$(8 - 10y)/7 > 1 - y$ のとき，書き直すと，

$$y < \frac{1}{3}$$

のとき体制エリートは革命を止められないことになります。

一方で，民主化が実行されれば，**表10-6**にあるように，民衆の2期間にわたる総利得は $2(t + y)$ となります。よって，革命を生じさせないためには，民衆が民主化により得る総利得 $2(t + y)$ が革命の総利得 8/5 を上回る必要があるため，$2(t + y) \geq 8/5$ を満たさなくてはなりません。書き直すと，

$$t \geq \frac{4}{5} - y$$

を満たす再配分が恒常的に行われることになれば革命は生じなくなります。ここで民主化が行われた場合，体制エリートは最小限の富を失うと考え，$t = 4/5 - y$ が選択されるとしましょう。このとき，民主化した場合の体制エリートの総利得は，

$$2(1 - y - t) = 2\left[1 - y - \left(\frac{4}{5} - y\right)\right] = \frac{2}{5}$$

であり，革命を起こされたときの利得 0 よりも大きいため，革命

を止められないときには民主化するインセンティブを体制エリート
は持ちます。$y < 1/3$ のときに再配分では革命が止められないため，
貧富の差が大きい（y が小さい）場合にトップダウン型の民主化が
行われることがわかります。

④　弾　圧
　しかし体制エリートは弾圧をすることもできます。体制エリート
はもともと $1-y$ の富を有している一方で，弾圧をした場合は費用
$3/5$ を払うため，1期あたりの利得は $1-y-3/5$ になります。
よって，体制エリートの2期間の総利得は $2(1-y-3/5)$ である
ため，この利得が民主化したときの利得 $2/5$ を超えていれば，つ
まり，

$$2\left(1-y-\frac{3}{5}\right) > \frac{2}{5}$$

のときに，民主化ではなく弾圧が選ばれます。計算すると弾圧は，

$$y < \frac{1}{5}$$

のときに実行されることがわかります。

　上記の分析を図にまとめると**図10-4**になります。貧富の差が小
さいときには（$y > 1/3$），少しの再配分でも体制が維持できるため，
再配分政策が選ばれます。しかし，貧富の差が大きいとき
（$y < 1/3$），体制エリートは民主化をするか，あるいは弾圧をするか
の選択を迫られます。貧富の格差が極めて大きいときに民主化を実
行した場合，体制エリートが手放さなくてはならない富は大きく
なってしまいます。よって，貧富の差が極めて大きいとき
（$y < 1/10$），体制エリートは弾圧を選択します。一方で，貧富の差
が中程度に大きい場合には民主化が選択されます。

Chapter 10　民主化　257

図 10-4:貧富の格差と民主化

■ **Exercise 10-2**
10.3 では数値例を用いて解説を行ったが,数値例を用いずに変数 (q, c, a) を用いて以下を示せ。
(i) 革命を避けるために体制エリートが選択する t の値。
(ii) 革命を止めることができなくなる条件式。
(iii) 弾圧を体制エリートが用いる条件式。

10.4 歴史上の民主化

本節では,3つの歴史上の出来事に対し,本章のモデルを用いて解釈していきます。

10.4.1 トップダウン型民主化——19世紀イギリス

19世紀はじめのイギリスでは,産業革命後の急激な産業化に伴い経済格差が拡大していき,多くの労働者の仕事が機械に取って代わられるのではないかという不安が広がりました。その結果,経済格差に対する民衆の不満がラッダイト運動などの暴動に発展し,さらに政治的権利拡大への要求につながっていくことになります。イ

ギリスの支配階層の貴族たちは革命が実行される可能性が高まっており、労働階級の要求をある程度のみこまなければならないと考えました。その結果、1832年に第1回選挙法改正として、都市部の中産階級に限り投票権を拡大することを決定します。このときの選挙民は49万2700人から80万6000人に増えただけでした（男性人口の約8％から約16％への増加）。しかしその後も、1867年には第2回選挙法改正として都市部の労働者にも選挙権が拡大され、1884年には農村部の労働者にまで拡大されていきます。第1回選挙法改正を決めた当時の首相のチャールズ・グレイ伯爵は議会において「私の改革の目的は革命の必要を退けるためのものである」と明確に述べています。このように、イギリスではトップダウン型の民主化が進められていきました。

10.4.2　再配分と弾圧による体制維持——19世紀ドイツ

19世紀のドイツでは、ドイツ社会民主党がヨーロッパのなかでも最大の左翼政党として成長をしており、イギリスなどよりも大きな労働運動が生じていました。しかし、民主化の進度はイギリスに後れを取ることになります。本章のモデルでは、革命成功の機会が生じる確率qが高いほど、体制エリートたちは将来の再配分にコミットすることができ、再配分のみで革命を避けることができることを示しています。その結果、民主化は進まなくなります。本章のモデルは、イギリスに比してドイツにおいて労働者階級の力が強く、革命が成功する確率が高かったことが、ドイツでの民主化がイギリスより遅れた1つの理由であることを示唆しています。実際に、ドイツ社会民主党の前身であるドイツ社会主義労働者党の躍進により、社会主義革命の機運が高まってきた1878年に、ドイツ帝国宰相オットー・フォン・ビスマルクは社会主義者鎮圧法を制定し弾圧しました。その一方で、ビスマルクは世界最初の疾病保険、労災保険、

障害・老齢保険など労働者に対する再配分政策を実行していきました。ビスマルクは再配分と弾圧の両方を用いながら、革命を避けてきたと言えます。

10.4.3 ボトムアップ型民主化——ソビエト連邦再訪

ソ連では、ゴルバチョフ大統領が民衆の不満を背景にペレストロイカという民主化を進めていました。再配分政策では十分ではないと判断したゴルバチョフが、民主化を行うことで革命を避けようとしていたと言えます。長いソ連共産党の厳しい一党独裁のなかで、ようやく訪れた改革のチャンスであったため、再配分政策では不十分だったと言えます。しかし、イギリスとは違い保守派の反発から、十分な民主化を成し遂げることができませんでした。さらに保守派がクーデターを起こしたことをふまえると、保守派は民主化ではなく弾圧によって革命を避ける方法を選択しようとしていたのかもしれません。ここまでのモデルでは議論していませんが、当然弾圧が失敗する可能性は存在します。ソ連でも、中途半端な民主化とクーデターの失敗により、民衆の不満を抑えることはできなくなりました。結果として革命は生じなかったものの、改革派支持の増大がソ連共産党の一党支配体制の終焉につながっていったということは、ボトムアップ型民主化に近いことが生じたと言えます。

 Discussion Questions

Q10-1 アラブの春とソーシャルネットワーク

2010年にチュニジアで生じたジャスミン革命以降、アラブの春と呼ばれる大規模な反政府デモがアラブ世界において広がった。その結果、チュニジア、リビア、エジプト、イエメンでは政権が崩壊することとなった。これらの革命の背景にはソーシャルネットワークの存在も大きかったとされている。衛星放送やインターネットによって情報は瞬

時に伝わり，抗議運動の呼びかけなどで盛んに用いられた。そのため，民衆は協調して行動をしやすくなったと言える。このようなソーシャルネットワークの存在は，革命や民主化にどのような影響を与えるだろうか？　本章のモデルに基づきつつ議論せよ。

Q10-2　鄧小平と改革開放路線

　　中国において農業と工業の大増産政策である大躍進政策が失敗に終わり，権力基盤が揺らいだ毛沢東は文化大革命と称して政敵の失脚を図り，各地で殺戮と弾圧を繰り返した。実質的に中国は内戦状態となり，大増産政策の失敗によりすでに悪化していた経済はさらに疲弊していく。国民の不満はたまり，1976 年に北京におけるデモ活動とその弾圧である第一次天安門事件が起きる。その責任を負って失脚していた鄧小平だが，1977 年には復権し，その後着実に自身の権力固めを行い，中国共産党の実権を握るまでになる。鄧小平の実行した代表的政策に市場政策の導入を試みる改革開放政策がある。自由市場を取り入れることで，社会主義政策として富を平等に政府が配分するのではなく，富める者から富んでいくことを許容した。その結果，中国は大幅な経済成長を成し遂げていく一方で，農村部と都市部の間で貧富の格差は拡大していく。鄧小平は市場経済導入で改革開放を実行する一方で，中国共産党による一党独裁は堅持した。さらなる改革開放を民衆が求めた第二次天安門事件（1989 年）において鄧小平は，徹底した弾圧と虐殺を主導したほどであった。

　　鄧小平が，上記の政策を実行するインセンティブを持った理由を，本章のモデルに基づきつつ議論せよ。

Q10-3　均衡としてのボトムアップ型民主化

　　本章の 10.2.2 以降のモデルでは，革命などによるボトムアップ型の民主化は均衡上生じない。図 10-3 にあるように，再配分政策だけでは革命を抑えられないとき，体制エリートは民主化もしくは弾圧を実行するからである。しかし，現実にはボトムアップ型民主化の例も多い。ボトムアップ型民主化が均衡上でも生じるようにするためには，本章のモデルをどのように変更するべきか，議論せよ。

Notes

　10.2.1 から **10.2.3** のモデルは，Acemoglu and Robinson（2000）に基づいています。また，**10.2.4** で議論した弾圧のモデルは Acemoglu and Robinson（2001）で分析されています。本章のモデルでは，再配分政策が革命を避けるための基本的手段になっているため「再配分モデル」とも呼ばれています。ほかにも再配分モデルを示した文献として Boix（2003）があります。**10.4.1** のイギリスの例は，アセモグルとロビンソン（2016）に依拠しています。また，本章のモデルは多くの例示とともに Acemoglu and Robinson（2006）にまとめられています。一方で，本章で紹介したモデルには一定の反論もあります。たとえば，モデルのなかでは富裕層と貧困層の二極対立を描いていますが，農業と産業など異なった対立軸も存在しています。また，富全般の貧富の格差を考えていますが，所得と土地の所有で格差のあり方は異なるはずです。Ancell and Samuels（2014）は，貧困層と富裕層の対立ではなく，土地を多く所有している体制エリートと，政治的権限はないものの産業収入から資産を有している産業エリートのエリート同士の対立を考えています。そのうえで，所得の格差は大きい一方で，土地所有の格差は小さいときに民主化は生じやすいことを示しました。再配分モデルと Ancell and Samuels（2014）の対比は，粕谷（2014）第6章に詳しいです。

Chapter 11 戦　争

なぜ戦争が起こるのか

（出所）　AFP＝時事
2003年にアメリカなどの有志連合軍はイラクへの攻撃を開始した。しかし，イラク戦争は泥沼化していくことになる。

> ✓　本章で導入される概念：効率性
> ✓　本章で用いられる概念：完全ベイジアン均衡，
> 　　　　　　　　　　　　　コミットメント

11.1　イラク戦争

　1990年にイラクは隣国クウェートに侵攻し，クウェートの併合を宣言しました。国際連合（国連）の安全保障理事会はイラクへ即時撤退を求めるとともに武力行使を容認し，翌1991年に34カ国で構成された多国籍軍がイラクに攻撃を開始します。湾岸戦争と呼ばれるこの戦争は多国籍軍の圧勝に終わり，クウェートは解放され，停戦が宣言されます。敗戦したイラクは生物兵器・化学兵器・核兵器などの大量破壊兵器の武装解除を要求されましたが，査察には非協力的であり，隠匿・妨害・違反を繰り返しました。その結果，不審を抱き続けたアメリカは武装解除の進展義務違反を理由としイラクを攻撃するべきであると主張します。同時に2001年のアメリカ同時多発テロをふまえてアメリカは，イラクが大量破壊兵器を所有しており，かつ兵器をテロ集団に輸出しているテロ支援国であるとしました。そのうえで，これ以上テロリストたちの戦力を高めないためにも，イラクへの攻撃は必要であると主張していました。しかし，国連の安全保障理事会はイラクへの攻撃に賛同しなかったため，安全保障理事会の決議採択を待たずに，アメリカ，イギリス，オーストラリアなどの有志連合軍は2003年3月にイラクへの攻撃を決定します。イラク正規軍との戦闘はすぐに終結し，同年5月に当時のアメリカ大統領ジョージ・W・ブッシュは「大規模戦闘終結宣言」を出しました。そして12月には当時のイラク大統領であるサッダーム・フセインが拘束されます。しかし，イラク国内の治安は改善されず，国内の戦闘は2011年12月の米軍撤退まで続くことになりました。また，大量破壊兵器は発見されることはなく，アメリカがイラク戦争を実施した大義の1つが失われ，ブッシュ政権は多くの批判にさらされることになりました。

264　**Part III**　世界と政治

当然ながら，戦争は何らかの目的があって実行される手段です。領土や天然資源をめぐる対立など国と国の間に利害衝突が存在したとき，その解決の1つの手段として戦争が用いられます。たとえば，湾岸戦争はイラクとクウェートが油田の領有権をめぐって対立したことにより生じた戦争です。戦争と平和は連続したものであり，平和下での交渉が決裂した結果として戦争が起こります。ただし，外交交渉に比して戦争には，その準備・実行にも，また戦争から受ける被害としても莫大な費用が掛かります。よって，多大な費用の掛かる戦争は，交渉が失敗した後の最終手段であり，交渉が成立するならば避けるべき選択肢だとも言えます。しかし，実際の人類の歴史は数多くの戦争に埋め尽くされてきました。戦争は利害衝突に対する解決手段の1つにすぎず，かつ莫大な費用が掛かる好ましくない手段であるのならば，なぜ戦争は起こるのでしょうか？本章では国をプレーヤーとして考えたうえで戦争を分析しているモデルを紹介しつつ，上記の問いに関し考えていきます。

11.2　外交交渉と戦争

11.2.1　交渉可能区間

　2つの国，A国とB国がプレーヤーであるゲームを考えます。この2国間に利害対立が生じていると考えましょう。対立をしている利得の大きさを1とします。たとえば1つの領土をめぐって両国が対立していた場合，その領土のすべてを領有することによって得られる利得が1になります。今までのモデルと同じく，利得の大きさには意味はなく，各国に配分される利得の割合について議論していきます。

　両国はまず，1の利得の分け方に関する外交交渉を行います。交渉が成功した場合のA国の取り分をx，B国の取り分を$1-x$とし

Chapter 11　戦争　265

表 11-1：戦争ゲームの設定

	A国の勝利確率	A国の戦争費用	B国の戦争費用
例1	1/2	1/4	1/4
例2	p	c_A	c_B

ましょう。交渉に費用はかからず，交渉が成功した場合には，それ
ぞれ取り分と同じだけの利得を得るとします。

　一方で，交渉が決裂した場合には，両国間で戦争が生じ，その勝
者がすべての利得1を得ることができるとします。A国が戦争に勝
利する確率を単純に1/2とします。このモデルでは引き分けは考
えないため，B国が勝利する確率も$1-1/2=1/2$です。一方で，
戦争には交渉とは比べものにならないほど多くの費用が掛かります。
武器をそろえ，兵士も雇わないといけません。本土が攻撃された場
合には，多くのインフラが破壊され経済活動が阻害されます。何よ
り，兵士はもちろん，民間人にも人的被害が出るかもしれません。
このような多様な費用として，戦争が生じた場合には両国とも1/4
の費用を払うとします。以上の設定は**表11-1**の例1にまとめてあ
ります。

　戦争が生じた場合のA国の期待利得は，1/2の確率で1を得ます
が，費用1/4を払うので，$1/2-1/4=1/4$です。よって，**図11-1**
(a)に示したように，外交交渉においてA国の取り分xが1/4以上
であれば$(x \geq 1/4)$，A国は戦争を起こそうとはしません。一方で，
戦争が生じた場合のB国の期待利得も，1/2の確率で勝利するため
1/4です。よって，B国の取り分$1-x$が$1-x \geq 1/4$を満たしてい
れば，B国は戦争を起こそうとはしません。この条件は，$x \leq 3/4$
と書き換えられます。以上の分析から，A国の取り分xが以下の条
件を満たすとき，両国は戦争を起こすインセンティブを持たないこ
とがわかります。

266　**Part III**　世界と政治

(a) 例1

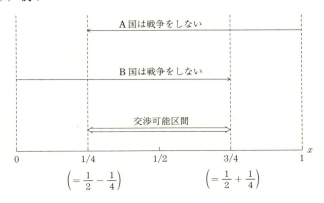

(b) 例2

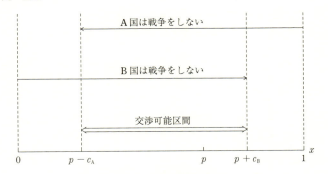

図 11-1：交渉可能区間

$$\frac{1}{4} \leq x \leq \frac{3}{4}$$

図11-1(a)のように，この条件を満たす x は必ず存在します。つまり，必ず戦争を避けることができる交渉可能な範囲（1/4と3/4の間）が存在するということです。この交渉が締結できる区間のことを**交渉可能区間**と呼びましょう。

より幅広い例を考えることができるように，変数を使って分析してみましょう。A国が戦争に勝利する確率をpとし，$0<p<1$が成立しているとします。B国の勝利確率は$1-p$です。この確率で勝者は利得1を得るので，ここから費用を引いた値が期待利得となります。戦争に伴う費用は両国間で異なる例も許容するために，A国の費用をc_A，B国の費用をc_Bとします。費用がマイナスになることはないため，$c_A>0$と$c_B>0$が成立していると考えます。この設定は**表11-1**の例2にまとめてあります。戦争が生じた場合のA国の期待利得は$p-c_A$ですので，**図11-1**(b)が示すように，A国の取り分xが$x \geq p-c_A$を満たしていれば，A国は戦争を起こしません。一方で，戦争が生じた場合のB国の期待利得は$(1-p)-c_B$です。よって，B国の取り分$1-x$が$1-x \geq (1-p)-c_B$を満たしていれば，B国は戦争を起こしません。この条件は，$x \leq p+c_B$と書き換えられます。以上の分析から，交渉可能区間は，

$$p-c_A \leq x \leq p+c_B$$

になります。**図11-1**(b)は$c_A>c_B$である場合の交渉可能区間を示しています。費用の高いA国は小さなxでも受け入れるため，pよりもxの値の小さいほうに交渉可能区間は多く位置づけられていることがわかります。

　ただし，xは1を超える値にはなれないため，$p+c_B \geq 1$であれば，交渉可能区間の上限は1になります。たとえば，$p=2/3$かつ$c_B=1/2$であれば，$p+c_B=7/6$となり1より大きいため，上限は7/6ではなく1になります。この場合，B国の勝利確率（$1-p$）が低く費用c_Bも高いため，A国にすべてを取られたとしてもB国は戦争をするインセンティブを持ちません。同様に，xは0未満にはなれないため，$p-c_A \leq 0$であれば，交渉可能区間の下限は0になります。A国の勝利確率が低く，かつ費用も高い場合には，B国が

すべてを取った（$x = 0$）としても，A国は戦争をしないということ
です。変数を用いるとわかるように，$c_A > 0$ かつ $c_B > 0$ であるため，
$p - c_A$ は常に $p + c_B$ より低いことから（$p - c_A < p + c_B$），A国の勝利
確率や戦争の費用がどのような値を取ろうと，交渉可能区間が存在
することがわかります。つまり，理論上は戦争は起こされないこと
になります。

11.2.2　非効率的手段としての戦争

　このモデルで描かれている戦争は，2つの大きな特徴を有してい
ます。第1に，両国間で利害対立が生じており，その解決策として
交渉と戦争の2つの手段があることです。戦争をすることが目的で
はなく，あくまで利害対立を解決するための1つの選択肢にすぎま
せん。第2に，戦争は費用を伴う**非効率的解決策**であることです。
ある状態（全プレーヤーの戦略の組み合わせ）が**効率的**（あるいはパ
レート効率的，パレート最適）であるとは，以下のことを意味してい
ます。

> **定義 11-1「効率性」**：他のプレーヤーの利得を減らさない限り，どの
> 　　　　　　プレーヤーの利得も高めることができないときに，その状態
> 　　　　　　（全プレーヤーの戦略の組み合わせ）を効率的であるという。

　一方で，誰の利得を低めることもなく，一部（もしくは全部）の
プレーヤーの利得を高めることができる状態は非効率的です。勝率
が五分五分である場合（$p = 1/2$），戦争の費用を払うくらいならば，
最初から交渉を通して利得を2分割してしまえば（$x = 1/2$），費用
を払うことなく $1/2$ が得られます。戦争の代わりに外交手段を用い
ることによって両国ともに利得を高めることができるわけですか
ら，戦争は非効率的手段ということになります。ここでは外交交渉
の費用を0と仮定しています。実際には0ではないですが，少なく

Chapter 11　戦　争　269

とも戦争をするよりも格段に小さな費用であることはイメージできるのではないでしょうか。そうである限り，外交交渉に多少の費用が存在したとしても，戦争が非効率的であることに変わりはありません。ただし，効率的とは全プレーヤーの総利得を最大化することを意味していないことに注意してください。また，効率的であっても公平・平等であるとは限りません。たとえば，交渉を通して $x=1$ と決定した場合でも効率的です。A 国がすべての利得を得ていますが，x の値が下がれば A 国の利得も下がってしまうため，不公平ですが効率的な分け方です。

　戦争が非効率的な解決策であり，外交交渉のほうが好ましいと両国が思うのであるならば，必ず両国は戦争を避けようとするでしょう。しかし，理論的な予測に反して，実際には多くの戦争が起こりました。この理論と実際が異なっている理由を，どのように説明できるでしょうか？ 本節のモデルの拡張から，以下の3つの理由が指摘されています。

① **分割不可能な利得**：利害対立解決から得られる利得の分け方に制限がある場合。
② **コミットメントの失敗**：外交交渉を通して両国間で結んだ約束が，将来に破られる可能性がある場合。
③ **情報の非対称性**：両国間で持っている情報が異なる場合。

11.3　戦争が起こる3つの理由

11.3.1　分割不可能な利得

　11.2.1 のモデルでは，両国間の利得の分け方に制約はありませんでした。しかし，実際の分け方には多くの制約があると考えられます。たとえば，利得が0か1かの選択しかすることができない

270　**Part III**　世界と政治

Aside 11　実証分析と理論分析の微妙な関係

　フォーマルモデルを基にした理論分析とデータを用いた実証分析の間の関係に関して，まずは正論から述べましょう。理論分析で示された仮説を実証分析で検証するため，理論分析と実証分析は不可分なものです。理論分析で仮説だけを示しても，それが実際に正しいかどうかはわかりません。また，仮説に基づかない実証分析では結果の解釈が示せません。実証分析で用いる統計的手法では，変数間の何らかの数式上の関係を想定し推定を行うため，フォーマルモデルによりその関係式を導出したほうが自然です。よって，理論分析と実証分析はともに発展しており，「実証無き理論も，理論無き実証も不完全である」と考えられています。しかし，実際にはどうでしょう？　個々の研究者で見ると，理論分析と実証分析の間で分業体制が敷かれることが多いです。もちろん，これには個々の研究者の好みも影響していますが，同時に理論分析と実証分析の微妙な距離感も一因となっています。近年では，データと非整合的である，あるいは実証分析への含意の無い理論分析はあまり受け入れられません。一方で，理論分析に基づかない実証分析は比較的多く存在します。1つの理由は，理論的仮説は示さなくとも，データを用いて変数間の因果関係を示すことで，実際に生じている事実を知ることができる点が考えられます。なぜそうなるのか，という理由やメカニズムは曖昧でも，事実を示すことは（事実に基づかない理論的仮説を示すよりも）価値があると思われるからです。2つ目の理由として，理論分析と実証分析を同時に行う困難性もあります（浅古，2017）。学術誌に受け入れられるためには，理論分析も実証分析も質が高く，かつ実証分析が理論的仮説の検証を正しく行っていなければならず，容易にできるものではありません。そのため，厳密なフォーマルモデルに基づく理論を提示するより，理由は曖昧にしたうえで，変数間の因果関係を示すだけのほうが格段に容易です。しかし近年では，モデルの設定を忠実に再現したうえで被験者の意思決定を分析する実験的手法（肥前，2016）や，モデルのパラメータをシミュレーションによって推定する構造推定という手法（安達，2017）が広まっています。いずれも，数理モデルの検証を強く意識した手法です。つかず離れずの関係ですが，少なくとも理論研究家は実証研究を強く意識し，実証研究家は理論研究を強く意識する必要があるように思います。

場合を考えてみましょう。一方の国が圧倒的に強い，あるいは戦争の費用が大きすぎる場合，$p - c_A \leq 0$ あるいは $p + c_B \geq 1$ となり，交渉可能区間に 1 や 0 が含まれることがあります。この場合は，利得が分割不可能でも交渉は成立します。しかし，両国が対等な力を有し，かつ費用もそこまで大きくない場合には，$x = 0$ や 1 では両国の同意は得られないため，交渉は決裂してしまうことになります。また，0 と 1 のほかに選択肢があったとしても，分け方に制約がある場合が考えられます。交渉可能区間（$p - c_A$ と $p + c_B$ の間）のなかでの分け方が選択不可能であった場合には戦争が生じます。

　たとえば，1 つの島をめぐった領土問題も多く存在します。小さな島であっても，安全保障上重要な位置である，あるいは領海権と関わるなどの理由から対立の原因になりえます。しかし，小さな島を両国で分け合うことは難しいでしょう。北方領土問題では，歯舞群島，色丹島，国後島，択捉島の 4 島の日露間での分け合い方は議論にはなりますが，国後島を半分ずつで領有しようなどという提案はなされません。北方領土の場合は，4 島の配分問題となり，地理的にどんな分け方でもできるわけではありません。

　ただし，たとえ利得が分割不可能であったとしても，経済的な取引により解決することができます。古くから，領土の売買は行われてきました。たとえば，アメリカのアラスカ州は 1867 年にアメリカがロシア帝国から購入したものです。同時に，アメリカのルイジアナ州も 1803 年にアメリカがフランスから買い取ったものです。また，各国の経済関係が強化されてきたことにより，領土問題で対立することが得策ではない状況も増えてきました。つまり，領土問題を解決，あるいは棚上げする代わりに，経済関係を強化することで利益を受けることができるということです。よって，領土が分割不可能であったとしても，金銭的取引を領土分割の代わりとすれば，金銭の分割に関しては制約がないため，利得の分割ができるように

なります。その結果，交渉可能区間のなかでの分割を実行すること
ができるようになり，戦争を避けることができるわけです。

　一方で，戦争へと発展する分割不可能な利得の典型例として君主
の継承問題があります。たとえば，兄弟で王位を争っていた場合，
奇数年は兄が王で，偶数年は弟が王，などとすることは難しいで
しょう。通常は兄が王となるか，弟が王となるか，０か１かの選択
です。日本においても，皇位継承をめぐる南北朝時代の戦争や，織
田信長と信行の対立，薩摩藩のお由羅騒動など，多くの家督争いが
生じてきました。君主継承を世襲とし長男相続制を採用することに
よって，次の君主が誰になるべきか事前にある程度は制約を設ける
ことができます。しかし，それでも分割不可能である継承問題は多
くの戦争に結びついてきました。

11.3.2　コミットメントの失敗

　現時点で，両国が交渉可能区間のなかにある取り分を約束したと
しましょう。将来にわたり，戦争に勝利する確率も，あるいは戦争
に伴う費用も両国で変化が無いのであるならば，この約束が将来破
棄される可能性は無く，将来の取り分にコミットできると言えます。
Chapter 10 でも述べたように，コミットメントとは信頼できる約束
のことです。しかし，交渉を締結することができたとしても，将来
破棄される可能性は０ではありません。将来破棄される可能性が高
い約束であるならば，現時点でも締結するインセンティブも無くな
るかもしれません。その結果，外交交渉は決裂し，戦争が起こりま
す。

　コミットすることができない典型例として，核兵器開発などの軍
備増強によって一国の力が将来増強される場合が考えられます。軍
備増強によって戦争に勝利する確率を今より高めることができます。
戦争に勝利する確率が将来変化するのであるならば，変化後に再交

Chapter 11　戦　争　　273

表 11-2：予防戦争ゲームの設定

	1期目の A国の勝利確率	2期目の A国の勝利確率	両国の戦争費用
例3	1/3	1/2	1/7
例4	1/3	2/3	1/7
例5	p_1	p_2	c

渉が余儀なくされるかもしれず，今締結した約束は信頼できなくなります。たとえば，第一次世界大戦前にはドイツは著しい産業化を果たしており，時間が経てばドイツの軍事力は格段に上がると予測されていました。同様の状況は，軍事帝国化を目指した第二次世界大戦前の日本に関しても言えます。産業化前に約束をしたとしても，将来において力の差が変われば，約束は破られてしまうと他国は予測するでしょう。その結果，今のうちに戦争を通じて利害対立を解決しようとするかもしれません。つまり，相手が強くなる前の時点で叩いてしまえという**予防戦争**が起こるわけです。

　具体的に見てみましょう。モデルは **11.2** のモデルと以下の点で異なります。第1に，2期間のモデルを考えます。交渉はそれぞれの期で行われますが，1期目に戦争が生じてしまった場合には，2期目も1期目の戦争の結果が継続されるとします。つまり，1期目の戦争でB国が勝利すれば，2期目もすべての利得はB国のものです。ここではA国の力が増すと考え，1期目にA国が勝利する確率を 1/3，2期目にA国が勝利する確率を 1/2 とします。また両国の戦争費用は 1/7 であるとしましょう。設定は**表11-2**の例3にまとめてあります。

　1期目において，A国の取り分 x が A国の戦争から得る期待利得 $1/3 - 1/7 = 4/21$ を上回るとき，つまり $x \geq 4/21$ であれば A国は戦争をするインセンティブがありません。同様に，B国の取り分

274　**Part III**　世界と政治

(a) コミットメントの成功（例3）

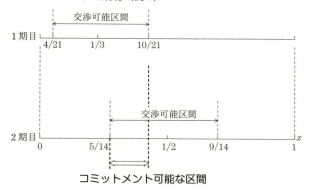

(b) コミットメントの失敗（例4）

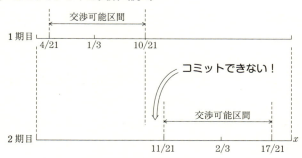

図 11-2：A 国の力が変化する場合

$1-x$ が B 国の戦争から得る期待利得 $2/3-1/7=11/21$ を上回るとき（$1-x\geq 11/21$），つまり $x\leq 10/21$ であれば B 国は戦争をするインセンティブがありません。以上から，**図 11-2**(a)が示すように，1 期目の交渉可能区間は以下になります。

$$\frac{4}{21} \leq x \leq \frac{10}{21}$$

2 期目では，A 国の戦争から得る期待利得は $1/2-1/7=5/14$ で

Chapter 11　戦　争　　275

すので，$x \geq 5/14$ であればA国は戦争をするインセンティブがありません。同様に，B国の戦争から得る期待利得も 5/14 ですので，$1 - x \geq 5/14$，つまり $x \leq 9/14$ であればB国は戦争をするインセンティブがありません。以上から，2期目の交渉可能区間は以下になります。

$$\frac{5}{14} \leq x \leq \frac{9}{14}$$

図11-2(a)にあるように，A国の力が増すことにより，1期目に比して2期目の交渉可能区間が右にずれています。強くなったA国が2期目により多くの取り分 x を要求してくるためです。この2つの交渉可能区間が重なり合うことができれば，そのなかで1期目にコミットメント可能な交渉結果が存在しています。つまり両期において同意ができる分け方が存在しているということです。ここまで用いてきた例3では，5/14 と 10/21 の間で2つの交渉可能区間は重なっています。たとえば，1期目にA国の取り分 x を3/7 と約束したならば（5/14<3/7<10/21），2期目にも約束は破られないため，再交渉が行われないことにコミットすることができます。

次に**表11-2**の例4のように，A国の力の増加が著しく，2期目の勝利確率が2/3 にまで高まるとしましょう。1期目における変数の値は変わらないため，1期目の交渉可能区間は，

$$\frac{4}{21} \leq x \leq \frac{10}{21}$$

のままです。2期目では，A国の戦争から得る期待利得は $2/3 - 1/7 = 11/21$ ですので，$x \geq 11/21$ であればA国は戦争をするインセンティブを有しません。一方で，B国の戦争から得る期待利得は $1/3 - 1/7 = 4/21$ ですので，$1 - x \geq 4/21$，つまり $x \leq 17/21$ であればB国は戦争をするインセンティブを有しません。以上から，2期目の交渉可能区間は，

276　**Part III**　世界と政治

$$\frac{11}{21} \leq x \leq \frac{17}{21}$$

になります。$11/21 > 10/21$ であるため，**図11-2**(b)が示すように2つの交渉可能区間は重なっていません。A国の取り分 x を $4/21$ と $10/21$ の間に決めたとしても，2期目に強くなったA国は約束を破り，再交渉を求めてくることが予見できます。つまり，1期目の交渉結果にはコミットすることはできません。

再び，多くの例を含むことができるように変数を用いて示してみましょう。**表11-2**の例5に示したように，1期目においてA国が戦争に勝利する確率を p_1 とし，2期目におけるA国の勝利確率を p_2 とします。A国は2期目に1期目より強くなり勝利確率が高まると考えているため，$0 < p_1 < p_2 < 1$ が成立しています。戦争の費用は両国で共通して $c > 0$ であるとします。1期目の交渉可能区間は，**11.2.1** で示した交渉可能区間を $p = p_1$ および $c_A = c_B = c$ として示すだけであるため，

$$p_1 - c \leq x \leq p_1 + c$$

です。2期目の交渉可能区間は p_2 を用い，

$$p_2 - c \leq x \leq p_2 + c$$

になります。$p_1 < p_2$ であるため，**図11-2**と同様に2期目の交渉可能区間は，1期目の交渉可能区間より値が大きく，右側に位置づけられることになります。**図11-2**(b)のように右に行きすぎ，1期目の交渉可能区間の上限 $p_1 + c$ が，2期目の交渉可能区間の下限 $p_2 - c$ を下回るとき，すなわち $p_1 + c < p_2 - c$ が成立してしまうとき，両期の交渉可能区間が重ならず，コミットすることができなくなります。この条件を書き直すと，

$$p_2 - p_1 > 2c$$

になります。つまり、A国が急激に強くなるため、2期目と1期目のA国の勝利確率の差 $(p_2 - p_1)$ が大きいとき、かつ戦争費用 c が小さいとき、コミットメントの失敗が生じることがわかります。

1期目の結果にコミットできない場合はなぜ戦争になるのでしょうか？ 本章のモデルでは、交渉可能区間のなかで実際に選択される取り分に関しては議論していませんでした。どちらの国が x を提案するかなどによって x の値は変わってきますが、ここでは単純に中間点が選択されると仮定しましょう。例4（**図11-2**(b)）を用いて考えてみると、1期目には 4/21 と 10/21 の中間点である 1/3 が選ばれ、2期目には 11/21 と 17/21 の間の 2/3 が選ばれるということになります。

1期目には $x = 1/3$ が選択されるためB国の利得は 2/3 です。しかし、2期目には $x = 2/3$ に変更されてしまうため、B国の2期目の利得は 1/3 に下がります。よって、交渉で対立を解決したときのB国の2期間にわたる総利得は、

$$\frac{2}{3} + \frac{1}{3} = 1$$

です。一方で、1期目に戦争が生じた場合には、B国の期待利得は 11/21 ですので、戦争が生じた場合の2期間の総期待利得は、

$$\frac{11}{21} + \frac{11}{21} = \frac{22}{21}$$

となり、交渉から得られる総利得1を上回ります。よって、B国は1期目に戦争を開始するインセンティブを持ってしまいます。2期目にA国に大幅に譲歩するくらいならば、今のうちに戦争で勝利することに賭けようというわけです。コミットメントの失敗による戦争はA国が強くなった後に生じるものではなく、強くなること

278　**Part III**　世界と政治

を予見したB国が1期目の時点で起こすことに注意してください。

　予防戦争の代表例として，イスラエルと中東アラブ諸国（エジプト，シリア，ヨルダン）の間で生じた1967年6月の第三次中東戦争があります。エルサレムの領有をめぐる争いで，中東アラブ諸国はソ連から支援を受けはじめていたところ，支援を受けた中東アラブ諸国が強くなる前にイスラエルが戦争を仕掛けました。イラク戦争においても，アメリカが開戦した主目的はテロ集団への兵器輸出阻止でした。アメリカは，テロ集団が強くなる前に兵器の輸出元であるイラクを叩こうとしたという意味では，一種の予防戦争であると言えます。

　ただし，コミットメントの失敗の例は予防戦争に限りません。ほかにも，武装解除の困難性を例として挙げることができます。湾岸戦争後，イラクは大量破壊兵器の武装解除を要求されましたが，査察には非協力的でした。和平プロセスには必ず戦地からの撤退や武装解除が伴います。しかし，撤退や武装解除を行えば，戦力は大幅に低下してしまうおそれがあります。本項の例ではA国が強くなることを想定しましたが，B国が武装解除を受け入れた場合でも同じ状況が生じます。つまり，B国が武装解除を要求されていた場合，その要求を受け入れればA国の戦争における勝利確率が高まるというわけです。この場合，1期目の交渉可能区間内で和平が成立しても，B国が武装解除をした後の2期目において，A国は約束を反故にし，再交渉を求めてくるインセンティブを持つかもしれません。そのことを予見したB国は，1期目において武装解除には合意せず，戦争をするインセンティブを持つ可能性が生じます。和平プロセスに入ったとしても，武装解除や撤退に合意ができず，戦争が長引いてしまうことがある理由と言えます。

　その他のコミットメントの失敗の例として，**Chapter 12** で議論する先制攻撃の優位性があります。先んじて敵国の基地を攻撃し大幅

に敵国の戦力を下げることに成功すれば，戦争の勝利確率を大幅に
上げることができます。戦争における多くの局面で，先制攻撃は戦
争を有利に進めることができる有効な手段です。お互いに攻撃をし
ないことに合意したとしても，先制攻撃の優位性が存在するのなら
ば，合意を反故にして相手を攻撃するインセンティブを持ってしま
います。よって，合意は信頼できるコミットメントにはなりません。

■ **Exercise 11-1**
　以下の数値例を使い，1期目，2期目それぞれの交渉可能区間を示
せ。コミットメントは失敗するだろうか？ 理由を示せ。ただし，戦
争費用は両国で共通して 1/4 であるとする。

	A国の1期目の勝利確率	A国の2期目の勝利確率
(i)	1/3	2/3
(ii)	1/5	4/5
(iii)	6/7	2/7

11.3.3　情報の非対称性

　11.3.2 までのモデルでは，両国は同等の情報を持っていると仮
定しました。しかし，実際には2国間で持っている情報は異なりま
す。各国は自身のことに関する情報は多く知っていますが，相手に
関しては知らないことがあるでしょう。このように，2国間で情報
の非対称性がある場合，戦争につながる可能性が高まります。ここ
では2つの例を用いて議論していきましょう。

(a)　誤認と楽観主義
戦争は同時に情報戦でもあります。相手の装備や戦略などに関し，

国はできるだけ多く，かつできるだけ正しい情報を得ようとします。その一方で，相手を攪乱するための偽情報を流そうともします。その結果，あらゆる情報が錯綜し，事実誤認をする可能性も高いでしょう。同時に，神風を信じるように，「自分たちが負けるわけがない」という自信過剰にも陥りやすいかもしれません。このように，各国の持つ情報が異なり楽観的になってしまった場合には，外交交渉は決裂します。

A国は自身が勝利する確率を2/3と考えているとしましょう。その一方で，B国は，A国が勝利する確率を1/3と思っているとします。2/3も1/3もA国の勝利確率であることに注意してください。つまり，両国とも自国が2/3の確率で勝利すると信じていることになります。戦争の費用は両国ともに1/7としましょう。**11.2**の分析から，A国が戦争から得ることができる期待利得は$2/3 - 1/7 = 11/21$ですので，**図11-3**に示したように，自身の取り分xが$x \geq 11/21$を満たしていれば戦争を起こそうとはしません。一方で，B国は同様に2/3の確率で自分が勝利すると信じているので$1 - x \geq 11/21$のとき，すなわち$x \leq 10/21$が満たされていれば，戦争を起こしません。よって，交渉可能区間は$11/21 \leq x \leq 10/21$ですが，このような区間は$11/21 > 10/21$であるため存在しません。両国が同じ確率でA国が勝利すると信じていれば交渉可能区間が必ず存在しますが，自信過剰に陥っていた場合は，交渉は決裂し戦争が起こる可能性があります。戦争において多くの国が楽観主義に陥りがちであることが，戦争が起こる1つの大きな理由であると言えます。

ここでも変数を用いて考えてみましょう。A国の勝利確率に関し，A国自身は$\overline{p}$であると考え，B国は$\underline{p}$であると考えているとしましょう。お互いに自信過剰になっているため，A国のほうがA国の勝利確率を高く見積もっており，$0 < \underline{p} < \overline{p} < 1$が成立している

Chapter 11　戦争　281

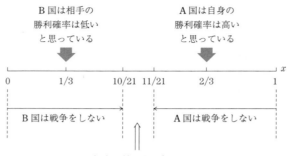

図 11-3：情報誤認と自信過剰

とします。戦争の費用は両国で共通して$c>0$であるとします。A国が戦争から得ると考えている期待利得は$\overline{p}-c$ですので、自身の取り分xが$x \geq \overline{p}-c$を満たしていれば、戦争を起こそうとはしません。一方で、B国が戦争から得ると考えている期待利得は$(1-\underline{p})-c$ですので、自身の取り分$1-x$が$1-x \geq (1-\underline{p})-c$を満たしているとき、すなわち$x \leq \underline{p}+c$が満たされていれば、戦争を起こしません。よって、交渉可能区間は、

$$\overline{p}-c \leq x \leq \underline{p}+c$$

です。しかし、下限であるはずの$\overline{p}-c$が、上限であるはずの$\underline{p}+c$を上回ると（$\overline{p}-c > \underline{p}+c$）、交渉可能区間が存在しなくなります。つまり、

$$\overline{p}-\underline{p}>2c$$

のときに交渉は決裂し、戦争が引き起こされます。両国の勝利確率に対する認識のズレ（$\overline{p}-\underline{p}$）が大きく、かつ戦争費用$c$が小さいときには、戦争を避けることができないことがわかります。

（b）　戦争をするインセンティブの強さ

（a）では楽観主義に支配されている国を仮定していました。しかし，楽観主義に支配されていなくても，相手の戦争をするインセンティブの強さを読み違えることによって戦争が引き起こされることがあります。たとえば，朝鮮戦争では，アメリカも中国も相手が参戦してくるインセンティブの強さを読み違えていたと言われています。イラク戦争においてもフセインはアメリカの攻撃は空爆程度になると見込んでいました。相手国の戦争をするインセンティブの強さがわからないという情報の非対称性が存在するとき，戦争が引き起こされる可能性があります。

今までのモデルでは主に交渉可能区間の存在を議論してきました。しかし，実際には両国のうちどちらか一方が互いの取り分に関して提案し，それを他国が受け入れるか戦争を仕掛けるかを決定するなどの交渉過程が存在します。たとえば，領土問題では通常どちらか一方の国がその領土を実効支配していることが一般的です。実効支配している国は，すでに領土を支配しているため交渉上有利な立場となり，どの程度他国に妥協するかに関して提案する立場にもあると言えます。ここでは，A国が領土を実効支配しており，A国がB国に，A国の取り分であるxを提案すると考えましょう。つまり，最初にA国がxの値をB国に提案し，B国はそれを受け入れるか，戦争を仕掛けるかを選択します。

しかし，B国には2つのタイプ「強いタイプ」と「弱いタイプ」が存在するとします。B国が強いタイプであったときのA国の勝利確率を1/3とし，弱いタイプを相手にした場合のA国の勝利確率を1としましょう。弱いタイプは確実に倒せますが，強いタイプを倒せる確率は1/3のみということです。戦争費用は両国で共通して1/6であるとします。設定に関しては，**表11-3**にまとめてあります。**図11-4**のゲームの木が示しているように，最初に自然

Chapter 11　戦　争　283

表 11-3：情報の非対称下のゲーム

B国のタイプ	各タイプである確率	A国の勝利確率	両国の戦争費用	B国が提案を受け入れる条件
強いタイプ	q	$1/3$	$1/6$	$x \leq 1/2$
弱いタイプ	$1-q$	1	$1/6$	常に受け入れる

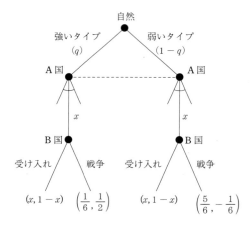

図 11-4：情報の非対称性下のゲームの木

がB国のタイプを確率的に決めます。強いタイプである確率は q であり，弱いタイプである確率は $1-q$ であるとしましょう。ただし，$0<q<1$ です。A国はB国のタイプに関しては知りませんが，B国は自身のタイプは知っています。よって，A国の意思決定点のみ，情報集合で結ばれています。B国のタイプが決定した後，A国が x を提案し，B国が受け入れるか戦争をするかを選択します。情報の非対称性が伴うゲームであるため，完全ベイジアン均衡を用います。

逆向き推論法より，B国の意思決定から考えていきましょう。図11-4 にあるように，B国の意思決定点は情報集合で結ばれていな

いため，タイプ別に意思決定を分析します。B国が強いタイプの場合は，戦争から得られる期待利得は $2/3 - 1/6 = 1/2$ ですので，$1 - x \geq 1/2$ のとき，すなわち $x \leq 1/2$ であれば提案を受け入れますが，$x > 1/2$ であれば戦争を選択します。弱いタイプのB国が戦争から得られる期待利得は $0 - 1/6 = -1/6$ ですので，$1 - x > -1/6$ のとき，すなわち $x \leq 7/6$ であれば受け入れます。$x \leq 7/6$ は常に満たされますので，弱いタイプはどんな $x \leq 1$ であっても提案を受け入れます。つまり，強いタイプのほうが戦争をするインセンティブが強く，より多くの分け前を与えなければ戦争が避けられません。B国が提案を受け入れる条件は**表11-3**に示しています。ただし，両選択肢からの利得が等しいときは，戦争をせず，交渉を受け入れると仮定しています。

　A国は，強いタイプに提案を受け入れてもらいたい場合には，$x \leq 1/2$ を提案しなくてはいけません。A国にとっては大きい x ほど好ましいため，$x = 1/2$ を提案することが最適です。一方で，弱いタイプはどんな提案でも受け入れてくれます。よって，すべてをA国の取り分にする $x = 1$ を提案することが最適です。以上から，A国は実質的に二択の問題に直面していることになります。

● **選択肢1**：$x = 1/2$ を提案し，B国のタイプにかかわらず受け入れてもらい，戦争を絶対に避ける。A国の利得は $1/2$ となる。

● **選択肢2**：$x = 1$ を提案し，B国の弱いタイプにだけ受け入れてもらい，強いタイプとは戦争をする。q の確率でB国が強いタイプであれば，A国の期待利得は $1/3 - 1/6 = 1/6$ である。一方 $1 - q$ の確率で，B国が弱いタイプであれば，A国は 1 を得られる。よって，A国の期待利得は，

$$q \times \frac{1}{6} + (1-q) \times 1 = 1 - \frac{5q}{6}$$

となる。

A国はB国のタイプがわからないため，**図11-4**の情報集合では同じ選択をしなくてはなりません。つまり**図11-5**にあるように，A国は強いタイプとの争いを避けようとすると，強いタイプだけではなく，本来は何も与えずとも争いを避けられるはずの弱いタイプにも1/2の利得を与えなくてはなりません。一方で，弱いタイプに何も与えたくなければ，強いタイプとの戦争は覚悟しなくてはなりません。強いタイプとの戦争を避けることを優先するか，弱いタイプに必要以上の配分を与えないことを重視するか，選択するわけです。

ここで戦争が起こる可能性が存在するのは選択肢2が選ばれた場合です。A国は，選択肢2からの期待利得が選択肢1からの利得を

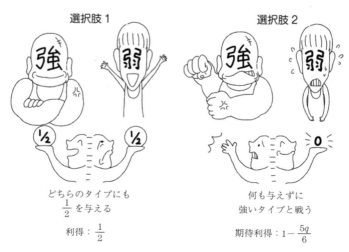

図11-5：A国の2つの選択肢

上回るとき，つまり，

$$1 - \frac{5q}{6} > \frac{1}{2}$$

であるならば選択肢2を選びます。計算すると，

$$\frac{3}{5} > q$$

であれば，A国は $x = 1$ を提案し，q の確率で戦争が起こることになります。つまり，相手が強い可能性 (q) が低ければ，「相手が強い可能性は低いので，強気の交渉をしよう」と賭けに出ることで，結果として戦争へと導かれてしまう可能性が生じるわけです。イラクのフセインも，「どうせアメリカの戦争をするインセンティブは低く，大した攻撃はしてこない」と予見していました。そのため，大量破壊兵器の有無を曖昧にするなど強気の姿勢を貫きます。しかし，実際にはアメリカの戦争をするインセンティブは強く，イラクはアメリカを中心とした有志連合軍の総攻撃を受けることになりました。このモデルは相手国に妥協をする際のトレードオフを明確に見せています。妥協をすれば戦争が起こるリスクを抑えることができますが，戦争を避けたときの自身の利得は下がってしまいます。戦争が起こるリスクと交渉による自身の利得を比べながら意思決定を行う結果，ある程度の可能性で戦争が生じることが許容されてしまうということです。

　本項では，勝利確率 (p) に関する情報の非対称性を考えてきましたが，他の要因から相手国の戦争をするインセンティブの強さがわからない場合もあります（**Exercise 11-2**）。たとえば，相手国の戦争費用に関する不確実性が考えられます。相手国は，戦争費用が低いほど，戦争をするインセンティブが強いはずです。また，領土などの利害対立の要因に対し，相手国がどのくらいの価値を抱いているかわからない場合もあるでしょう。相手国が領土の価値が高い

と感じているほど，戦争をするインセンティブは強まるはずです。いずれの場合であっても，本項と同じ状況が生じえます。勝利確率，戦争費用，利害対立の重要性などがわからなければ，相手の戦争をするインセンティブの強さを正確に把握することはできず，戦争が起こってしまう可能性が高まります。

■ **Exercise 11-2**

11.3.3(b)では勝利確率に関する情報の非対称性を考えてきた。勝利確率以外の情報の非対称性を考えている以下の例に関し，ゲームの木を示したうえで，戦争の可能性が生じてしまう q の値を示せ（本項では，$q < 3/5$ であった）。ただし，意思決定のタイミングと各プレーヤーの戦略は **11.3.3**(b)のモデルと同じであるとする。また，勝利確率に関する情報の非対称性は存在せず，A 国が戦争に勝利する確率は常に 1/2 であり，かつ A 国の戦争費用は 1/4 であると考えよ。

(i) A 国は B 国の戦争費用に関して知らないが，B 国は知っているとする。具体的には，確率 q で B 国は低費用タイプであり，戦争費用が 1/4 である。一方で，確率 $1-q$ で高費用タイプであり，戦争費用が 1/2 である。

(ii) A 国は B 国の利害対立に対する重要性に関して知らないが，B 国は知っているとする。具体的には，確率 q で B 国は高価値タイプであり，分け前が $1-x$ であったときに，それと同じ $1-x$ の利得を得る。一方で，確率 $1-q$ で低価値タイプであり，分け前が $1-x$ であったときに，利得はそれより小さい $(1-x)/4$ であるとする。ただし，戦争費用に関する情報の非対称性は存在せず，両国の戦争費用は 1/4 である。

11.4　戦争はなぜ起こるか

以上で，戦争が起こる理由を 3 つ示してきました。過去の実際の戦争が起こった理由は，この 3 つの理由の枠組みに収まると考えら

れています。特に近年の研究では，第2の理由であるコミットメントの失敗が多くの戦争の原因であると指摘されています。情報の非対称性も重要な原因の1つとされてきました。しかし昔に比して，ITなどの技術発展により，各国ともに以前より正確な情報を多く集められるようになっています。その結果，情報の非対称性の問題は小さくなってきていると言えるでしょう。ただし，テロ集団のように表舞台から姿を隠している相手との戦争では，情報の非対称性はいまだに大きな問題であると言えます。その一方で，軍備増強や先制攻撃の優位性などによるコミットメントの失敗は，金銭的補償や情報収集力強化では解決することは難しいことから，いまだに多くの場面で戦争が起こる理由になっています。

 Discussion Questions

Q11-1　戦争が起こる理由

以下の日本に関わる戦争に関し，本章で紹介した戦争が起こる3つの理由のなかで説明することができるか検討せよ。

(i) **応仁の乱**：室町幕府8代将軍の足利義政は後継男子がいないことから実弟である浄土寺門跡義尋（後の足利義視）に将軍職を禅譲することに決めた。しかし，その後義政の正室である日野富子から足利義尚（後の義熙）が生まれたことで，将軍家の継嗣争いが勃発。この継嗣問題も一因として1467年に京都で起こったのが応仁の乱であり，戦乱は全国に拡大，10年以上におよんだ。

(ii) **日露戦争**：不凍港を求め南下政策を採用していたロシア帝国は満州を事実上占領した後，さらに朝鮮半島へと勢力を伸ばそうとしていた。日本側は，満州をロシアの支配下に置く一方で，朝鮮半島を日本の支配下に置くことを提案した。しかし，ロシア側は受け入れず，北緯39度以北を中立地帯とすることを提案。日本側は拒否したため日露交渉は破綻し，1904年2月に日露戦争が勃発した。軍事力で大きな優位に立っていたロシアでは

あったが，実際には日本軍が勝利を重ねることになった。
(iii) **真珠湾攻撃**：1941年12月8日に日本海軍はハワイ・オアフ島の真珠湾にあったアメリカ海軍太平洋艦隊に攻撃を行った。大きな目的の1つは，アメリカ艦隊の西太平洋上での戦力を大幅に削減させることにあったと言われている。

Q11-2 戦争が終わる理由

本章のモデルでは，交渉が決裂し戦争が起きた後，再び交渉に戻ることはできないと考えた。つまり，戦争が起こると必ず勝敗が決まることを仮定している。しかし，実際に戦争が一方の完全勝利で終結することは少ない (Pillar, 1983)。多くの戦争は，一定期間争った後，外交交渉によって (x を決定し) 終結する。なぜ一旦起こった戦争が，交渉という形で終結するのだろうか？

(i) 情報の非対称性を考えた **11.3.3** のモデルをふまえたうえで，一定期間の争いの後に外交交渉が成立する理由を議論せよ。
(ii) 多くの2国間の戦争が上記の理由から短期間で終結することに対し，内戦は長期化する傾向がある。そのため，内戦の多くはコミットメントの失敗から起きていると指摘されている (Fearon, 2004)。その理由を本章のモデルをふまえて検討せよ。

Q11-3 対テロ戦争

11.4 でも言及したように，テロ集団に関する情報は不確実なことが多いため，情報の非対称性は対テロ戦争が起こる大きな理由になっている。本章では戦争において，勝利確率，戦争費用，対立要因の価値の大きさに関する情報の非対称性が存在するとき，戦争が生じることを指摘した。それでは，対テロ戦争ではどのような情報の非対称性が存在しているだろうか？ なぜその情報の非対称性がテロ攻撃を誘発するのだろうか？ 対テロ戦争と2国間戦争の間で違いはあるだろうか？ 議論せよ。

 Notes

11.2〜11.3 の戦争のモデルは，Fearon (1995) に基づいています。本章で紹介した戦争が起こる3つの理由は Fearon (1995) によって示され

ました。Fearon（1995）以降，戦争に関するフォーマルモデル分析はこの論文の枠組みを大きく逸脱することなく拡張が続けられています。11.4 で議論したコミットメントの失敗の重要性は Powell（2006）によって指摘されており，Powell（2004）や Leventoğlu and Slantchev（2007）でも議論されています。**Discussion Question 11-2** の(i)は Slantchev（2003）に基づきます。**Discussion Question 11-3** で議論した対テロ戦争における情報の非対称性の役割に関しては Kydd and Walter（2006）で議論されています。また，戦争のゲーム理論分析に関してまとめた教科書としては，Powell（1999）や Kydd（2015）があります。

Chapter 12 平 和

戦争を避けることはできるのか

（出所） EPA＝時事
北朝鮮の核兵器保有を止めるため，国連の安全保障理事会では非難決議を行い，経済制裁を科してきた。しかし，北朝鮮は最終的に核保有国になったと言われている。

> ✓ 本章で導入される概念：繰り返しゲーム
> ✓ 本章で用いられる概念：ナッシュ均衡，
>   サブゲーム完全均衡，効率性

12.1 国際連合と北朝鮮核開発

　北朝鮮は，2003 年 1 月に核拡散防止条約からの即時脱退を表明し，2006 年 10 月に地下核実験にはじめて成功しました。国連の安全保障理事会は核実験後すぐに決議 1718 を採択します。この決議は，当時非常任理事国であった日本が主導的に成立まで導いたもので，北朝鮮に対する制裁がはじめて盛り込まれました。しかし，北朝鮮はそれ以前よりミサイルの発射実験を繰り返し行ってきました。最初の核実験直前の 7 月にもミサイル実験を行っていましたが，その直後に採択された決議 1695 には制裁は含まれていませんでした。また，それ以前のミサイル実験では決議すら採択されていません。2006 年 10 月の決議以降に制裁は科されたものの，北朝鮮は 5 回もの核実験を繰り返し，そのたびに安全保障理事会は制裁を科してきました。しかし効果はなく，北朝鮮は核兵器をすでに所有していると考えるべきだという指摘もされています。

　2018 年に行われた南北首脳会談および米朝首脳会談以降，非核化に向けた話し合いは行われていますが，すでに核保有国になっている北朝鮮の交渉力は大きいと考えられます。国際連合憲章は安全保障理事会に対し，世界の平和と安全の維持のための権限を与えています。つまり，安全保障理事会は経済制裁や平和維持軍の派遣などを通して，世界の平和を維持，あるいは戦闘状態を解決し平和へと導く役割を担っているわけです。しかし，北朝鮮の核開発を止められなかったように，必ずしも有効な手立てを講じているとは言えません。

　Chapter 11 では戦争が起きる理由に関して議論をしてきました。そこで示した解釈に従えば，戦争は非効率的な手段です。本来は，外交交渉を通して利害対立を解決したほうが戦争に伴う費用を払わ

294　**Part III**　世界と政治

ずに済むため，両国とも戦争は避けたいと考えています。しかし，現実には多くの戦争は避けることができず，数えきれないほどの犠牲を払ってきました。その一方で，ソ連解体後，内戦や対テロ戦争は続いている一方で，領土などをめぐる戦争はほとんど生じていません。それでは，どうすれば非効率的な選択肢である戦争を避けることができるでしょうか？　国連をはじめとする国際機関は，戦争を止めることができるのでしょうか？　なぜ近年になって，2国間戦争の数は減少してきているのでしょうか？　本章では，繰り返しゲームを紹介しつつ，戦争を避けるための方法に関して議論していきます。

12.2　国 際 機 関

12.2.1　囚人のジレンマ——罰則

前章では「戦争」を2国間の利害対立解決のための非効率的手段として描いてきました。ゲーム理論において，非効率的均衡が生じてしまう状況を描いた代表的ゲームが**囚人のジレンマ**です。以下の状況を考えてみましょう。

共犯者である2人の被疑者が別々の部屋に入れられた。警察は2人が犯した微罪に関する証拠を十分につかんでいるが，主要な犯行に関する証拠は不十分であり，2人のうち少なくとも1人に自白させる必要がある。そこで警察は「お前だけが自白すれば微罪も含めて刑を減らしてやる。ただし，相手も自白した場合には減らさない。そして，相手だけが自白した場合には最も重い罰を科してやる」と2人に持ちかけた。一方で，2人とも自白しなければ，微罪を償うだけである。量刑を軽くしたい被疑者2人は自白するか？

Chapter 12 平 和　295

		プレーヤー2	
		協力	協力しない
プレーヤー1	協力	2, 2	0 , ③
	協力しない	③, 0	①, ①

図12-1：囚人のジレンマ

　刑をできるだけ軽くしたい被疑者にとって，最も好ましい結果が「自分だけが自白する（減刑）」です。次に，「2人とも自白しない（微罪のみの刑）」，「2人とも自白する（減刑なし）」，そして「相手だけが自白する（最も重い罰）」の順番で好ましいことになります。単純に利得は，好ましい結果から順に3，2，1，0と割り振りましょう。この数字には意味がなく，大きい数字ほど好ましいというだけです。また，ここでは被疑者間の関係を考え，被疑者間で「協力」して自白しないか，あるいは「協力しない」で自白するかの2つの選択肢があるとしましょう。すると，利得表は**図12-1**になります。

　相手が「協力」を選んでも「協力しない」を選んでも，いずれにせよ「協力しない」が最適応答です。よって，両者とも「協力しない（自白）」を選択することがナッシュ均衡になります。ナッシュ均衡における利得は両者とも1です。しかし，もし両者とも自白せずに「協力」を選択すれば利得を2に上げることができます。よって，このナッシュ均衡は非効率的均衡です（一方で，両者とも協力する，あるいは片方のみが協力する結果はすべて効率的です）。相手が協力しようとした場合，相手を出し抜いて自分だけが自白すれば減刑を得られるため，協力し合うことは均衡にはなりません。互いに相手を出し抜こう，あるいは出し抜かれないようにした結果，両者にとって好ましくない結果が生じてしまうわけです。囚人のジレンマは，プレーヤーが合理的で利得の最大化を行ったとしても，プ

296　**Part III**　世界と政治

B国

	平和維持	攻撃
平和維持	1/2, 1/2	−1/4, 3/4
攻撃	3/4, −1/4	1/4, 1/4

A国は左側に記載。

図 12-2：囚人のジレンマとしての先制攻撃の優位性

レーヤーにとって好ましくない結果に陥ってしまう状況を簡潔に描いているため，ゲーム理論のなかで最も有名な例だと言えるでしょう。ただし，万が一皆さんが罪を犯し逮捕された場合に「協力」すべきは警察であって，犯罪者ではないということを教育上指摘しておきます。

　囚人のジレンマは政治学でも多く応用されています。たとえば，前章でも扱った戦争の文脈で考えれば，2国間のゲームで相手と協力して平和を維持するか，攻撃して戦争をはじめるかの2つの選択肢が考えられます。この場合，「協力」が平和の維持であり，「協力しない」が攻撃となります。先制攻撃を行い，相手の主要な基地などを攻撃し大幅に戦力を下げさせることに成功すれば，戦争の勝利確率を大幅に上げることができます。このように，先制攻撃の優位性が存在している場合には，囚人のジレンマと同じ状況になります。

　図12-2は，このゲームの利得表です。両国が戦争をした場合の勝利確率をそれぞれ1/2とし，戦争にかかる費用も両国で共通して1/4としましょう。よって，戦争が起こった（両国が攻撃を選択した）場合の期待利得は$1/2 - 1/4 = 1/4$となります。両国が「平和維持」を選択し，外交交渉で利得を均等に1/2ずつ分け合ったほうが，両国が「戦争」を選択するよりも，両国ともに利得は高く効率的です。しかし相手が「平和維持」を選択している間に，「攻撃」を選択し先制攻撃を行った場合には勝利確率は1になり，確実に

Chapter 12 平　和　297

勝利できると仮定しましょう。費用の 1/4 はかかりますから，先制攻撃した場合の利得は $1 - 1/4 = 3/4$ です。一方で先制攻撃を受けた側は確実に負け，かつ費用も払いますから利得は $-1/4$ です。このゲームにおいては相手の選択によらず，常に「攻撃」が最適応答であるため，ナッシュ均衡では「両国とも攻撃」という結果になります。両国が平和維持を選択したほうが両国ともに利得が高いにもかかわらず，両国が攻撃を選択する非効率的均衡になっているため，図 12-2 は囚人のジレンマと同じ状況だと言えます。

　この先制攻撃の優位性は，**Chapter 11** で議論した戦争が生じる理由のなかにある，コミットメントの失敗の代表例であるとされています。外交交渉で利得の配分を決定しても，両国が先制攻撃で相手を出し抜くインセンティブを持っているため，戦争が引き起こされます。よって，外交交渉の結果は信頼できるコミットメントにはなりません。

　ここでは先制攻撃の優位性の例を用いましたが，軍拡競争や核兵器の所有も囚人のジレンマと同じ状況になります。その場合，「協力しない」は軍備増強や核兵器開発を行うという選択肢であり，「協力」はそのようなことをせずに両国間で平和的関係を築くことになります。軍備増強や核開発には莫大な費用が掛かるため，両国とも軍拡競争をしないほうが効率的です。しかし，相手を出し抜き自国だけが核兵器を保有する，あるいは軍備増強を行うことに大きなメリットがあれば囚人のジレンマと同じ状況が生じ，非効率的な軍拡競争が生じてしまいます。

　それでは国際社会として囚人のジレンマを解決するために何をすべきでしょうか？ 囚人のジレンマに陥らないようにする最も有効な手段は罰則の設定です。たとえば，安全保障理事会では，北朝鮮に対し経済制裁を科すことで核兵器開発の中止を要求しています。この場合，核兵器開発（「協力しない」）を選択した国に対し，第三

298　**Part III**　世界と政治

	B国	
	平和維持	攻撃
A国　平和維持	$1/2,\ 1/2$	$-1/4,\ 3/4-c$
攻撃	$3/4-c,\ -1/4$	$1/4-c,\ 1/4-c$

図12-3：先制攻撃の優位性と経済制裁

者である他国や国際機関が経済制裁を科すことで一定の費用を支払わせることになります。また，1990年にクウェートに侵攻したイラクに対し，国連は多国籍軍の派遣を決め，湾岸戦争がはじまりました。この場合，多国籍軍が攻撃することで一定の費用をイラクに支払わせることになります。罰則の手段は様々ですが，協力を拒否した国に対し費用の支払いを要求する点では一致しています。その費用の大きさをcとしましょう（$c>0$）。攻撃を選択した場合，結果によらず費用cの支払いをしなくてはならないとします。**図12-2**で示した先制攻撃の優位性の例に当てはめると，利得表は**図12-3**になります。

　相手が平和維持を選択しているとしましょう。同じく平和維持を選択していれば利得は$1/2$ですが，攻撃を選択した場合の利得は$3/4-c$です。平和維持の利得のほうが高いとき，つまり$1/2 \geq 3/4-c$であれば，相手が平和維持を選択しているときの最適応答は平和維持になります。この条件を書き換えると，

$$c \geq \frac{1}{4}$$

になります。以上から，制裁による費用が十分に大きく$c \geq 1/4$が成立していれば，両国が平和維持を選択することがナッシュ均衡になることがわかります。

　ただし，平和維持に導くためには十分に大きな罰を科す必要があ

Chapter 12　平　和

ります。たとえば経済制裁では，日本一国だけが北朝鮮に経済制裁を科したとしても，他国が北朝鮮と経済関係を維持している限り効果は薄く，北朝鮮にとってのcの値は低くなると言えるでしょう。そのため日本は，国連の安全保障理事会で主導的に経済制裁を含む決議に導き，多くの国で足並みをそろえようとしていたわけです。武力を用いた制裁に関してはイラク戦争のときのように，必ずしも国連の決議が必要なわけではありませんが，国連の決議を経ずに武力行使を行った場合，国際社会からの非難は避けられません。国際社会の足並みがそろわず，不完全な形での罰しか科すことができなければ，囚人のジレンマを脱することは難しいでしょう。**図12-3**の例において$c < 1/4$のとき，両国が平和維持を選択することはナッシュ均衡にはなりません。

　安全保障理事会の権限は大きい一方で，その意思決定は容易ではありません。安全保障理事会はイギリス，アメリカ，中国，ロシア，フランスの5カ国の常任理事国と，10カ国の非常任理事国で構成されています。意思決定のためには，そのうち9理事国以上が賛成しなくてはなりません。また常任理事国は拒否権を有しているため，その9理事国には基本的にすべての常任理事国が含まれる必要があります。そのため，決議を採択するためには多くの妥協が必要になってきます。北朝鮮に対する経済制裁でも，日本と立場を同じくすることが多いアメリカなどに対し，中国やロシアは北朝鮮への強硬な政策を嫌う傾向があります。妥協を重ねるうちに制裁の効果は薄くなり，結果として囚人のジレンマを脱することができず，戦争や軍拡競争を止めることができなくなってしまう可能性が高いと言えます。

12.2.2　調整ゲーム——仲介

　囚人のジレンマ以外にも，非効率的な結果がナッシュ均衡となっ

プレーヤー2

		協力	協力しない
	協力	③, ③	0, 2
プレーヤー1	協力しない	2, 0	①, ①

図 12-4：調整ゲーム

てしまうゲームの例が存在します。囚人のジレンマでは，2人が協力をしているときに相手を裏切ることで，2人が協力していたときより高い利得を得ることができました。しかし，相手を出し抜くことでは多くの利得を得ることができない場合もあるでしょう。

　具体的に利得表で分析してみましょう。プレーヤーは「2人で協力する」を最も好むとします。次に，「相手だけが協力する」「2人とも協力しない」そして「自分だけが協力する」の順番で好ましいとしましょう。囚人のジレンマでは「相手だけが協力」が「2人で協力」より好ましかったですが，ここでは逆になっているということです。しかし，自分1人だけが協力することだけは避けたいということは共通しています。**図2-1**の囚人のジレンマと同様に，好ましい順に利得として3，2，1，0を割り振った利得表は**図12-4**になります。このゲームでは相手が「協力」を選んでいるときには「協力」が，相手が「協力しない」を選んでいるときには「協力しない」が最適応答になります。よって，「2人とも協力する」と「2人とも協力しない」の2つのナッシュ均衡が存在することになります。「2人とも協力する」は効率的な結果ですが，非効率的結果である「2人とも協力しない」も囚人のジレンマ同様にナッシュ均衡となっています。このゲームは**調整ゲーム**と呼ばれています。効率的均衡の実現のためには，調整が必要だからです。

　先制攻撃の優位性に調整ゲームを当てはめて考えると，先制攻撃

Chapter 12 平和　301

	B国	
	平和維持	攻撃
A国　平和維持	1/2, 1/2	1/12, 5/12
A国　攻撃	5/12, 1/12	1/4, 1/4

図 12-5：調整ゲームとしての先制攻撃の優位性

の優位性は存在するものの，それほど大きな優位性ではない場合が当てはまります。**図 12-2** の例では，先制攻撃を行った場合の勝利確率を 1 にすることができると仮定していました。ここでは先制攻撃を行っても勝利確率はそれほど高まらず，1/2 から 2/3 に上がるだけであるとしましょう。よって，相手が平和維持を選択しているときに先制攻撃を行った場合の期待利得は 2/3 − 1/4 ＝ 5/12 です。先制攻撃を受けた側の勝利確率は 1/3 ですので，期待利得は 1/3 − 1/4 ＝ 1/12 になります。他の利得は変わりないとすると，利得表は**図 12-5** になります。5/12 ＜ 1/2 ですので，相手が平和維持を選択しているときの最適応答は平和維持です。よって，ナッシュ均衡は「両国とも平和維持」と「両国とも攻撃」の 2 つになり，調整ゲームと同じ状況が生じていることがわかります。

　調整ゲームにおいて非効率的均衡を生じさせないためにはどうするべきでしょうか？　囚人のジレンマのように罰を科して効率的均衡のみがナッシュ均衡となるようにすることはできます（**Exercise 12-1**）。しかし，そもそも効率的結果である「両国とも平和維持」もナッシュ均衡であるため，両国には平和維持を選択するインセンティブがあります。たしかに「両国とも攻撃」という状況に陥っているときには，自分だけが平和維持を選択してしまえば大きな損害を被ることになります。そのため両国が同時に平和維持に移行する必要があるのですが，相手に対する疑心暗鬼からなかなか効率的均

302　**Part III**　世界と政治

衡への移行が難しい状況が生じえます。そこで国際機関ができる1つの役割が両国の仲介役です。両国の間に立ち，交渉のテーブルにつかせ，互いの疑心暗鬼を無くすことで，効率的均衡への移行を目指すわけです。そもそも両国とも平和維持をすることを好んでいるわけですから，罰を科す必要はなく，仲介や助言のみで移行できます。

　同時に，**Chapter 11** で議論した戦争が生じる原因の1つに情報の非対称性がありましたが，国際機関が仲介役として情報の非対称性を無くしていくこともできるかもしれません。このような仲介役は国際機関だけではなく，利害関係を有さない第三国が担う場合もあります。たとえば，1993年にイスラエルとパレスチナ解放機構の間で和平に向けた協定が結ばれました。これらの協定はオスロ協定と呼ばれており，両国と友好関係を築いていたノルウェーが仲介役になっていました。罰則の設定などに関しては同意が難しくとも，助言を行うことで解決できるのならば戦争回避の難度は格段に下がると考えられます。囚人のジレンマ的状況では国際社会による解決は困難であったとしても，調整ゲーム的状況では重要な役割を果たす可能性が高いと言えるでしょう。

■ Exercise 12-1

　図12-5 で示した調整ゲームとしての先制攻撃の優位性において，攻撃を選択した国に罰として $c > 0$ の費用を科すとしよう。非効率的均衡である「両国が攻撃を選択する」がナッシュ均衡ではなくなり，効率的均衡である「両国が平和維持を選択する」が唯一のナッシュ均衡となる c の値を示せ。

12.3 ２国間関係

12.3.1 割引因子

　囚人のジレンマ的状況で国際機関が無力であるのならば，国際社会は無政府状態であることになります。しかし，無政府状態は無秩序を意味するわけではありません。たとえ無政府状態であるなかで２国間の利害対立が生じたとしても，戦争を避け２国間の交渉で解決できることもあります。特に２国間の長期的関係が予見される場合，囚人のジレンマ的状況に陥ったとしても，両国は協力をし合うインセンティブを持ちうることが知られています。

　図12-1の囚人のジレンマゲームを考えてみましょう。ただし，１回限りの囚人のジレンマゲームを行うのではなく，何度も囚人のジレンマが同じプレーヤーの間で行われるとします。同じゲームを繰り返し行うゲームを**繰り返しゲーム**と言います。特にここでは両プレーヤーが無限回にわたって囚人のジレンマゲームを行い続ける**無限繰り返しゲーム**を考えます。繰り返しゲームでは，不確実性が無い複数期間にわたる意思決定を分析するため，用いるべき均衡概念はサブゲーム完全均衡です。

　今期だけではなく，将来にわたって何度も囚人のジレンマゲームが行われるのですが，今得ることができる利得と，将来に得ることができる利得では価値が異なるはずです。たとえば，今100万円を得ることと，10年後に100万円を得ることとでは価値が異なります。後の千金より今の百文と言うように，今得る利得のほうが将来得る利得より価値が高いことが一般的でしょう。今と将来の利得における価値の違いは，**割引因子**で表現できます。**図12-1**の囚人のジレンマにおいて，両国が「協力」を選択しているとしましょう。今の時点で得られる利得は２であり，その現在における価値も２

304　**Part III**　世界と政治

のままです。協力をし続けている限り来期も2を得られるわけで
すが，その価値は今の利得2とは異なるはずです。その価値は割り
引かれ，2βとなるとしましょう。ただし，β（ベータ）は割引因子
を意味する変数であり，$0<\beta<1$を満たします。よって，$2\beta<2$で
あり，来期の2の価値は今の2の価値を下回ります。2期後にも利
得2を得られますが，その価値は今期の2とも来期の2とも異な
るはずです。そこでさらにβを掛けて2期後の利得2の価値はβ
$\times\beta\times2=2\beta^2$とします。このように3期後に得る利得2の価値は
$2\beta^3$，4期後に得る利得2の価値は$2\beta^4$となっていき，t期後に得る
利得2の価値は$2\beta^t$になります。$0<\beta<1$であれば，将来の利得に
なるほど価値は下がっていきます。割引因子βが大きいほど将来
の利得の価値は高まり，小さいほど現在の利得をより重視すること
になります。$\beta=1$なら，すべての期の利得の価値は同一になりま
す。$\beta=0$なら今の利得のみ価値があります。

　割引因子の大きさは以下の要素によって決定されると考えられま
す。

① **プレーヤーが忍耐強いか否か**：プレーヤーが今すぐにでも多
　くの利得を必要としている場合には，将来に比して現在の重
　要性は高まる。一方で，将来を重視する忍耐強いプレーヤー
　ほど割引因子βは大きくなる。

② **利子率**：利得が金銭的なものであれば，（実質）利子率も重
　要になる。現在100万円を得ることができれば，投資を行う
　ことで利子収入を得ることができる。利子率が高いほど，早
　期にお金を得たほうが利子収入を多く稼ぐことができるため，
　利子率が高いほど割引因子βは低くなる。

③ **ゲームが終了する確率**：たとえばプレーヤーが死んでしまう
　など，ゲームをこれ以上行うことができなくなる可能性があ

Chapter 12 平　和　　305

る。ゲームが終了する可能性が高いほど割引因子 β は低くなる。

12.3.2　無限繰り返しゲーム

無限繰り返しゲームでは，プレーヤーが無期限にわたって協力をし続けることが均衡となりえます。毎期協力をし続け利得 2 を永遠に取得し続けるとしましょう。そのときの利得の総和を X としたとき，総和 X は，

$$X = 2 + 2\beta + 2\beta^2 + 2\beta^3 + 2\beta^4 + \cdots$$

となります。$2\beta^4$ 以降も永遠に $2\beta^t$ が続いていきますが，β が 1 ではない限り t が無限に近づくにつれ $2\beta^t$ は 0 に近づいていきます。たとえば $\beta = 0.9$ のとき，β^{10} は約 0.35，β^{100} は約 0.000027，そして β^{300} は約 0.000000000000019 にまでなります。

ここで，X に割引因子 β を掛けましょう。各項に β が掛けられていくことになるため，第 1 項の 2 は 2β に，第 2 項の 2β は $2\beta^2$ になっていきます。よって，

$$\beta X = 2\beta + 2\beta^2 + 2\beta^3 + 2\beta^4 + 2\beta^5 + \cdots$$

になります。そこで，X から βX を引いてみます。すると，**図 12-6**

2 以外の無限個の $2\beta^t$ が消えていく！

$$
\begin{aligned}
X &= 2 + 2\beta + 2\beta^2 + 2\beta^3 + 2\beta^4 + 2\beta^5 + \cdots \\
-) \ \beta X &= \ \ \ \ \ 2\beta + 2\beta^2 + 2\beta^3 + 2\beta^4 + 2\beta^5 + 2\beta^6 + \cdots \\
\hline
X - \beta X &= 2
\end{aligned}
$$

図 12-6：無限期間に 2 を獲得し続けたときの現在の価値

が示しているように，X の 2β 以降の項はすべて消されていくことになります。よって，$X - \beta X = 2$ となり，書き直すと，

$$X = \frac{2}{1-\beta}$$

になります。この値が利得 2 を無限期間にわたって得ることができたときの利得総和を，現在における価値で示したものです。分子は 2 ですが，毎期得る利得の大きさが x であった場合には，

$$X = \frac{x}{1-\beta}$$

になります。

　ここでプレーヤーが，**トリガー戦略**と呼ばれる戦略を選択していると考えましょう。

> **定義 12-1「トリガー戦略」**：相手が「協力」を選択している限りは「協力」を選択し続ける。しかし，相手が「協力しない」を選択した場合は，その翌期以降は「協力しない」を選択する。

　つまり，相手が裏切らない限り協力するが，裏切った後は二度と許すことはなく，永遠に協力はしないという戦略です。裏切りを引き金として，後戻りはできなくなるため，トリガー（引き金）戦略と呼ばれています。両プレーヤーが「協力しない」を選択することはナッシュ均衡ですので，永遠に「協力しない」でいることから戦略を変更するインセンティブはありません。つまり，裏切らない限り協力し合う状況が報酬として与えられますが，裏切った後は非効率的ナッシュ均衡が罰として選択され続けるわけです。

　プレーヤー 2 はトリガー戦略を選択しているとします。ここでプレーヤー 1 が「協力しない」を選択したとしましょう。プレーヤー 1 が「協力しない」を最初に選んだ期にはプレーヤー 2 は「協力」を選択していますが，裏切りが発覚した翌期以降において両プレー

Chapter 12 平　和　　307

ヤーは「協力しない」を選択し続けます。よって，プレーヤー1は今期裏切ることで利得3を一時的に得ますが，来期以降は1の利得を得続けることになります。裏切りは短期的な利得をもたらしますが，長期的には不利益になるということです。このときの利得総和は，

$$X = 3 + \beta + \beta^2 + \beta^3 + \beta^4 + \cdots$$
$$= 3 + \beta(1 + \beta + \beta^2 + \beta^3 + \beta^4 + \cdots)$$

になります。毎期 $x = 1$ を利得として獲得し続けた場合の現在における価値は，

$$1 + \beta + \beta^2 + \beta^3 + \beta^4 + \cdots = \frac{1}{1 - \beta}$$

ですので，利得総和は，

$$X = 3 + \beta \frac{1}{1 - \beta}$$

と書き直せます。両プレーヤーは，協力し続けることによって得られる利得（$2/(1 - \beta)$）が裏切ったときの利得より高いときにトリガー戦略を選択し，永遠に協力し続けることが均衡になります。つまり，

$$\frac{2}{1 - \beta} \geq 3 + \beta \frac{1}{1 - \beta}$$

のときです。計算すると以下の式になります。

$$\beta \geq \frac{1}{2}$$

つまり割引因子が 1/2 より大きいとき，協力し合うことが均衡になるわけです。

　利得の値が異なる囚人のジレンマであっても，割引因子が十分に大きければ協力し合うことが均衡になります。

308　**Part III**　世界と政治

12.3.3　2国間の協力関係

　2国間で利害対立が生じており，囚人のジレンマ的状況であって
も，交易関係など長期的な関係を維持し続けることが見込まれる場
合，両国は協力し合う可能性が高まります。よって，国際機関や第
三国の介入がなくとも，2国間の協議を通して解決することが可能
になってきます。たとえば，日本も中国とは尖閣諸島，ロシアとは
北方領土，韓国とは竹島の帰属をめぐって対立をしていますが，中
国・ロシア・韓国との経済的結びつきをふまえると，これらの領土
問題が戦争にまで発展する可能性は低いと言えます。周辺諸国と長
期間にわたり経済関係を維持していかなければならない場合，短期
的な利得より長期的な利得を重視し，平和的関係を維持しようとす
るわけです。

　無限繰り返しゲームに関し，無限に生き続けるプレーヤーを考え
ることは非現実的であると言われることがあります。よって，たと
えば10回に限り囚人のジレンマを行うなど，無限ではなく有限繰
り返しゲームを考えたほうが良いと思われるかもしれません。しか
し10回繰り返しゲームでは，両プレーヤーは「ゲームはちょうど
10回行われる」と認識していることになります。たとえば日本と
中国が「私たちの交易関係は10年後に確実に終了する」と認識し
ていれば有限繰り返しでも良いですが，むしろそちらのほうが非現
実的でしょう。一方で割引因子の解釈の1つとして「ゲームが終了
する確率」が含まれています。よって，毎期何らかの理由で2国間
の関係が終わる可能性を含んでいます。言い換えると，無限繰り返
しゲームは，「いつかゲームは終わるかもしれないが，いつ終わる
かはわからない」という状況を描いていると解釈できます。2国間
関係を描くうえでは，有限繰り返しや1回限りのゲームよりも無限
繰り返しゲームの設定のほうが現実的な場合が多いでしょう。

Chapter 12　平　和　309

Aside 12 ゲーム理論豆知識2——映画のなかのゲーム理論

　囚人のジレンマは有名な例であるため，映画のなかでも登場することがあります。たとえば，ジョン・ナッシュの生涯を描いた『ビューティフル・マインド』(2001年)があります。印象的なシーンはナッシュがナッシュ均衡のアイデアに気づくところです。バーで友達と飲んでいたところ，ブロンド美人とその友達数人が入ってきます。そこでナッシュは次のようなゲームを考えます。

　　　男たちがブロンド美人かその友達をナンパする。しかし，ブロンド美人に2人以上がナンパするとふられてしまい，その後に友達をナンパしても相手にしてくれない。最初から友達をナンパすれば必ず成功する。また，ブロンド美人に1人だけナンパすれば成功する。

　このとき，男たちはみんな友達のほうをナンパしてしまい，誰もブロンド美人に告白しないという男たちにとっては好ましくない結果になる，とテッシュは言います。たしかにこれが正しければ，囚人のジレンマに見えます。しかし，この状態からでは，1人がブロンド美人に告白する戦略に変更すればナンパが成功するため，「全員が友達を選ぶ」はナッシュ均衡ではないはずです。現に，Anderson and Engers (2007) はここで考えられるあらゆる設定を検討し，「全員が友達を選ぶ」は均衡として示せないことを指摘しています。ほかには，クリストファー・ノーランのバットマン映画の名作『ダークナイト』(2008年)があります。そこでは悪役のジョーカーが2隻の船に爆弾を仕掛け，相手の船を爆破するスイッチを各隻に搭載させます。どちらもスイッチを押さなければ2隻とも爆破されますが，スイッチを押せば（相手の船は爆破されますが）自分たちは助かります。ジョーカーは乗客がスイッチを押すことを期待しており，監督はこれを囚人のジレンマと想定していました。現に，映画では片方の船には輸送中の囚人たちが乗っており，囚人が囚人のジレンマをプレイしているというジョークになっているわけです。しかし，爆破される確率を低めたい人々がスイッチを押すことは両隻にとって「好ましくない結果」でしょうか？ ただ爆破を座して待つことが好ましいとは言えず，囚人のジレンマになっているとは思えません。しかし，ヒース・レジャーのジョーカーも，ゲイリー・オールドマンのゴードン警部も痺れますので，『ダークナイト』は名作です。

12.4 国内政治と戦争

12.4.1 民主的平和

　現在でも内戦という形で領土をめぐった争いはありますが，ソ連解体後，2国間において領土などをめぐって戦争が起こることは，格段に少なくなったと言えます。その理由の1つとして，**図10-1**で示したようにソ連解体後に多くの国が民主化を果たした結果，戦争が減ったという点が指摘されています。なぜ多くの国が民主化したことによって戦争が減るのでしょうか？ それは**民主的平和**と呼ばれている現象によるものです。民主的平和とは，民主主義の国は民主主義の国に対して戦争を仕掛けないという現象であり，多くの研究がこの現象を支持する証拠を提示しています。

　たとえば Bueno de Mesquita（2013）によると，1816年から2013年までに起こった127の国際的戦争のうち，民主主義の国の間で起こった戦争はわずか2つでした（pp.447-448）。そのうちの1つが1974年にキプロスとトルコの間で起こったキプロス紛争ですが，この紛争はギリシャに軍事政権が誕生したことによる代理戦争ですので，その時点で民主主義ではなかったギリシャが関わっています。もう1つが，インド・パキスタン（印パ）戦争のなかで生じた1993年のカルギル紛争ですが，偶発的で小規模な紛争です。また，威嚇や脅しなど戦争には至らない衝突も民主主義の間では少ないとされています。よって，多くの国が民主化をしたことによって，戦争の数自体も減少していくことが考えられます。

　民主主義国間での戦争は生じにくいということは事実ですが，その理由に関しては様々な仮説があります。たとえば，民主主義は暴力に訴えず話し合いで解決するリベラルな考えに基づいたものであるため，戦争という手段には訴えないからであるとも指摘されてい

Chapter 12 平和　311

ます。しかし，民主主義の国は非民主主義の国に対しては戦争を仕掛けていることも示されており（Maoz and Abdolali, 1989），必ずしも民主主義の国が平和を愛しているわけではないようです。それでは，なぜ民主的平和という現象が生じているのでしょうか？

12.4.2　観衆費用

　民主的平和を説明できる理由として，国内からの圧力が指摘されています。国の意思決定は政治的リーダーによって決められます。政治的リーダーの最大の目的は政治的生き残りです。特に民主主義では国民からの支持が，政治的生き残りのためには不可欠です。2国間に利害対立が生じたとしましょう。1つの国が相手国に対して「譲歩をしない限り戦争を仕掛ける」と脅したとします。その脅しを信じ譲歩してくれれば良いのですが，相手国が譲歩をしなかったとしましょう。そこで脅した国の政治的リーダーが，逆に戦争を避けるために譲歩をしてしまったとします。脅したのにもかかわらず，あっさりと手のひらを返して折れてしまったということから，リーダーへの支持率は大きく落ち込むと予測されます。その結果，選挙に負けるなどの費用を払わなくてはなりません。この考えは，**Chapter 3** の業績評価投票とも通じます。**Chapter 3** では再選確率を考えていましたが，ここではより広い意味で説明責任を取らされることに伴う費用を考えており，**観衆費用**（audience cost）と呼ばれています。

　観衆費用が大きければ，その国は絶対に戦争を避けて妥協しようとはしないでしょう。妥協することなく，政治的生き残りを賭けて戦争に挑んでくるはずです。そうであるならば，観衆費用の高い国とは戦争をしたくないでしょう。結果として，観衆費用の高い国は戦争をしなくなるわけです。この観衆費用は，民主主義ほど高いことは自明でしょう。選挙がある民主主義では国民の意見は重要です

312　**Part III**　世界と政治

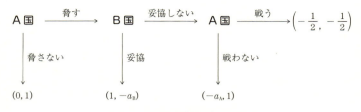

図12-7：観衆費用ゲームの木

が，非民主主義では簡単に無視できます。つまり，民主的平和が成立する理由は，観衆費用が高いためというわけです。民主主義国が平和を志向しているわけではなく，むしろ戦争をはじめたら引くに引けなくなり妥協をしてこないため，それを恐れた相手国が譲歩してくれるわけです。

モデルを用いて見ていきましょう。ここではB国が領土を占有しているとします。領土を手に入れたときの便益を1としましょう。最初に，A国がB国に対し，「領土に関して譲歩しなければ戦争をする」という脅しをするか否かを決定します。脅しをしなければ，B国による領土占有を認めたことになり，便益1はB国のものになります。A国が脅しを選択した後，B国は妥協をするか否かを選びます。妥協をした場合，A国に領土を与えることになるため，便益1はA国のものになります。B国が妥協をしなかった場合，A国は本当に戦争を仕掛けるのか，諦めるのかを選択します。戦争における各国の勝利確率を1/2とし，費用は1としましょう。つまり，戦争を実行することによる期待利得は $-1/2$ であり，実行することで不利益を被ることになります。A国が諦めた場合には，B国はすべての利得を手にします。同時に，A国は脅しをかけたにもかかわらず諦めたわけですから，国内の支持率は下がります。よって，A国の政治的リーダーは責任を取らされ，観衆費用 $a_A > 0$ を支払うとします。同時に，B国が妥協をした場合，占有した領土を諦

	B国	
	民主（$a_B > 1/2$）	非民主（$a_B < 1/2$）
A国　民主（$a_A > 1/2$）	A国は脅さない	A国が脅し， B国が妥協する
非民主（$a_A < 1/2$）	A国は脅さない	A国は脅さない

図 12-8：観衆費用ゲームの均衡

めるわけですから，やはり国内における支持は下がるでしょう。よって，B国が妥協した場合も観衆費用 $a_B > 0$ を支払うとします。ゲームの木は**図 12-7**に示してあります。

　民主主義では観衆費用は高く，非民主主義では観衆費用が低くなることはすでに述べた通りです。そこで，ここでは単純に民主主義の観衆費用は $a > 1/2$ であり，非民主主義の観衆費用は $a < 1/2$ であると考えましょう。両国間での政治体制の組み合わせは4種類あります。**図 12-8**は，それぞれの組み合わせでサブゲーム完全均衡上生じる結果を示しています。A国が民主主義（$a_A > 1/2$）であり，B国が非民主主義（$a_B < 1/2$）であるときのみ，A国は脅しをかけています。この点は「民主主義は非民主主義に対しては戦争を仕掛ける」ことを示しています。一方で，その他の場合ではA国は脅しをかけません。民主主義同士での戦争や威嚇は生じないわけです。

　それでは，なぜ**図 12-8**の示す結果になるのか考えていきましょう。**図 12-7**において逆向き推論法により，最後のA国の意思決定から考えます。脅し通り戦争を仕掛けた場合の期待利得は $-1/2$ であり，諦めた場合の利得は $-a_A$ ですので，観衆費用が十分に高く $a_A > 1/2$ である民主主義の国は「戦う」を選択します。しかし，$a_A < 1/2$ である非民主主義の国は戦いません。

　A国が民主主義の国であり，最後に「戦う」を選択することが予見できるとしましょう（$a_A > 1/2$）。B国が妥協をしなかった場合，

314　**Part III**　世界と政治

戦争が生じるため B 国の期待効用は $-1/2$ となります。一方で、妥協すれば利得は $-a_B$ です。B 国が非民主主義の国であり、$a_B < 1/2$ が成立していれば、B 国は「妥協」を選びます。B 国が妥協してくれることを予見した A 国は最初に戦争の脅しを仕掛けることが最適です。よって、A 国が民主主義（$a_A > 1/2$）であり、B 国が非民主主義（$a_B < 1/2$）である場合には、A 国が脅し、B 国が妥協する結果になります。民主主義の国が脅してきた場合には、将来必ず戦うことが予見できるという意味で、民主主義の国の脅しは信頼できるコミットメントになっています。よって、脅された非民主主義の国は妥協するインセンティブを持ち、それを予見した A 国は脅しをかけることになります。以上が、民主主義の国が非民主主義の国に対しては戦争を仕掛ける理由となります。

　しかし、B 国が民主主義であり、$a_B > 1/2$ が成立していれば妥協はしません。それを予見した A 国は脅しをかけることはせず、現状維持を選びます。相手が民主主義の国であれば脅しても屈しないことが予見できるためです。その結果、民主主義の国は民主主義の国に戦争はもちろん、威嚇することすら避けようとすることがわかります。

　民主主義の A 国が非民主主義の B 国に脅しを用いた場合には戦争のリスクは高まると言えます。しかし、それ以外の場合では戦争の火種すら生じません。よって、戦争は避けられ平和を維持することができるわけです。しかし、ここで戦争を避けられる理由は決して平和を愛するがゆえではありません。むしろ国内が好戦的になりうるがゆえに、民主主義の国は妥協しない可能性が高いため、戦争が仕掛けられないのです。

■ **Exercise 12-2**

本節の分析では，非民主主義のA国と民主主義のB国の関係，および非民主主義間での関係に関しても説明はされていない。それぞれ**図12-8**にあるように，なぜA国は最初に脅しを用いないのかモデルを用いて説明せよ。

 Discussion Questions

Q12-1 囚人のジレンマと調整ゲーム

国際協調が必要になる問題は戦争の解決だけとは限らない。以下で示している国際協調が必要な問題の分析において，囚人のジレンマと調整ゲームのどちらのモデルを用いることが適切か？ その解決のために国際機関は有効な役割を担えるか？ **12.3**で議論した2国間の長期的関係は問題の解決に有効か？ 議論せよ。

(i) **地球温暖化と二酸化炭素削減**：地球温暖化を止めるための二酸化炭素排出量の削減量の決定。

(ii) **自由貿易協定**：関税や輸入規制を撤廃し自由貿易を導入する決定。

(iii) **難民問題**：隣国の内戦により生じた難民の受け入れ規模の決定。

Q12-2 割引因子の決定要因

囚人のジレンマの無限繰り返しゲームにおいて，両国の割引因子が十分に大きければ，2国間での協調が可能な点を**12.3**で指摘した。それでは国際関係において，割引因子を高める要因は何であろうか？ どのような状況下で協調は可能であろうか？ 議論せよ。

Q12-3 選択民理論から考える民主的平和

民主的平和は**Chapter 9**で解説した政治体制分析のモデル（選択民理論）を用いた説明もされている。選択民理論を用いて民主的平和を説明せよ。また，選択民理論と本章の戦争の理論のどちらが民主的平和の説明に適しているか？ 議論せよ。

Notes

　囚人のジレンマを軍拡競争に応用したゲームは，国際関係論では安全保障のジレンマと呼ばれています（Jervis, 1978）。**12.1**で議論した先制攻撃の優位性に関し，Fearon（1995）がコミットメントの失敗の一例として示しています。**12.3**で議論した，国際社会が無政府状態であっても2国間の協力が可能であることは，Oye（1986）が無限繰り返しゲームを用いて詳しく説明しています。**12.4.2**の観衆費用のモデルはFearon（1994）に基づいています。Fearon（1994）のモデルでは，観衆費用は外生的に与えられています。相手国に屈した政治的リーダーを国民が辞任させるという選択をすることは仮定であり，それが国民の合理的選択であることを分析上示していないということです。一方でSmith（1998）は，**Chapter 5**で議論した政治家の資質を考え，能力が高い政治的リーダーほど戦争に勝つ可能性が高いならば，相手国に屈したことは政治家の能力が低いというシグナルになるため，辞任させることが国民の合理的選択になることを示しています。民主的平和に関する詳細な議論はRusset（1993）に詳しいです。また，**Discussion Question 12-3**の民主的平和の選択民理論からの説明はBueno de Mesquita et al.（1999）で議論されています。**Chapter 11**と**Chapter 12**で議論した国際関係論に関するゲーム理論分析の入門書として，Frieden et al.（2015）とBueno de Mesquita（2013）があります。

References

浅古泰史（2016）『政治の数理分析入門』木鐸社。

浅古泰史（2017）「理論的貢献と実証的貢献のトレードオフ——数理政治学の視点から」『公共選択』67, pp. 66-84.

アセモグル, D., J. A. ロビンソン（2016）『国家はなぜ衰退するのか——繁栄・貧困の起源（上・下）』（鬼澤忍訳）早川書房（D. Acemoglu and J. Robinson, 2012, *Why Nations Fail: The Origins of Power, Prosperity, and Poverty*, Crown Publishers）。

安達貴教（2017）「交渉ゲーム理論の実証的側面」『公共選択』67, pp. 85-103.

飯田健（2017）「アメリカ政治学における数理モデルの衰退と実験の隆盛——因果効果の概念に着目して」『公共選択』67, pp.46-65.

飯田健, 松林哲也, 大村華子（2015）『政治行動論——有権者は政治を変えられるのか』有斐閣。

稲継裕昭（1996）『日本の官僚人事システム』東洋経済新報社。

猪口孝, 岩井奉信（1987）『「族議員」の研究——自民党政権を牛耳る主役たち』日本経済新聞社。

粕谷祐子（2014）『比較政治学』ミネルヴァ書房。

ギルボア, I.（2012）『意思決定理論入門』（川越敏司・佐々木俊一郎訳）NTT 出版（I. Gilboa, 2010, *Making Better Decisions: Decision Theory in Practice*, Wiley-Blackwell）。

クラウス, E.（2006）『NHK vs 日本政治』（村松岐夫監訳, 後藤潤平訳）東洋経済新報社（E. Krauss, 2000, *Broadcasting Politics in JAPAN: NHK and Television News*, Cornell University Press）。

古賀豪, 桐原康栄, 奥村牧人（2010）「帝国議会および国会の立法統計——法案提出件数・成立数・新規制定の議員立法」『レファレンス』60(11), pp.117-155.

斉藤淳（2010）『自民党長期政権の政治経済学——利益誘導政治の自己矛盾』勁草書房。

シェリング, T.（2008）『紛争の戦略——ゲーム理論のエッセンス』（河野勝監訳）勁草書房（T. C. Schelling, 1963, *The Strategy of Conflict*, Oxford University Press）。

信田智人（2013）『政治主導 vs. 官僚支配——自民政権, 民主政権, 政官 20 年闘争の内幕』朝日新聞出版。

ジョンソン, C.（2018）『通産省と日本の奇跡——産業政策の発展 1925-1975』（佐々田博教訳）勁草書房（C. Johnson, 1982, *MITI and the Japanese Miracle: The Growth of Industrial Policy,* 1925-1975, Stanford University Press）。

砂原庸介, 稗田健志, 多湖淳（2015）『政治学の第一歩』有斐閣。

曽我謙悟（2005）『ゲームとしての官僚制』東京大学出版会。

ダール, R. A.（1970）『民主主義理論の基礎』（内山秀夫訳）未來社（R. A. Dahl, 1956, *A Preface to Democratic Theory*, University of Chicago Press）。

ダウンズ, A.（1980）『民主主義の経済理論』（吉田精司訳）成文堂（A. Downs, 1957, *An Economic Theory of Democracy*, HarperCollins & Brothers）。

中野雅至（2009）『天下りの研究——その実態とメカニズムの解明』明石書房。

ナサー, S.（2013）『ビューティフル・マインド——天才数学者の絶望と奇跡』（塩川優訳）新潮社（S. Nasar, 1998, *A Beautiful Mind : A Biography of John Forbes Nash*, Jr., Simon & Schuster）。

パウンドストーン, W.（1995）『囚人のジレンマ——フォン・ノイマンとゲームの理論』（松浦俊輔訳）青土社（W. Poundstone, 1992, *Prisoner's Dilemma: John von Neumann, Game Theory, and the Puzzle of the Bomb*, Doubleday）。

パウンドストーン, W.（2008）『選挙のパラドクス——なぜあの人が選ばれるのか？』（篠儀直子訳）青土社（W. Poundstone, 2008, *Gaming the Vote: Why Elections aren't Fair (and What We Can Do About It)*, Hill and Wang）。

ハンチントン, S. P.（1995）『第三の波——20世紀後半の民主化』（坪郷實・中道寿一・藪野祐三訳）三嶺書房（S. P. Huntington, 1991, *The Third Wave: Democratization in the Late Twentieth Century*, University of Oklahoma Press）。

肥前洋一編著（西條辰義監修）（2016）『実験政治学』勁草書房。

ブエノ・デ・メスキータ, B., A. スミス（2013）『独裁者のためのハンドブック』（四本健二・浅野宣之訳）亜紀書房（B. Bueno de Mesquita and A. Smith, 2011, *The Dictator's Handbook: Why Bad Behavior is Almost Always Good Politics*, Public Affair）。

ブキャナン, J. M., G. タロック（1979）『公共選択の理論——合意の経済論理』（宇田川璋仁監訳, 米原淳七郎・田中清和・黒川和美訳）東洋経済新報社（J. M. Buchanan and G. Tullock, 1962, *The Calculus of Consent: Logical Foundation of Constitutional Democracy*, University of Michigan Press）。

フリーマン, L. A.（2011）『記者クラブ——情報カルテル』（橋場義之訳）緑風出版（L. A. Freeman, 2000, *Closing the Shop: Information Cartels and Japan's Mass Media*, Princeton University Press）。

マクレイ, N.（1998）『フォン・ノイマンの生涯』（渡辺正・芦田みどり訳）朝日新聞社（N. Macrae, 1992, *John von Neumann: The Scientific Genius Who Pioneered the Modern Computer, Game Theory, Nuclear Deterrence, and Much More*, Pantheon）。

松林哲也（2017）「期日前投票制度と投票率」『選挙研究』33(2), pp. 58-72.

森山茂徳（1998）『韓国現代政治』東京大学出版会。

ラジアー, E. P.（1998）『人事と組織の経済学』（樋口美雄・清家篤訳）日本経済新聞社（E. P. Lazear, 1997, *Personnel Economics for Managers*, Wiley）。

ラムザイヤー, M., F. ローゼンブルース（1995）『日本政治の経済学——政権政党の合理的選択』（加藤寛監訳, 川野辺裕幸・細野助博訳）弘文堂（J. M. Ramseyer and F. M. Rosenbluth, 1993, *Japan's Political Marketplace*, Harvard University Press）。

Acemoglu, D. and J. A. Robinson, 2000, "Why did the west expand the franchise? Democracy, inequality and growth in historical perspective," *Quarterly Journal of Economics* 115(4), pp. 1167-1199.

Acemoglu, D. and J. A. Robinson, 2001, "A theory of political transition," *American Economic Review* 91(4), pp. 938-963.

Acemoglu, D. and J. A. Robinson, 2006, *Economic Origins of Dictatorship and Democracy*, Cambridge University Press.

Adachi, T. and Y. Watanabe, 2007, "Ministerial weights and government formation: Estimation using a bargaining model," *The Journal of Law, Economics & Organization* 24(1), pp. 95-119.

Alesina, A. and S. E. Spear, 1988, "An overlapping generations model of electoral competition," *Journal of Public Economics* 37(3), pp. 359–379.

Alt, J., E. Bueno de Mesquita and S. Rose, 2011, "Disentangling accountability and competence in elections: Evidence from U.S. term limits," *Journal of Politics* 73(1), pp. 171-186.

Ancell, B. W. and D. J. Samuels, 2014, *Inequality and Democratization: An Elite-competition Approach,* Cambridge University Press.

Anderson, S. P. and M. Engers, 2007, "Participation games: Market entry, coordination, and the beautiful blonde," *Journal of Economic Behavior & Organization*, 63(1), pp. 120-137.

Asako, Y., 2015, "Campaign promises as an imperfect signal: How does an extreme candidate win against a moderate candidate?" *Journal of Theoretical Politics* 27(4), pp. 613-649.

Asako, Y., T. Matsubayashi and M. Ueda, 2016, "Legislative term limits and government spending: Theory and evidence from the United States," *The B.E. Journal of Economic Analysis & Policy* 16(3), pp. 1501-1538.

Ashworth, S., 2006, "Campaign finance and voter welfare with entrenched incumbents," *American Political Science Review* 100(1), pp. 55-68.

Au, P. H. and K. Kawai, 2012, "Media capture and information monopolization in Japan," *Japanese Economic Review* 63(1), pp. 131-147.

Banks, J. S., 1990, "A model of electoral competition with incomplete information," *Journal of Economic Theory* 50(2), pp. 309-325.

Baron, D. P. and D. Diermeier, 2001, "Elections, governments, and parliaments in proportional representation systems," *Quarterly Journal of Economics* 116(3), pp. 933-967.

Baron, D. P. and J. A. Ferejohn, 1989, "Bargaining in legislatures," *American Political Science Review* 83(4), pp. 1181-1206.

Barro, R. J., 1973, "The control of politicians: An economic model," *Public Choice* 14(1), pp. 19-42.

Bernanke, B. S., 2010, "Central bank independence, transparency, and accountability," presented at the 2010 International Conference on "Future of

Central Banking under Globalization," held at the Institute for Monetary and Economic Studies, Bank of Japan. (https://www.federalreserve.gov/newsevents/speech/bernanke20100525a.htm)

Besley, T., 2006, *Principled Agents?: The Political Economy of Good Government*, Oxford University Press.

Besley, T. and A. Case, 1995, "Incumbent behavior: Vote seeking, tax setting and yardstick competition," *American Economic Review* 85(1), pp. 25-45.

Besley, T. and A. Prat, 2006, "Handcuffs for the grabbing hand?: Media capture and government accountability," *The American Economic Review* 96(3), pp. 720-736.

Besley, T., T. Persson and D. M. Sturn, 2010, "Political competition, policy and growth: Theory and evidence from United States," *Review of Economic Studies* 77(4), pp. 1329-1352.

Bhatti, Y., K. M. Hansen and H. Wass, 2012, "The relationship between age and turnout: A roller-coaster ride," *Electoral Studies* 31(3), pp. 588–593.

Black, D., 1948, "On the rationale of group decision-making," *Journal of Political Economy* 56(1), pp. 23-34.

Black, D., 1958, *The Theory of Committees and Elections*, Cambridge University Press.

Boix, C., 2003, *Democracy and Redistribution*, Cambridge University Press.

Brown, M., O. Coté, Jr., S. M. Lynn-Jones and S. Miller eds., 2000, *Rational Choice and Security Studies: Stephen Walt and His Critics*, MIT University Press.

Bueno de Mesquita, B., 2013, *Principles of International Politics* 5th edition, CQ Press.

Bueno de Mesquita, B., J. D. Morrow and E. R. Zorick, 1997, "Capabilities, perception, and escalation," *American Political Science Review* 91(1), pp. 15-27.

Bueno de Mesquita, B., J. D. Morrow, R. M. Siverson and A. Smith, 1999, "An institutional explanation of the democratic peace," *American Political Science Review* 93(4), pp. 791-807.

Bueno de Mesquita, B., A. Smith, J. D. Morrow and R. M. Siverson, 2003, *The Logic of Political Survival*, MIT Press.

Burnside, C. and D. Dollar, 2000, "Aid, policies, and growth," *American Economic Review* 90(4), pp. 847-868.

Carey, J., 1994, "Political shirking and the last term problem: Evidence from a party-administered pension system," *Public Choice* 81(1-2), pp. 1-22.

Clark, W. R., M. Golder and S. N. Golder, 2017, *Principles of Comparative Politics*, 3rd edition, CQ Press.

Coate, S., 2004a, "Pareto-improving campaign finance policy," *American Economic Review* 94(3), pp. 628-655.

Coate, S., 2004b, "Political competition with campaign contributions and informative advertising," *Journal of the European Economic Association* 2(5), pp. 772-804.

Coate, S. and M. Conlin, 2004, "A group rule-utilitarian approach to voter turnout: Theory and evidence," *American Economic Review* 94(5), pp. 1476-1504.

Coate, S. and S. Morris, 1995, "On the form of transfers to special interests," *Journal of Political Economy* 103(6), pp. 1210-1235.

Corneo, G., 2006, "Media capture in a democracy: The role of wealth concentration," *Journal of Public Economics* 90(1-2), pp. 37-58.

Dahlgaard, J. O., 2018, "Trickle-up political socialization: The causal effect on turnout of parenting a newly enfranchised voter," *American Political Science Review* 112(3), pp. 698-705.

Diamond, L. J., 2002, "Thinking about hybrid regimes," *Journal of Democracy* 13(2), pp. 21-35.

Di Tella, R. and I. Franceschelli, 2011, "Government advertising and media coverage of corruption scandals," *American Economic Journal: Applied Economics* 3(4), pp. 119-151.

Enikolopov, R., M. Petrova and K. Sonin, 2018, "Social media and corruption," forthcoming in *American Economic Journals: Applied Economics* 10(1), pp. 150-174.

Enikolopov, R., M. Petrova and E. Zhuravskaya, 2011, "Median and political persuasion: Evidence from Russia," *The American Economic Review* 101(7), pp. 3253-3285.

Erler, H. A., 2007, "Legislative term limits and state spending," *Public Choice* 133(3-4), pp. 479-494.

Fearon, J. D., 1994, "Domestic political audiences and the escalation of international disputes," *American Political Science Review* 88(3), pp. 577-592.

Fearon, J. D., 1995, "Rationalist explanations for war," *International Organization* 49(3), pp. 379-414.

Fearon, J. D., 2004, "Why do some civil wars last so longer than others?," *Journal of Peace Research* 41(3), pp. 275-301.

Feddersen, T. J., 2004, "Rational choice theory and the paradox of not voting," *Journal of Economic Perspective* 18(1), pp. 99-112.

Feddersen, T. J. and A. Sandroni, 2006, "A theory of participation in elections," *American Economic Review* 96(4), pp. 1271-1282.

Ferejohn, J., 1986, "Incumbent performance and electoral control," *Public Choice* 50(1-3), pp. 5-25.

Figlio, D., 1995, "The effect of retirement on political shirking: Evidence from congressional voting," *Public Finance Quarterly* 23(2), pp. 226-241.

Figlio, D., 2000, "Political shirking, opponent quality, and electoral support," *Public Choice* 103(3-4), pp. 271-284.

Franz, M. M., P. B. Freedman, K. M. Goldstein and T. N. Ridout, 2008, *Campaign Advertising and American Democracy*, Temple University Press.

Frieden, J. A., D. A. Lake and K. A. Schultz, 2015, *World Politics: Interests,*

Institutions, Interactions, 3rd international student edition, W. W. Norton & Company.

Gallagher, M. and J. Hanson, 2015, "Power tool or dull blade?: Selectorate theory for autocracies," *The Annual Review of Political Science* 18, pp. 367-385.

Gamson, W. A., 1961, "A theory of coalition formation," *American Sociological Review* 26(3), pp. 373-382.

Geddes, B., J. Wright and E. Frantz, 2014, "Autocratic breakdown and regime transitions: A new data set," *Perspective on Politics* 12(2), pp. 313-331.

Geer, J. G., 2006, *In Defense of Negativity: Attack Ads in Presidential Campaigns*, University of Chicago Press.

Gehlbach, S., 2013, *Formal Models of Domestic Politics*, Cambridge University Press.

Gehlbach, S., 2018, "Is formal theory back?" (http://scottgehlbach.net/is-formal-theory-back/ 参照 2018-5-10).

Gehlbach, S. and K. Sonin, 2014, "Government control of the media," *Journal of Public Economics* 118, pp. 163-171.

Graetz, M. J. and I. Shapiro, 2006, *Death by a Thousand Cuts: The Fight over Taxing Inherited Wealth*, Princeton University Press.

Harsanyi, J., 1977, "Morality and the theory of rational behavior," *Social Research* 44(4), pp. 623-656.

Horiuchi, Y. and J. Saito, 2003, "Reapportionment and redistribution: Consequences of electoral reform in Japan," *American Journal of Political Science* 47(4), pp. 669-682.

Hotelling, H., 1929, "Stability in competition," *Economic Journal* 39(153), pp. 41-57.

Huber, J. D. and C. Shipan, 2006, "Politics, delegation, and bureaucracy," in B. Wittman and D. Weingast eds., *The Oxford Handbook of Political Economy*, Oxford University Press.

Jervis, R., 1978, "Cooperation under the security dilemma," *World Politics* 30(2), pp. 167-214.

Kibris, O. and K. Koçak, 2016, "Social media and press freedom: A global games approach," working paper.

Kydd, A. H., 2015, *International Relations Theory: The Game-Theoretic Approach*, Cambridge University Press.

Kydd, A. H. and B. F. Walter, 2006, "The strategies of terrorism," *International Security* 31(1), pp. 49-80.

Leventoğlu, B. and B. L. Slantchev, 2007, "The armed peace: A punctuated equilibrium theory of war," *American Journal of Political Science* 51(4), pp. 755-771.

Levine, D. K. and T. R. Palfrey, 2007, "The paradox of voter participation? A laboratory study," *The American Political Science Review* 101(1), pp. 143-158.

Levitsky, S. and L. A. Way, 2002, "The rise of competitive authoritarianism,"

Journal of Democracy 13(2), pp. 51-65.

Lindbeck, A. and J. Weibull, 1987, "Balanced budget redistribution as the outcome of political competition," *Public Choice* 52(3), pp. 273-297.

Maoz, Z. and N. Abdolali, 1989, "Regime types and international conflict, 1816-1976," *Journal of Conflict Resolution* 33(1), pp. 3-35.

Maskin, E. and J. Tirole, 2004, "The politician and the judge: Accountability in government," *The American Economic Review* 94(4), pp. 1034-1054.

McMillan, J. and P. Zoido, 2004, "How to subvert democracy: Montesinos in Peru," *Journal of Economic Perspectives* 18(4), pp. 69-92.

Mitsutsune, M. and T. Adachi, 2014, "Estimating noncooperative models of bargaining: An empirical comparison," *Empirical Economics* 47(2), pp. 669-693.

Molinari, M. C., 2000, "Military, capabilities, and escalation: A correction to Bueno de Mesquita, Morro and Zorick," *American Political Science Review* 94(2), pp. 425-427.

Morton, R. B., 1987, "A group majority voting model of public good provision," *Social Choice and Welfare* 4(2), pp. 117-131.

Morton, R. B., 1991, "Groups in rational turnout models," *American Journal of Political Science* 35(3), pp. 758-776.

Myerson, R., 2000, "Large poisson games," *Journal of Economic Theory* 94(1), pp. 7-45.

Nash, J. F., 1950, "Equilibrium points in n-person games," *Proceedings of the National Academy of Sciences of the United States of America* 36 (1), pp. 48-49.

Niskanen Jr., W. A., 1971, *Bureaucracy and Representative Government*, Aldine Transaction.

Oye, K. A., 1986, *Cooperation under Anarchy*, Princeton University Press.

Payne, J., 1992, *The Culture of Spending: Why Congress Lives Beyond Our Means*, ICS Press.

Persson, T. and G. Tabellini, 2000, *Political Economics: Explaining Economic Policy*, MIT Press.

Persson, T. and G. Tabellini, 2005, *The Economic Effects of Constitutions*, MIT Press.

Persson, T., G. Roland and G. Tabellini, 1997, "Separation of powers and political accountability," *Quarterly Journal of Economics* 112(4), pp. 1163-1202.

Petrova, M., 2008, "Inequality and media capture," *Journal of Public Economics* 92(1-2), pp. 183-212.

Petrova, M., 2011, "Newspapers and parties: How advertising revenues created an independent press," *American Political Science Review* 105(4), pp. 790-808.

Pillar, P. R., 1983, *Negotiating Peace: War Termination as a Bargaining Process*, Princeton University Press.

Potters, J., R. Sloof and F. van Winden, 1997, "Campaign expenditures, contributions and direct endorsements: The strategic use of information and money to influence voter behavior," *European Journal of Political Economy* 13(1), pp. 1-31

Powell, R., 1999, *In The Shadow of Power: States and Strategies in International Politics*, Princeton University Press.

Powell, R., 2004, "The inefficient use of power: Costly conflict with complete information," *American Political Science Review* 98(2), pp. 231-241.

Powell, R., 2006, "War as a commitment problem," *International Organization* 60(1), pp. 169-203.

Prat, A., 2002a, "Campaign advertising and voter welfare," *Review of Economic Studies* 69(4), pp. 997-1017.

Prat, A., 2002b, "Campaign spending with office-seeking politicians, rational voters, and multiple lobbies," *Journal of Economic Theory* 103(1), pp. 162-189.

Prat, A., 2006, "Rational voters and political advertising," in B. Weingast and D. Wittman eds., *The Oxford Handbook of Political Economy*, Oxford University Press, pp. 50-63.

Prat, A. and D. Strömberg, 2013, "The political economy of mass media," working paper.

Quiroz-Flores, A. and A. Smith, 2013, "Leader survival and natural disaster," *British Journal of Political Science* 43(4), pp. 821-843.

Riker, W. H., 1962, *The Theory of Political Coalitions*, Yele University Press (reprinted in 1984, Praeger).

Riker, W. H. and P. C. Ordeshook, 1968, "A theory of the calculus of voting," *American Political Science Review* 62(1), pp. 25-42.

Rogoff, K., 1990, "Equilibrium political budget cycles," *American Economic Review* 80(1), pp. 21-36.

Rogoff, K. and A. Siebert, 1988, "Elections and macroeconomic policy cycle," *Review of Economic Studies* 55(1), pp. 1-16.

Roser, M., 2017, "Democracy," published online at OurWorldInData.org (https://ourworldindata.org/democracy/).

Ross, M. L., 1999, "Political economy of resource curse," *World Politics* 51(2), pp. 297-322.

Rubinstein, A., 1982, "Perfect equilibrium in a bargaining model," *Econometrica* 50 (1), pp. 97-109.

Russet, B., 1993, *Grasping the Democratic Peace: Principles for a Cold-War World*, Princeton University Press.

Sachs, J. D. and A. M. Warner, 2001, "The curse of natural resources," *European Economic Review* 45(4-6), pp. 827-838.

Schaeffer, J., N. Burch, Y. Björnsson, A. Kishimoto, M. Müller, R. Lake, P. Lu and S. Sutphen, 2007, "Checkers is solved," *Science* 317(5844), pp. 1518-1522.

Schedler, A., 2002, "The menu of manipulation," *Journal of Democracy* 13(2), pp. 36-50.

Schultz, C., 2007, "Strategic campaigns and redistributive politics," *Economic*

Journal 117(522), pp. 936-963.

Slantchev, B. L., 2003, "The principle of convergence in wartime negotiations," *American Political Science Review* 97(4), pp. 621-632.

Sloof, R., 1999, "Campaign contributions and the desirability of full disclosure laws," *Economics and Politics* 11(1), pp. 83-107.

Smith, A., 1998, "International crisis and domestic politics," *American Political Science Review* 92(3), pp. 623-638.

Smith, A., 2008, "The perils of unearned income," *The Journal of Politics* 70(3), pp. 780-793.

Sondheimer, R. M. and D. P. Green, 2010, "Using experiments to estimate the effects of education on voter turnout," *American Journal of Political Science* 54(1), pp. 174-189.

Trombetta, F., 2017, "The price of silence: Media competition, capture, and electoral accountability," working paper.

Uhlaner, C., 1989, "Rational turnout: The neglected role of groups," *American Journal of Political Science* 33(2), pp. 390-422.

von Neumann, J. and O. Morgenstern, 1944, *Theory of Games and Economic Behavior*, Wiley (reprinted in 2007, Princeton University Press).

Wittman, D., 2007, "Candidate quality, pressure group endorsements and the nature of political advertising," *European Journal of Political Economy* 23(2), pp. 360-378.

You, J. S., 2013, "Transition from a limited access order to an open access order: The case of South Korea," in D. North, J. J. Wallis, S. Webb and B. R. Weingast eds., *In The Shadow of Violence: Politics, Economics, and the Problems of Development*, Cambridge University Press.

Zupan, M., 1990, "The last period problem in politics: Do congressional representatives not subject to a reelection constraint alter their voting behavior?" *Public Choice* 65(2), pp. 167-180.

Index

◆ あ 行

天下り　**198**

安全保障のジレンマ　317

意思決定点　**79**

一般均衡理論　7

インセンティブ　**4**

◆ か 行

革命　240, 254

ガムソンの法則　**112**

観衆費用　**312**, 317

完全ベイジアン均衡（弱い逐次均衡）

　142, 191

議案決定者　**102**

機会費用　24

記者クラブ　170, 183

期待値　**29**

期待利得　**31**

　──最大化　**31**

逆向き推論法　**81**, 91

業績評価投票　**78**, 85, 89, 94, 145

競争的権威主義（選挙権威主義，ハイ

　ブリッド体制）　217

協力ゲーム理論　214

規律効果　**148**

均衡　**53**

　完全ベイジアン──　**142**, 191

　サブゲーム完全──　**80**, **82**, 102,

　197

　ナッシュ──　**53**, **54**, 181, 296, 310

　非効率的──　296

繰り返しゲーム　**304**

　無限──　**304**

◆ さ 行

軍政　219, 226

ゲームの木　**79**

ゲーム理論　4

権威主義　**211**

　競争的──　217

　閉鎖的──　217

権力の分立　89, 93

公共選択論　7

公共放送　184

交渉可能区間　**267**

構造推定　271

公的支出　229

公約　167

効率性（パレート効率，パレート最適）

　269

　非──　**269**

コミットメント　**247**, 273, 289, 315

◆ さ 行

最高裁判所　202

最終任期問題　97

最適応答　**53**

再配分　244, 255, 259

　──モデル　262

サブゲーム　**80**

　──完全均衡　**80**, **82**, 102, 197

シグナリング　**164**

資源の呪い　236

自然　**136**

失言　130, 233

実験　48, 271

私的配分　229

囚人のジレンマ　**296**

集団内倫理に基づく投票　**38**

集団に基づく投票　**37**

主観的確率　**28**, 139

　整合的な──　**139**

小選挙区比例代表並立制　163

情報集合　**137**

情報の非対称性　**7**, **131**, 154, 189, 280, 303

勝利提携　**213**, 214

信念　**139**

政権交代　212

整合的な主観的確率　**139**

政治資金規正法　152, 167

政治的リーダー　212, 312

政党助成金　152

選挙権威主義　→ 競争的権威主義

先制攻撃　279, 297, 301

戦争　265

　予防──　**274**, 279

選択効果　**148**

選択民　**213**, 214

　──理論　236, 316

戦略　**51**

　──的依存関係　4

　トリガー──　**307**

組閣担当者　**109**

族議員　200

◆ た　行

タイプ　**133**

多選禁止制　95, 149

脱官僚　188, 203

弾圧　250, 257, 259

中位政策　**57**, 73, 74

中央銀行　195, 204

中選挙区制　163

調整ゲーム　**301**

提携　214

勝利──　**213**, 214

テロ　289, 290

投票棄権のパラドックス　**33**

トップダウン型民主化　**240**, 248, 256, 259

ドメイン投票方式　73

トリガー戦略　**307**

◆ な　行

内閣提出法案　188, 200

ナッシュ均衡　**53**, **54**, 181, 296, 310

ネガティブ・キャンペーン　167

◆ は　行

ハイブリッド体制　→ 競争的権威主義

パラドックス　33

　投票棄権の──　**33**

パレート効率　→ 効率性

パレート最適　→ 効率性

非効率性　**269**

非効率的均衡　296

費用　**24**

　観衆──　**312**, 317

　機会──　24

標準化　87

フォーマルモデル　1, 8, 43

不確実性　**27**

プリンシパル＝エージェント・モデル　**83**

プレーヤー　**51**

閉鎖的権威主義　217

便益　**23**

変数　**26**

報酬（政治家の）　146

方法論的個人主義　4

ホテリング＝ダウンズ・モデル　74

ボトムアップ型民主化　**240**, 260

Index　329

◆ ま 行

民主化　238
　　トップダウン型——　**240**, 248,
　　　256, 259
　　ボトムアップ型——　**240**, 260
民主主義　**211**
民主的平和　**311**
無限繰り返しゲーム　**304**
モラルハザード　**83**, 144

◆ や・ら・わ行

予防戦争　**274**, 279
弱い逐次均衡　→ 完全ベイジアン均衡
利益団体　154
利子　305
利得　**25**
　　——最大化　**26**
　　——表　**52**
　　期待——　**31**
倫理的投票　48
割引因子　**304**, 309

◆ 著者紹介

浅古　泰史（あさこ・やすし）

1978 年生まれ。
2001 年，慶應義塾大学経済学部卒業。
2003 年，一橋大学にて修士号（経済学）取得。
2009 年，ウィスコンシン大学マディソン校にて Ph.D.（経済学）取得。
日本銀行金融研究所エコノミストなどを経て，現在に至る。
現　　職：早稲田大学政治経済学術院准教授。
専　　門：数理政治学，政治経済学（公共選択論），応用ゲーム理論。
主　　著：『政治の数理分析入門』木鐸社，2016 年。『活かすゲーム理論』有斐閣，2023 年，共著。

ゲーム理論で考える政治学──フォーマルモデル入門
Formal Models of Politics

2018 年 12 月 20 日　初版第 1 刷発行
2024 年 1 月 30 日　初版第 4 刷発行

著　者	浅　古　泰　史
発 行 者	江　草　貞　治
発 行 所	株式会社　有　斐　閣

郵便番号 101-0051
東京都千代田区神田神保町 2-17
https://www.yuhikaku.co.jp/

印刷・萩原印刷株式会社／製本・牧製本印刷株式会社
© 2018, Yasushi Asako. Printed in Japan
落丁・乱丁本はお取替えいたします。
★定価はカバーに表示してあります。

ISBN 978-4-641-14928-1

JCOPY 本書の無断複写（コピー）は，著作権法上での例外を除き，禁じられています。複写される場合は，そのつど事前に，(一社)出版者著作権管理機構（電話03-5244-5088, FAX03-5244-5089, e-mail：info@jcopy.or.jp）の許諾を得てください。